● 高等院校师范类专业规划教材

U0647909

语文教学设计与案例分析（第二版）

包建新 ◎著

CHINESE

TEACHING DESIGN

AND

CASE ANALYSIS

2nd Edition

ZHEJIANG UNIVERSITY PRESS
浙江大学出版社

图书在版编目（CIP）数据

语文教学设计与案例分析 / 包建新著. —2 版. —
杭州:浙江大学出版社，2021.3(2024.7 重印)
ISBN 978-7-308-21109-3

Ⅰ.①语… Ⅱ.①包… Ⅲ.①中学语文课—教学设计
Ⅳ.①G633.302

中国版本图书馆 CIP 数据核字（2021）第 030893 号

语文教学设计与案例分析(第二版)
包建新　著

责任编辑	朱　玲	
责任校对	杨利军　张振华	
封面设计	春天书装	
出版发行	浙江大学出版社	
	（杭州天目山路 148 号　邮政编码 310007)	
	网址：http://www.zjupress.com	
排　版	杭州青翊图文设计有限公司	
印　刷	杭州钱江彩色印务有限公司	
开　本	787mm×1092mm　1/16	
印　张	14	
字　数	360 千	
版 印 次	2021 年 3 月第 2 版　2024 年 7 月第 3 次印刷	
书　号	ISBN 978-7-308-21109-3	
定　价	45.00 元	

前　言

　　语文是基础学科,它是学好其他学科的前提,也是一个人生活、工作所必需,也正因为如此,语文学科的教学比其他学科要复杂些,它既要保持自己的特性,又要尽可能满足各方面的需要。语文教学是在教一篇篇文章,做好一名语文教师,要付出更多的艰辛,并不是直接在教知识,这又与别的学科的教学差异很大,这个差异使语文教学更为复杂。但正因为其复杂性,语文教学充满着魅力,最能激发教师的创造性。不断追求的语文教师青春不老。

　　语文教师的教学经验,一部分来自学生时期的语文学习的经历,来自学生生涯中对语文教师的观察与学习;一部分来自"语文教学法"之类的课程学习;一部分来自教学生涯中的不断求索。

● 目　标

　　本书属于语文教学法课程教材。随着这类课程研究的深入,其名称也变得多种多样,但不论名称怎么改变,宗旨只有一个,那就是在"语文怎么教"这个问题上提出种种方案,为教师提供基本的教学模式、教学策略和教学机智。语文怎么教的研究历来有两个视角:一种是以理论为背景,采用演绎的方式,形成怎么教的做法;另一种是从实践的视角认识教学,理论更多的是用来解释实践。本书采用第二种视角,从实践中会遇到的问题出发来分章、分节,希望能够更贴近教学实际,更便于教学反思。

● 内　容

　　全书共九章,我们尽力对语文教学设计做全面的审视。

　　前六章是全书的主体。我们认为语文教学设计的首要问题是取向问题,它决定了整个教学设计的面貌,也体现了教学设计者的追求,于是,"语文教学设计的取向"就列为第一章。我们把各种教学设计概括为四种取向:人文熏陶取向、语文技能取向、确定性取向、非确定性取向。不同的取向在价值上会有争论,我们从教学实际出发,避开争论。第二章是"语文教学设计的类型"。对类型的分析有许多见解,我们取最为简便的一种,分为环节设计、课时设计、单元设计、专题设计四种。这倒不是为了取巧,而是与教师的实际工作相适应。第二章为"语文教学内容设计"。我们认为教师应该充分利用他人的思考成果生成教学内容,不是十分必要时就不宜抛弃他人思考成果另起炉灶,因此,我们具体分析了怎么通过教材中的练习、教学参考书生成教学内容,并讨论了教学内容选择的原则及其他相关问题。这一章可能会引起争议,但如果对中学教学的实际有足够的了解,相信会改变看法。第四章是"语文教学结构设计"。我们没有把语文教学过程单独设章,因为过程总是体现为一定的结构,讨论结构就是讨论过程。在各式各样的结构中概括出具有普适意义的结构类型是难的,但我们努力去做。我们概括出的结构类型分四种:流动型结构、空筐式结构、载体式结构、方法贯串式结构。这些名称听着让人觉着别扭，因此在正文中采用一般化的表述形式。第五、六两章是"语文教学方法设计"。这两章将传统的语文教学方法与现代的语文教学方法并置一起，我们认为方法只是工具，一般情况下不存在方法的对与错、好与坏的区分，只有使用得对与错、好与坏的问题，因此曾拟讨论讲解法、接受学习教学法等，只是因为这些方法不去讨论，教师也会自然地努力做好，加上方法还有很多，所以不一一探讨。这六章的逻辑关系是：取向与类型问题是关乎全局的，全局既定，教什么就成为首要；教什么既定，需要考虑把所教内容做出合理安排，然后才有采用什么方法去教的问题。

第七、八章为"文言文教学设计"和"写作教学设计"，单独设章是因其特殊。这两章我们主观介入的成分明显些，尤其是写作教学。文言文教学我们认为应该"言""文"一体，并且在这个观念下分节讨论。但在实际教学中先"言"后"文"甚至有"言"无"文"也普遍存在。存在即是合理，中学教学有其客观因素的推动，因此"言""文"一体的教学设计包含着倡导的成分。至于写作教学，情形更为复杂一些，我们认为到目前为止写作教学还没有形成令人信服的操作方案，因此，这一章我们更多的是对写作教学的探讨。另外，义务教育有语文综合性学习内容，为求全面，我们把它列为第九章讨论。

- **特　色**

（1）视角。前面已经提到，我们以实践者的视角讨论语文教学设计问题，以求与一线教师快速沟通。

（2）案例。每一个话题，包括大话题中的小话题，都用具体的教学案例来佐证，把话题探讨与案例融合为一体，避免理论分析与实际案例似是而非、若即若离的状态，所以每一个案例都做了精心选择。

（3）提示。每一章前面都给出了提示，内容包括该章的基本立意、基本内容和阅读该章的相关准备。基本立意、基本内容之所以需要提示，是因为考虑到需要让读者知道我们是出于怎样的观念展开探讨的，同时也考虑到某些章所讨论的不一定能够涵盖章目下所有的问题，需要做出范围的框定。提示阅读准备，是为了阅读时能够对该章内容有更深切的体验。

（4）练习与拓展。练习的目的并不在于掌握相关的知识，而在于实践能力。练习尽量体现开放性，以免本书内容局限了教师的思考。拓展的内容是与该章相关联的文章，以求对所讨论话题有更全面的认识，因此所选文章对相应章节的内容或延伸深化，或补充不足，有的甚至是某种程度的相左。之所以把相关文章罗列在每一章的后面，是为了让读者能够更集中地思考问题。

- **致　谢**

感谢本书所收案例的撰写者，虽然没能与他们一一交流，但他们的劳动、他们的创造，使本书的内容更加充实，感谢在语文教学领域辛勤耕耘的教师们。

特别感谢浙江师范大学潘涌教授和浙江外国语学院张孔义教授，他们对本书的写作给予了无限的鼓励。

本书完成的最后阶段还得到同校教师杨桦、杨瑶瑶的帮助，她俩认真阅读了本书初稿，并做了仔细的校对，在此对她俩的劳动致以诚挚的谢意。

最后，要感谢浙江大学出版社对出版本书的支持，感谢所有负责本书出版的工作人员，是他们的工作催生了本书。

本书撰稿者包建新的邮箱为 baojianx@163.com，欢迎读者来信交流。

目　录

第一章　语文教学设计的取向

提　示

语文教学设计首先要解决往哪个方向走的问题。

到目前为止，语文教材基本上是文选式的，而文本是一个开放的系统，这就决定了语文教学设计的取向是复杂多样的。梳理、概括复杂多样的设计取向，我们可以确定四种语文教学设计的基本取向：人文熏陶取向，语文技能取向，确定性取向，非确定性取向。这四种取向是从两个角度概括的：前两种是从语文教学内容不同的角度概括的；后两种是从教师和学生不同地位的角度概括的。当然，这样的概括是相对的，教学的实际状态往往是彼此交融，你中有我，我中有你。之所以从"两端"出发对教学设计的取向进行思考，是为了方便认识和分析各种各样的语文教学设计案例，方便语文教学设计的生成。从教学设计的生成看，采用哪一种取向，体现了教学观念的不同，同时需要从教学目的、文本特点、学生情况、教学情境等方面综合考虑。

阅读准备

一、回忆在中学时代给你教过语文的老师，思考一下哪位老师给你留下的印象最深刻，对你语文学习的帮助最大，然后试着列出这位老师五个以上的教学特点。你最好从两方面来考虑：一是这位老师更关注课文的哪一个侧面；二是这位老师的课堂教学是否严谨。分析这位老师的特点，看看能否总结出他习惯于让课堂往哪个方向走。

二、阅读本章时你可以先看具体案例及评析，与你喜欢的中学语文老师比较，看看能否找到相同之处；也可以先看其他文字，然后把第一个阅读准备补充完整。当然，你也可以从头至尾看下来，一切取决于你的兴致。

第一节　人文熏陶取向：在言语中体味人文精神

一、语文教学如何实现人文熏陶

取向于人文熏陶的语文教学设计需要弄清楚几个问题：第一，什么是人文和人文精神？第二，语文教学的人文精神从哪里求寻？第三，人文精神与语言（言语）有什么关系？第四，人文熏陶取向的语文教学可能会出现什么样的误区？

按照《现代汉语词典》解释，人文有两种含义：一是指人类社会的各种文化现象；二是指强调以人为主体，尊重人的价值，关心人的利益的思想观念。人文精神的含义是，主张以人为本，重视人的价值，尊重人的尊严和权利，关怀人的现实生活，追求人的自由、平等和解放的思想和行为。语文教学讲求人文熏陶，就是要培育学生的人文精神，关注人的生存与发展，维护、关切、追求人的价值、尊严，肯定和塑造理想人格。说得简单些，语文教学讲求人文熏陶，就是要培养学生如何更好地生活。

那么，到哪里去寻求语文教学的人文精神？一是在语文教学的过程中。比如采用合作学习的方式推进教学过程，将人文精神体现在合作意识、合作精神、合作技能等的培养中，这是一方面。另一方面，过程的调整往往意味着人文内涵的损益。比如以"父亲"为话题的作文，大多数教师是先做一番作文技巧的指导，包括如何写肖像，如何进行细节刻画，如何渗透主观感情，等等。而有一个教师却先让学生做如下一些事：找一张父亲的老照片，询问父亲当时拍照片的情境；请母亲及其他亲人说说对父亲的印象；请父亲说说自己最成功的或最失败的事……然后让学生写作。这两种做法，过程不同，其包含的人文内涵也不同。前者着重在技巧，人文内涵体现在这一类题材的写作过程中；后者着重在学生品质的提升，使作文的提升与做人的提升同步，在作文教学过程中提高了学生的人文素养。二是在文本的言语内容中。语文教材的主要组成部分是经典的言语作品，任何言语作品都承载着言语内容，这些内容既体现了"人文"又包含着丰富的人文内容。语文教学正是通过对这些言语作品的人文内涵的发掘、体味，来提高学生的人文涵养，使学生获得情感和精神的力量，获得对世界的理性认识。以上两点是所有言语作品（包括政治、历史等学科）教学的共性。语文教学人文熏陶的特殊性在于：人文在言语形式之中，也就是在言语形式的体味中同时感知人文内涵，实现人文熏陶。我们来看初中语文教材（人教版）《春酒》里的一段话：

母亲是从不上会的，但总是很乐意把花厅给大家请客，可以添点新春喜气。花匠阿标叔也巴结地把煤气灯玻璃罩擦得亮晶晶的，呼呼呼地点燃了，挂在花厅正中，让大家吃酒时划拳吆喝，格外的兴高采烈。我呢，一定有份坐在会首旁边，得吃得喝。这时，母亲就会捧一瓶她自己泡的八宝酒给大家尝尝助兴。

如果仅仅抓住这段话中的有关描述指出"母亲"的淳朴、善良、乐于助人，那是不够的。如果由此生发开去讨论人生如何保持淳朴、善良、乐于助人的品质，更是离开了语文教学的学科本性。教学时需要引导学生品味相关的言语，获得对"母亲"品质的体认。"（母亲）总是很乐意把花厅给大家请客，可以添点新春喜气"中"总是"既表达了"母亲"一直如此，也表现了"母亲"丝毫没有犹豫的心态，"母亲"总是这样做，目的只是"添点新春喜气"，由此可以感受到"母亲"的淳朴；"母亲就会捧一瓶她自己泡的八宝酒给大家尝尝助兴"这句话中的"就会"，表明"母亲"这样做丝毫没有别的什么考虑，只是"给大家尝尝助兴"，从而进一步看出"母亲"的淳朴。这样才教出了语文的味道。

莫泊桑的《项链》的首句是"她也是一个美丽动人的姑娘"。按理，只要说"她是一个美丽动人的姑娘"就够了，为什么要加上一个"也"呢？这个"也"字除了包含作者对玛蒂尔德的美貌的肯定、同情、惋惜等复杂心情之外，还包含着在当时的社会背景下，"美丽动人的姑娘"所共有的心理特征和相似的遭遇。一个"也"字传达了丰富的人文内容。

如此在言语中感知人文,是语文教学本质特性之所在,也是语文本体性、语文魅力之所在。由此我们也不难明白语文教学视域言语与人文的关系,按照浙江师范大学王尚文教授的说法,即人文在语文之中。

人文熏陶取向的语文教学有两个常见的误区需要注意。一是错误地理解"多元解读",放弃必要的价值导向。比如有的教师在上《项链》时,提了这样一个问题:假如玛蒂尔德不选择用十年的艰辛劳动来偿还项链的债务,还有其他什么方法吗?有的学生回答直接跟福雷斯蒂埃太太说,项链丢了,也没钱还;有的回答隐姓埋名,远走他乡……教师在学生讨论完之后,肯定了每一位学生说的都有道理。这表面上是尊重了学生,实际上是模糊了是非标准,这样的教学其实是人文的缺失,因为它没有引导学生如何更好地生活。二是脱离言语大谈人文。言语作品包括言语内容和言语形式。一般阅读关注的是言语内容,也就是关注文章说了什么,明白说了什么,言语形式便可有可无了,此所谓"得意忘言"。语文教学的阅读关注的应是言语形式,也就是关注文章怎么说,通过对言语的关注、品味,来提高学生的语文能力。如果脱离了言语大谈人文,那就失去了语文教学的本体,而跨入了别的学科。比如有的教师上《致橡树》时,在简单地阅读课文之后,就跟学生讨论什么是真正的爱情,女性应如何对待爱情,中学生该不该恋爱等问题,这怎么看都不像语文课了。

二、人文熏陶取向的案例及评析

下面是浙江省临海市回浦中学包建新老师的《琵琶行》教学实录。[①]

[课前准备]

印发一些材料,先让学生自读,材料包括教学参考书上与课文有关的文字和《唐诗鉴赏辞典》的鉴赏文章。在对照注解,疏通字面意思的基础上,参考这些材料,用一个"情"字去鉴赏《琵琶行》。学生在课前提炼出几种"情",并作初步鉴赏,然后交课代表汇总。

师:诸位,江西有座城市,名为九江。九江有一处名胜古迹,名为白居易祠。白居易祠中有一副著名的对联:枫叶四弦秋,怅触天涯_____;浔阳千尺水,勾留江上别离情。(此联用幻灯打出)上联是《琵琶行》诗意的浓缩,"怅触"即为"感触"之意;下联是写白居易离开九江(当时为江州)时,九江人民对白居易的深厚情意,"勾留"即为"逗留","千尺水"衬托"别离情"之深。这副对联空缺了三个字,大家在课前已看过这篇课文,凭着初读的印象,觉得这空缺的三个字应填什么呢?

生:贬官怨。

生:这不好。诗中的确写到诗人的凄凉心境,但这不是怨。况且,以"怨"来形容白居易,容易使人联想到怨妇之类,太小家子气了。(众笑)我认为用"恨"更好些。

生:我觉得"贬官"两字也要改。《琵琶行》这首诗是白居易被贬为江州司马时所写,用"贬官"虽然意思吻合,但与下联"别离"两字对得不工整,在"序言"中有"是夕始觉有迁谪意"一句,取句中"迁谪"两字,正好能与"别离"相对。

师:这副对联大家是否已经看到过了?

生:(急忙分辩)没有。

① 包建新.包建新与本真教育[M].北京:北京师范大学出版社,2014:109-117.

师:原对联就是"迁谪恨"三字。但第一位同学对"贬官怨"也不算错,说明这首诗已经读进去了。刚才有同学说到这首诗是白居易被贬为江州司马时所写,怎么被贬为江州司马的? 谁来综合一下从各种材料中获取的信息,给大家介绍一下。

生:发下来的资料有说明,当时有人把宰相刺死了,白居易上书请求捉拿凶手,但他当时所担任的官职无权过问朝政,于是以越职言事的罪名被贬为江州司马。

师:补充一点,白居易曾写过许多讽喻诗,揭露社会上许多不合理的现象(如我们读过的《卖炭翁》),刺痛了权贵。上书之事,权贵们趁机说他越职奏事,不过当时只是被贬为江州刺史,为什么又被贬为江州司马了呢? 原来,白居易的母亲因看花坠井而死,在他母亲死后,白居易曾作《赏花》诗、《新井》诗,结果被权贵们利用,诬陷他有伤名教,再贬为江州司马。看来前面所说的"迁谪恨"是有来由的。白居易怀着"迁谪之恨",在浔阳渡口湓浦口送客,偶遇琵琶女,感慨系之,写出了千古名篇《琵琶行》。

师:课前,我们说过要以"情"来解读鉴赏此诗,同学们从不同的角度提炼出了诗中所包含的感情,综合一下可以分为四个方面:一是白居易被贬谪的怅恨之情;二是琵琶女被侮辱、被损害的悲苦之情;三是白居易对琵琶女深切的同情;四是琵琶女对白居易的感激之情。(板书这四点)全班同学正好是四组,每组探讨一种"情"。为了方便交流,每组可再分成四人一小组,小组同学可相互切磋。(师生商量了一下,学生觉得这个环节需要5~7分钟)7分钟后,每组推荐一位同学上台发言,其他同学可作补充。注意:(1)探讨内容可以是这种"情"在诗中哪些地方可以看出,要善于在看似无关的诗句中有所发现,同时也可以探讨诗人是如何表现这种"情"的。(2)充分利用资料。资料中的鉴赏角度和我们不大一样,但对我们的探讨很有启发意义。(3)如果有关键处觉得需要全班同学体味体味的,上台的同学尽可发指令。(4)如果讨论中有什么疑问解决不了,可以由上台的同学向我提问。——我也想尝尝做学生的滋味。在探讨之前,我愿意为大家朗读全诗,也许我的朗读对大家的探讨也是一种启发。

(教师朗读全诗,然后学生讨论,7分钟后,四位同学在掌声中先后走上了讲台)

生1:我们组同学认为,表达白居易被贬谪的怅恨之情主要集中在倒数第二节。从"我从去年辞帝京"到"呕哑嘲哳难为听"。诗人每一句话都强化了这种怅恨之情,"谪居卧病""地僻无音乐""不闻丝竹声""地低湿""黄芦苦竹""杜鹃啼血""猿哀鸣""取酒还独倾""呕哑嘲哳"等叠加在一起,使读者能深切地感受到。我读到这几句的时候,似乎听到白居易在心里喊道:"我心痛。"(众笑)真的,而且这种"痛"是沉痛。

师:经他这么一说,我心亦戚戚焉。

生1:我建议全班同学把这一节诗句朗读一下,体味体味。

(全班同学一起朗读)

生1:同时,资料上说,这节写诗人怅恨之情也是围绕着音乐来写的。因为整首诗,琵琶女的演奏是一个核心。诗人作这样的处理,对我们写作是一个很重要的启发。——诗人的"怅恨之情"还可以从开头和结尾看出。开头就渲染了一种很凄切的气氛。季节是在秋天,时间是在夜里,事情是与客人分别,且与客人喝闷酒……

师:对不起,打断一下,你怎么断定他们喝的是闷酒?

生1:我是从"举酒欲饮无管弦""醉不成欢惨将别"两句推测的。

师:有道理,请继续说。

生1：当时的情景是：枫叶荻花在秋风中发出"瑟瑟"的声音，月亮倒映在水中。所有这些都渲染出凄切的气氛，曲折地表达了"迁谪之恨"。——说到这里，有一个问题想请教包老师。我们小组有的同学提出"江浸月"是挺美的，似乎和分别的氛围不合。经过讨论，认为白色是属于冷色调，月亮是白色的，这里借月亮的白色来表达凄切之情。不知道这样理解对不对？

师：完全正确。不过要补充一点，"江浸月"三字，关键在于"浸"字，这一"浸"字就曲折地传达出了一份凄切。不能把"江浸月"解释为"月亮倒映在水中"。月亮倒映在水中是一种美，"江浸月"则含有沉重之感，把"江浸月"解释为"月亮倒映在水中"，诗意便挪位了。"浸"再加上"茫茫"，凄凉意味顿生。

生1：下面再说结尾。结尾写到诗人听到"凄凄"的琴声，禁不住眼泪吧嗒吧嗒往下掉，把衣衫都浸湿了，这不仅仅是琵琶女演奏得好，更主要的是诗人心中有"痛"，才止不住泪水。——我们小组的看法就这些。

师：说得很不错。不知这一组的其他同学有没有补充。

生：我们有补充。琵琶女自叙身世一段，我们也可以约略感受到诗人的"迁谪之恨"。表面看，这似乎与诗人的情感无关，但深入看，这是诗人情感的返照吧。当我们关心同情别人的遭遇时，往往是因为自己有类似的情形。诗人对琵琶女身世细细叙来，这正是他被贬谪的心理反应。这可以从刚才说到的倒数第二节的开头两句得到印证。为何"叹息"？为何"唧唧"？是因为诗人也有类似的际遇，而"同是天涯沦落人，相逢何必曾相识"则更是说明了这一点。

师：你的一番话很有见地，我觉得是一个很重要的发现。——不知还有没有同学需要补充？（沉默一会儿）我也觉得刚才两位同学说得很到位，那么，请第二组推荐一位同学发言。

生2：我们小组同学讨论的一个总的看法是：琵琶女的确是悲苦的，但仅用"悲苦"两字来形容琵琶女是不够的。先说悲苦的一面。琵琶女的悲苦主要体现在诗歌的第三节，这一节主要是琵琶女自叙身世。自叙身世当从第三句开始，可以分为三个层次。第一层从第三句至"秋月春风等闲度"，这一层说的是年轻时的辉煌，是一个"明星"，有许多"追星者"。表面看，这个时期的琵琶女是快乐的，但深层次看，人们追星的原因是她的美貌而不是她的演奏艺术……

师：请停一停，你为什么这样说？

生2：按理说，随着年龄的增长，琵琶女演奏的水平会更加高超，如果是欣赏她的演奏艺术，那么就会有更多的人更痴迷地来听她的音乐，可事实是，随着"暮去朝来颜色故"，就"门前冷落鞍马稀"了。可见"五陵年少"们一副痴狂的模样，不是因为音乐的美妙，而是因为对"色"的追逐。

师：嗯，我明白了。（转向全班同学）大家都明白了吗？（全班同学作了肯定的回答）

生2：既然"五陵年少"是为逐"色"而来，那么，琵琶女空有一身的演技——从上一段看，说她是演奏家也不算过分——也只是他们的玩物而已。这是琵琶女悲苦之一。

师：深刻。

生2：第二层从"弟走从军阿姨死"至"老大嫁作商人妇"。在古代，商人地位低，嫁给商人，那自然是倒霉了。这是悲苦之二。剩下的是第三层。商人重利寡情，看来，他既不懂音乐,也不会怜香惜玉,(众笑)让这么一个色艺双绝的美人独守空船,孤身一人弹奏着凄切的音乐。(师问怎知"凄切",生答一是从琵琶女处境推测,二是琵琶女弹奏的音乐感动了白居易等,可见音乐内容与凄凉情景吻合)而且,在我们的印象里,居住在船上的,都是生活于社会底层的。这是悲苦之三。

师:悲苦还在于那种从"明星"的地位跌落到社会底层的巨大反差。

生2:但我们觉得琵琶女是可敬的。理由有二:一是白居易和他的朋友去邀请琵琶女弹奏琵琶,琵琶女是"千呼万唤始出来",可见她处事十分自重。二是当白居易询问琵琶女的身世时,(这在诗中虽未写到,但可以想到)琵琶女又"沉吟",又"整顿衣裳起敛容",样子显得严肃,似乎也在暗示别人,她自叙身世不是为了博取同情。琵琶女悲苦,那是因为命运,这是她自己无法改变的;琵琶女自尊、矜持,这是一种涵养,这对琵琶女这样的处境来说,是很可贵的,因此,琵琶女也值得人尊敬。

生:(迫不及待地站起)我非常同意她的看法,可我还要补充一点。人们评论文章的时候常说"文如其人",据此类推,音乐也如其人。诗歌第二节写琵琶女弹奏音乐,白居易不仅仅用一连串的比喻把诉诸听觉的音乐转换成视觉形象,使人如临其境,更主要的是诗人运用比喻,写出了琵琶女演奏的旋律变化。开始,"大珠小珠落玉盘""间关莺语花底滑",和谐而流畅,轻松而愉悦;接着,"幽咽泉流冰下难",低沉而压抑;最后,"银瓶乍破""铁骑突出",激越高亢,雄壮有力。这反映了琵琶女的遭遇,也反映了琵琶女的心灵世界。雄壮高亢的旋律,是琵琶女的控诉,也是琵琶女不甘命运的心声。

生:如此说来,我也有一点补充。诗歌写琵琶女演奏共写了三次,第一次自弹自听,调子凄婉,这一点刚才已经说到了;第二次弹给客人听,曲调也就变了,这变化刚才也说了;第三次,诗人也自叙遭遇,不仅表达了对琵琶女的同情,且有"同是天涯沦落人,相逢何必曾相识"的知音之感,这时,琵琶女的演奏又"凄凄不似向前声"。可见琵琶女对弹奏的乐曲是有选择的,不是随随便便来迎合别人,这也是琵琶女可敬的一面。

师:(感慨地)听了刚才几位同学的发言,我很受启发。我想,如果大家也拥有老师所拥有的参考材料,同学们完全可以成为我的老师。几位同学的看法都很有见地,对作品有独到的发现,不少地方超越了所发资料提供的信息,如果把内容整理一下,就是一篇很不错的评论文章。

生3:我们觉得,白居易对琵琶女不仅仅是同情,同情是上对下的。双方是施与和被施与的关系,同情一方总是有架子的。白居易虽然贬了官,但好歹是个官,更何况白居易总是一个社会名流吧,他与琵琶女的身份、地位根本不是对等的,但是,诗中白居易没有一点架子,他是把自己放到与琵琶女完全对等的关系上来写琵琶女的,因此,说白居易同情琵琶女是远远不够的,应当说白居易是琵琶女的知音。

师:先不论"同情是上对下的"是否妥当,他们的结论是值得肯定的,我提议,为他们小组的观点鼓掌!(热烈地鼓掌)但我们更希望听听能支持这个观点的依据。

生3:我们是有充分依据的。"同是天涯沦落人,相逢何必曾相识"不正是说明了这一点吗?此外我们觉得还有三点理由:第一,第二节写琵琶女弹奏,诗人的笔墨集中在弹奏本身,写了调弦——"转轴拨弦三两声",弹奏的神态——"低眉信手续续弹",指法——"轻拢慢捻抹复挑",弹奏的内容——"初为《霓裳》后《六幺》",音量——"大弦嘈嘈如急雨,小弦切切如私语",音色——"大珠小珠落玉盘",旋律——时而轻快流畅,时而低沉压抑,时而雄壮高亢,这跟"五陵年少"大不相同。这正是知音啊,琵琶女不正是希望有这样的知音吗? 第二,面对琵琶女自诉身世,诗人也不拿捏身份了,伤心地倾诉开来。此时,诗人不是局外人,不是上对下,而是把自己融进了情景之中。如果仅仅出于同情,诗人会有这样的行为吗?第三,当琵琶女再次弹奏其声"凄凄"的音乐时,诗人的眼泪流湿了衣衫,此时此刻,诗人的心恐怕与琵琶女的心一起跳动了吧。

师:(随便叫起同组的一位同学)你们小组讨论时注意到了这一层了么?

生:没有。可他所依据的文字跟我们差不多,只是结论不一样。

师:其实,我也没有想到这一层。那么我们一起听听他是怎么想出来的吧。(转向生3)刚才一番话都是你们自己想出来的吗?

生3:不完全是。我们在课前,根据书上所提供的网址,上网查了不少资料,再根据自己的体味,提出了以上看法。

师:可见,灵感来自勤奋,只有占有更多的材料,才能引发我们的灵思。——刚才两位同学谈到了第二节的音乐描写,分析得很细致,也颇深入。《琵琶行》久负盛名,其中一个非常重要的原因即是这一节的音乐描写。有了上面两位同学的分析作基础,我们一起来朗读这一节诗歌,体会诗人写音乐的手段及描写中所蕴含的情感。

(师生一起朗读。然后教师用幻灯打出一副对联:一弹流水一弹月,半入江风半入云)

师:这是九江琵琶亭上的一副对联。白居易调离江州不久,就有人在浔阳建亭纪念。上联写琵琶女弹出的琴声,如流水悠悠,明月皎皎;下联写优美的旋律,随江风远播,入云天缥缈。上联两个"一弹",刻画曲调优美多变;下联两个"半入",则淋漓尽致地表达了琴声的效果。对照这副对联,我们再来一起朗读这一节音乐描写。女同学读课文,男同学读对联。在女同学朗读课文后,男同学连续读这副对联两遍。

(男女同学朗读)

生4:听了刚才几位同学的发言,我们感到有些寒碜——我们没有重大的发现,只是老老实实地找了一些依据,说明琵琶女对诗人深怀感激。

师:这叫欲扬先抑。(众笑)能找出依据便是重大的发现。

生4:我们认为琵琶女对诗人的感激可以从两方面看出:一方面,开始,琵琶女不愿意出来见客人,当她发现诗人是一个真正懂音乐的人,是一个真正会欣赏音乐的人,也就是说找到真正能认识她的价值的人时,她才向诗人诉说身世,从中可以看出这份感激,觉得诗人是一个可以听她诉说的人。另一方面,当诗人也向她诉说自己的遭遇,并说"今夜闻君琵琶语,如听仙乐耳暂明"时,她感动了,她"良久立",也许心里在说:"真是个好人啊!"并为诗人演奏了如泣如诉的音乐,这里面也可以看出琵琶女的感激之情。

师:(在其他同学表示没有别的补充后)原来,刚才这位同学开始的一番话,言外之意是说他们讨论的话题不够大,不够重要。但有了这位同学的发言,我们的鉴赏才完整。——这首诗读来让人心生感慨,其中主要的原因就是在叙述描绘中浸透着深厚的感情,并且多方面的感情交汇在一起,给人浑然天成之感。同学们讨论理解也很深入,不仅抓住了要害,而且有不少创造性的发现。现在让我们来听《琵琶行》的朗读录音,入情入境地体会浓郁的诗意。听了录音后,大家可以自由地提出在课前或课中产生的问题。

(全班同学十分安静地听朗读录音)

师:问题是探索的前提,能提出问题是会思考的表现,在学习《琵琶行》的过程中,不知大家有没有产生一些希望大家探讨而在课堂上又没有涉及的问题。

生:据说,现在也有许多演员嫁给了商人,琵琶女也嫁给了商人,这里面是否有历史的必然? 还有,诗中写到"商人重利轻别离",这是否反映了诗人的偏见?

生:刚才在讨论时,我就有一个疑惑:白居易是否有些轻浮? 你看他听到了动听的音乐,就"移船相近","添酒回灯",还"千呼万唤",人家不愿意出来见人,可白居易却非要她出来不可,这不是一种轻浮的表现吗?

(同学们反应热烈,教师制止,并提醒先听其他同学的问题)

生:琵琶女"夜深忽梦少年事",说明她还十分留恋少年时期的生活,这是否可以说现实并没有让她清醒?

生:"山歌与村笛"我们都知道是很美的,是与琵琶演奏不一样的美,但白居易却说"呕哑嘲哳难为听",为什么?

生:白居易与琵琶女看来是"心有灵犀一点通",他们会不会另有故事?

师:刚才同学们提的问题很有意思,值得探讨。这样,现在已经下课了,这些问题大家在课后继续讨论。下课。(学生的神情表现出很不满足,颇感意犹未尽)

【评析】 教学设计是上课前设定的教学方案,即教案。课堂实录是教学后整理的课堂教学的实际过程。从教案里自然感受不到课堂的具体情境,而课堂实录不仅可以使读者感受到课堂的生动性,而且从中可以分析出教学设计的脉络,因此本书的教学案例大多采用课堂实录。

说上面的教学案例是人文熏陶取向,主要在于教学内容的选择。根据学生的关注点,教师确立了探讨浸透于诗的四种情:白居易被贬谪的怅恨之情,琵琶女被侮辱、被损害的悲苦之情,白居易对琵琶女深切的同情,琵琶女对白居易的感激之情。通过教学,让学生浸染于人类共同的又有其个性的情感之中,积淀人文涵养。其实,教学此诗自然可以从别的角度切入确定教学内容,比如从描写手段切入,分析、品味各种描写方法,再比如可以抓住"同是天涯沦落人,相逢何必曾相识"一句,分析鉴赏结构。切入点不同,取向往往也不同,后两者更侧重于技能取向。虽然不同的取向相互之间必然有交叉、交融关系,但呈现于课堂的氛围却有异趣。确立四种情为教学内容,并不意味着可以脱离课文言语任意生发探讨,教师一开始就要求学生注意"这种'情'在诗中哪些地方可以看出,要善于在看似无关的诗句中有所发现","诗人是如何表现这种'情'的",要求学生对关键言语"体味体味",教学过程也充分保证了这一点,这就使人文熏陶不架空于课文言语,"语文性"得以充分体现。

这个教学案例,在过程中体现人文精神的特色是:把讲台让出来,让学生自己去解读。学生阅读言语作品,尤其是文学作品,不是在"零"状态下进行的,阅读时,学生的"前理解"便已充分参与,因此,如果教师喋喋不休地硬要教给学生什么,容易使学生产生隔靴搔痒的感觉,不利于学生认知结构的改善。要优化认知结构,就要让学生自己去实践,自己进入言语作品,尝试自我解读,提供给学生资料,确立课文解读的目标,让学生自己提出问题,并寻求问题的答案。这样既扩大了学生的阅读空间,又提高了学生对阅读材料的选取、加工能力,在前人鉴赏的基础上,通过与自我感受的整合,形成自己的观点。一句话,这样的做法是让学生实现自我发展。让学生自己去解读,同时包含着师生角色的转变。学生在整个教学过程中是主体,这个主体的表现并不是由老师设计好教学内容,去启发、诱导学生感知、理解,而是从学生的阅读出发,形成教学目标,再由学生自己去解决,教学过程的整体指向和局部走向由学生来把握或部分把握,教师只是一个辅佐者、促进者,以平等、诚恳的态度协调课堂,引导学生与学生之间、学生与课文之间的碰撞,与学生进行交流。

教师平等、诚恳的态度作为人文内涵的一部分,往往也能在课堂实录中看出。称呼同学不说"同学们",而说"诸位";跟学生商量讨论所需要的时间;打断学生的话说"对不起""请停一停",教师的礼数会不知不觉地影响学生。平等、诚恳的态度更多地体现在对学生回答的肯定中,"经他这么一说,我心亦戚戚焉","有道理,请继续说","你的一番话很有见地,我觉得是一个很重要的发现""听了刚才几位同学的发言,我很受启发""我提议,为他们小组的观点鼓掌",等等,不同的语言方式都表达着对学生的热情鼓励。有人说教师要做到平等、诚恳的态度需要"蹲下身来",这种说法未必合适,"蹲",似乎教师就比学生高一截,"蹲"本身也是一种居高临下的姿态,平等、诚恳只需要对人有充分的认识,也只有这样,教师在课堂上才会说:"我愿意为大家朗读全诗,也许我的朗读对大家的探讨也是一种启发。"

第二节 语文技能取向:课文是个例子

一、对语文技能的认识

说到语文技能,我们很容易会冒出如下问题:什么是技能,什么是语文技能,语文技能与骑自行车之类的技能有什么区别,语文技能怎样才能获取,语文教学为什么要训练技能,等等。

什么是技能?《现代汉语词典》这样解释:技能是掌握和运用专门技术的能力。这个解释如果套用到语文技能上,那便是:掌握和运用语文这门技术的能力。这样的解释颇为别扭,使人别扭的是"技术"一词,也许这是一种误会。其实,技术指的是经验和知识,也指各种技巧,如果把语文技能解释为"掌握和运用语文经验、知识以及各种技巧的能力",便顺气许多。比如,掌握和运用文体知识提高各种文体的阅读能力,掌握和运用表达技巧提高书面表达能力,掌握和运用各种表现手法提高文学作品的鉴赏能力……这些说法我们便不会感到存在什么问题。这样,"语文教学就是培养学生的语文技能"这个命题便更容易接受了,也不至于因为有些批评而产生动摇。细想起来,语文教学就是培养学生听、说、读、写的技能,这些技能是从事各行各业的人都应该具备的,虽然是老调,但正因为是老调,更需要我们"弹"好,不让许多看似新鲜的见解迷惑我们的双眼。

像人文熏陶取向不可能没有语文技能的掺入一样,语文技能取向也不可能离开课文的人文因素,否则,语文教学就失去了血肉。取向的不同反映在学生身上表现为关注度的不同,当我们需要学生关注语文技能学习的时候,我们就应该采用语文技能取向。

有人曾期望学生听、说、读、写的技能能够像骑自行车之类的技能一样实现"自动化",这是不现实的。心理学研究把技能分为动作技能和心智技能,动作技能也叫运动技能、操作技能,可以通过不断的练习而成为固定状态的动作活动方式,一旦固定,其方式就可以实现自动化,骑自行车之类的技能便属于这一种;心智技能也叫智力技能、认知技能,指在头脑中运用内部语言,通过不断的练习成为稳态的认知活动方式,虽为稳态,但难以实现完全自动化,只是接近或不断接近自动化,语文技能就属心智技能。骑自行车之类的技能可以不假思索而完成一系列的动作,语文技能则无论多么熟练,听、说、读、写都免不了有一番思考,甚至是艰难思考的过程。有人把语文学习与学游泳进行类比,教学游泳最好的方法就是把学习者推到水里去,在水里不断扑腾就学会了,因此语文学习就是多读多写,语文能力就提高了,虽然两者有一定的可比性,但没有认识到动作技能与心智技能的区别,观点不免显得简单、偏颇。

那么,学生的语文技能怎么获取?不可否认,多读多写(可以理解为让学生在言语实践中形成言语技能)是一种途径,但如上所说,这显得简单、偏颇,因为它是自发的、低效的,缺乏系统性和科学性。如果把它作为主要途径,那语文学习可以不需要学校了,让学生参与更多的社会历练便可解决问题。学校的语文教育需要高效地进行。比如如何理解一个句子。就以"面对自然,我正想跪下来"这句为例,理解它需要充分掂量句中的关键词"跪",品咂"跪",它有崇敬和乞求之意,那么这句话可以理解为:表达对大自然的崇敬,乞求人们保护自然。当然放到特定的语言环境中需要看这句话是在什么样的语言背景下说的,语言背景与直接的句意理解结合,就可把握准确的意义了。理解了这个句子以后,让学生运用理解它的经验和知识,理解别的类似的句子,通过练习,内化为理解这一类句子的技能。这个过程可以概括为:明确技能目标—了解、掌握思维过程—迁移操作—技能内化。句子理解如是,篇章理解、文本鉴赏、写作训练等亦如是。语文教学就是通过细化的语文技能训练,实现听、说、读、写整体能力的提升。

不少语文教学的课堂是这样一种状态:教学的过程就是阐释课文的过程,教学就是让学生更深入地懂"这一篇"文章,阐释完了教学便随之完结。如果承认语文教学的基础是培养学生的语文能力,那么课文的阐释并没有真正触及这个基础,起码需要让学生明白这样一篇课文应该怎样阐释,然后根据这个"怎样"而生成的经验和知识阐释课文,学生才有可能发展课文的阐释技能。课文的"懂"与语文教学是两回事。如果语文教学没有习得的技能或相对于过去学习的新技能,那语文学习很可能没有发生。没有了技能,学生只不过听过了,说过了,读过了,写过了,如此罢了。从这个意义上说,课文只是个例子,是学生形成语文技能的例子。

二、语文技能取向的案例及评析

语文技能取向的案例,我们选择魏书生的《统筹方法》教学实录①进行评析,以求获得更为直接的认识。为求集中,我们节选部分。

············

师:学习这篇课文,老师准备教会大家哪几件事呢?(学生七嘴八舌)

师:大家听我喊"预备——起",用1分钟看课文下面注释,然后自问自答,可以出声。(学生迅速翻开书看)

师:我暂时不提问,下面做第二件事,老师想领着咱们思维的战舰驶向何方呢?(学生边思考边说,教师板书:①字词:万事俱备,只欠东风。不无裨益。②学习用图表说明事物的方法。③读懂全文,会说、会写、会用)

师:先学习用图表说明事物的方法。作者举了一个例子,同学们想用多长时间在课文

①　魏书生,等.中学语文教学改革实践研究[M].济南:山东教育出版社,1999:137-141.

中找到这个例子并记住它?

生(齐):1分钟。(接着学生立即看教材,全神贯注,学习积极性极高。教师看表1分钟后)

师:时间到。作者举了一个什么例子?

生:泡壶茶喝。(听众大笑)

师:(笑着纠正)是"烧开水泡茶"。请你把烧水泡茶过程讲一遍好吗?(学生回答)

师:他说得对不对呀?

生(齐):对!

师:他说泡茶有几道工序?(学生历数五道工序)

师:作者说这五道工序有三种安排方法,书上还画了图表说明。大家看书上图表是对哪一种方法的说明?

生(集体):是对办法甲的说明。

师:办法乙和办法丙怎么样?

生:这两种办法都窝囊。

师:作者没说"窝囊",他说的是"窝工"。好,下面准备把办法乙和办法丙也分别用图表加以说明,请男女同学各自推荐一名代表在黑板上画图。(男女生各一名到前面在黑板上画图表)

师:让他们两人先画,咱们看书上图表。大家想,如果文章没有文字解说,只有图表,能不能看得懂?

生:光有图表,我认为也可以看懂。因为图很清楚,图上又有文字。(学生指着图述说了一遍)

师:好!他说得很明白,的确只看图也能懂。现在大家看黑板。(女生已经画完,教师对她小声说了句话,她转身在图上改了一处)

师:同学们看,他们画得对不对?

生:办法乙我认为画对了,办法丙画得不对。(教师请他上黑板订正,并交代下面的同学可以商量,可以上讲台帮助修改。一位男生在座位上小声说图画得不对,教师亲切地拍拍他的头,笑着问:"你怎么不上去改?"男同学站起来跑到黑板前修改。全班学生的积极性被调动起来,有的热烈商讨,有的跑上前去,黑板前有四五个学生争争抢抢,你擦我画,很是活跃)

师:(男女生都已画完,回到座位)好,我们比较一下,看起来还是女同学画得好一些,一看图就一目了然。男同学的图表用序号表示,也算是一种创造。(女生们非常自豪,男生们也觉得公平)

师:图表说明法同学们已经掌握了。现在看我们思维的战舰距离第三个目标"读懂"还有多远呀?请同学们把全篇阅读一遍,重点读结尾一段。(学生读)

师:懂了没有?

生(集体):基本懂了。

师:懂了,还要会说。每位同学都把办法甲说一遍,七嘴八舌地说,大声说,说错了也不要紧,要解放自己。(学生纷纷大声述说)

师:不仅会给别人讲,还要会写。今天这节课,我们没有时间用笔写了,课上我们说,其实是用"口"写,回去以后把说过的话整理出来,就是用笔写,同学们愿意的话,回去写一篇短文,作业我不检查,因为我明天就要回辽宁了。请同学们增强写作业的自觉性。除了会说、会写,还要会用。同学们思考一下,生活中我们应用统筹方法的实例,大家愿意商量还是愿意自己想?

生:自己想。

师:自己想也可以,商量也行。(过了2分钟学生要求发言)

生:比方说打扫一间房子,有桌子、凳子、墙壁,那就可以先踩着桌子、凳子。

师:她说的例子属于统筹安排工作进程范畴,但跟今天所学的联系还不太紧密。谁能举一个做事窝工的例子?

生:比方我星期天帮妈妈烧饭做菜,我家用的是两孔煤气灶,可我却先择菜、淘米,然后才烧水做饭,做完饭,才开始做菜,这样就窝工了。

师:怎样才不窝工呢?

生:我先烧水,等水开的这段时间,淘米、洗菜。水开后,米下锅,等饭熟的这段时间炒菜。这样就节省了不少时间。

师:他讲得很好,谁能让自己的思维从厨房和家庭中解放出来,举一个别的例子?

生:学校开运动会,总是在进行径赛项目的同时,安排田赛和团体操,这就节省了时间。

师:这个例子举得好,大家如果细心,还可以发现更多的使用统筹方法的例子。同学们以后参加工作,就可以用作者教给我们的统筹方法去做好自己的工作,学会这样做工作就等于——

生:延长生命。

…………

【评析】 魏书生的这个课例,不少人用来解释他的"定向""自学""讨论""答题""自测""自结"这"六步教学法"的其中几步;也有用来解释这节课对心理学原理的运用,比如保护学生的自尊,给学生积极的鼓励,根据初中生的心理特点展开男女生比赛等,调动学生参与课堂的积极性,营造和谐欢愉的学习氛围;也有根据让学生动手、动脑、动口的特点,解释魏书生对学习主体的尊重……但就取向而言,显而易见这是语文技能取向。

节选部分是整节课的主体,它主要由两个环节组成,第一个环节是让学生掌握图表说明的技能;第二个环节是以"读懂"做由头,让学生练习以"统筹方法"为对象的口头说明技能。

统筹方法是一种优化办事程序的方法,不少教师可能会这样上:让学生认识和把握统筹方法,通过延伸,与生活勾连,加深学生对统筹方法的体验。这样上在教学内容定位上就出了偏差,离开了语文的固有特征。而把它定位在语文技能的训练上是很恰当的,这也是实用文教学应有的取向。魏书生的语文技能训练在让学生愉悦地学习这个理念的前提下,带上他富有个性的烙印,值得模仿、移植。

就图表说明训练而言,他先让学生复述烧水泡茶的过程,然后师生讨论明确烧水泡茶有五道工序,这五道工序有三种安排方法,课文中的图表是对甲安排方法的说明。至此,设计并没有什么特别之处。接下来让学生想一想"如果文章没有文字解说,只有图表,能不能看得懂?"学生作了肯定的回答。这一小节其实是让学生感受图表说明的功用:使说明更为清楚明白。同时让男女两位同学在黑板上画乙、丙两种安排方法的图表,这是让学生模仿课文中的图表进行实践操作,以便内化为学生的技能。这两处设计体现了魏书生对技能形成的深刻理解,而呈现于课堂的却又是如此轻巧。但是,这两处设计在课堂上是同步进行的,似乎显得有些不足,至少在黑板前的两位同学不便体验图表说明的功用,而在座位上的同学又没有操作的机会。于是魏书生安排了第三个环节,让学生上去修改,在老师的鼓励下,学生争着上去修改,通过这一环节,即使大多数学生没有上台,但图表怎么画,他们心中自然都有了数。整个过程,清楚地勾画出图表说明这种技能是怎么训练的。

我们来做个比较就更能认识到上面设计的精到和艺术。整个过程可以设计三个问题:(1)课文中用了一个图表来说明甲安排方法,这叫什么说明方法?(2)这样的说明方法有什么好处?(3)你能不能用这种方法对乙、丙两种安排方法作说明?设计至第一问而止的,十分肤浅;设计至第二问而止的,虽稍深入,但只是停留在认识层次;设计至第三问,方触及技能训练,为形成学生技能而教。但是以这样三个问题推进教学,显得死板生硬。魏书生的设计其实也就这三个问题,而他经过变通,使这三个问题不留痕迹,从而使过程显得轻巧而活泼,这便是艺术所在。

至于以"统筹方法"为对象的口头说明,表面上看只是加深对文章的理解,实际上是模仿性的说明技能训练。前面的讨论已说明问题,对此不赘述。

第三节 确定性取向:沿着目标推进过程

一、确定性取向的特征与利弊

确定性取向首先表现为目标是预置的、确定的,无论是由教师依据《课程标准》、教材、教学用书等文本设定的,还是教师依据学生的阅读体验而设定的,甚至是完全由学生确定的,只要目标是在教学行为发生之前预先确定的,整个教学设计往往就是确定的;其次是教学过程的确定性,由于目标的确定,教学过程随着目标而分步展开,为了实现教学目标,过程也相对地具有确定性。这种教学目标和教学过程都相对确定的取向,我们称为确定性取向。当然,实际教学也有可能放弃原来设定好的教学目标,根据具体的教学情境组织教学,这便由确定性取向转向非确定性取向了。

确定性取向有如下特征。

(一)可控性

确定性取向是按部就班地完成教学目标,教什么和怎么教都是预先确定好的,因此具有可控性。如果把一个教学设计比作一篇文章,那么教学目标就是这篇文章的主题,教学事件围绕着主题而展开。一些枝枝蔓蔓的教学事件如果离开了教学目标,就需要在教学设计时或教学过程中予以修剪;若是在实际教学过程中有些枝蔓生长开来,也应及时回到确定好的轨道上来。

(二)序列性

由于目标是预先确定的,教学就是为了按步骤逐步实现这个目标,因此确定性取向具有序列性,先做什么,后做什么,要反映认知规律,不能随意颠倒。比如要让学生把握某篇小说的情节特色,第一步需要师生一起理清小说的情节,第二步讨论这个情节有什么不同之处,第三步分析我们可以从中总结出什么特色,第四步讨论这个特色会收到怎样的效果。这个序列如果颠倒就会有强加之嫌。序列往往跟方法使用相关联,对方法认识越深入,越能确定恰当的序列。比如问题探究法,第一步先要确定需要探究什么问题,必要时要解释探究这个问题的意义,第二步探讨解决这个问题的方案,第三步实施方案,第四步反思方案是否需要根据实施的具体情况进行调整,第五步明确采用实施方案或调整后的方案是否解决了问题,第六步成果展示。如果一抛出问题,就让学生思考回答,那就只有问题而没有探究了。以为多提问题就是问题探究法,是对这种方法缺乏认知之故。

(三)可预测性

这主要体现在两个方面:一方面是目标达成的预测,教师可以分析学情,包括年龄阅历、相关知识学习情况、所拥有的资源等,估计学生是否可以达成目标或达到什么程度;另一方面是过程的预测,教学过程要么受阻,要么部分受阻,要么顺畅,无论哪一种情形,教师都可以根据情况预设解决的方法。

由于确定性取向有这些特征,教师大多采用这种方式,它可以保证教学顺利进行,如果勤于目标梳理,还可以建立目标群,帮助清晰地认识学生已经学了什么。这种方式运用得好的话,课堂的表现是循循善诱、步步深入、紧紧吸引学生的注意,让学生从对课文的隔膜逐步到沉浸在课文之中,从知之不多到知之甚多直至登堂入室。但它也有不足之处,最大的不足是学生缺乏自我的选择空间,包括学什么内容、怎么去学等。在建构主义思潮下,这样的不足越发明显。同时这种方式无论是教师讲解为主,还是课堂讨论为主,甚或学生自主探究为主,因为是教师控制着进行,都可能会出现教师控制过度的情形。如果教师缺乏经验的话容易导致强加、硬扯、牵拉、"满堂灌"、追求标准等不良教学行为的发生。

二、确定性取向的案例及评析

下面是白素云老师的《阿房宫赋》教学实录[①],它可以让我们比较直观地感受确定性取向的教学特点。

师:同学们好!今天这节课我们共同欣赏晚唐杰出的诗人、颇负盛名的文学家杜牧的《阿房宫赋》。(板书:《阿房宫赋》杜牧)上一节课,吴老师指导同学们学习了这篇课文,扫除了文字障碍,疏通了文意,并复习了有关"赋"的知识,今天我们这节课是在同学们已经读懂这篇"赋"的基础上,上一节"文言文鉴赏课",去欣赏《阿房宫赋》的结构之妙、语言之美。在欣赏之前,我们先来看看古今之人对它的评价。

[投影](元朝)祝尧曰:"至杜牧之《阿房宫赋》,古今脍炙……"(《古赋辨体》)

(清朝)金圣叹曰:"穷其极丽,至矣尽矣!却是一篇最清出的文字。文章至此,心枯血竭矣。逐字细读之!"(《金圣叹批才子古文》)

今人曰:"古来之赋,此为第一。"

师:从古今之人的评价中,我们可以看出《阿房宫赋》的确很有欣赏价值。下面先来欣赏它的结构。

师:(板书:一赏结构)请同学们默读课文。

---

① 白素云,薛川东.《阿房宫赋》教学实录[J].中学语文教学,2001(5):36-39.

[投影]思考:(1)作者写"阿房宫",先写了什么? 后写了什么? (2)《阿房宫赋》前半部分和后半部分是怎样有机地联系在一起的? 它们之间是什么关系? (3)从本文的结构中,能看出作者的写作意图吗?

(生边读边思考,2分钟)

师:作者写"阿房宫",先写了什么? 后写了什么?

生(部分):写了阿房宫的建造规模、楼阁廊檐、长桥复道、宫中美女、金银财宝。

师:同学们说得比较细致、具体,如果把前半部分对阿房宫的叙写归一下类,可分几个层次? 写了阿房宫的什么?

(生沉默、思考)

生:分三个层次。第一层阿房宫的建造规模、楼阁廊檐、长桥复道都是写宫殿,第二层写妃嫔媵嫱,第三层写宫殿的摆设。

师:表述上再简练一些。

(生思考)

师生共同归纳:三个层次分别写了宫殿、美人、珍宝。

师:同学们归纳得很好。(板书:宫殿—美人—珍宝)

师:第三段重点写了什么?

生1:写秦的贪得无厌。

生2:写秦的灭亡……

师:秦为什么灭亡?

生(部分):横征暴敛、穷奢极欲、腐败堕落、肆意挥霍,导致亡国。

师:很好。[板书:(秦)奢侈亡国]

师:第四段重点写了什么?

生:劝诫统治者接受前人的亡国教训。

师:"秦人不暇自哀,而后人哀之;后人哀之而不鉴之,亦使后人而复哀后人也",杜牧在劝诫谁? 第三个"后人"指谁?

生:劝诫唐敬宗接受前人的亡国教训,勿重蹈覆辙。

师:很好。[板书:(唐)勿重蹈覆辙]

师:《阿房宫赋》前半部分和后半部分是怎样有机联系在一起的? 它们之间是什么关系?

生(部分):前半部分是叙事,后半部分是议论。

师:结合"赋"的特点,说说前后两部分的联系。

生(部分):前半部分是铺事,后半部分是写志。

师:"赋"的特点是"铺事写志",又叫"托物言志"。(板书:托物、言志)

师:它们之间是什么关系?

(生思考)

生1:铺事是写志的基础。

生2:写志是铺事的目的。

(板书:基础、目的)

师:文章的第三段与第四段可不可以对调? 为什么?

15

生:(沉默片刻,后齐声)不可以。

生1:第三段是由一、二两段引出的议论,紧承第二段,所以不能与第四段对调。

生2:前半部分是"现象",第三段是透过"现象"揭其本质,穷奢极欲必然导致亡国。第四段承接第三段,劝诫唐敬宗接受前人的亡国教训,勿重蹈覆辙。

师:同学们说得都很好,言之成理。三、四两段确实不能对调。理由是第三段的感慨是由上文宫殿的奢华与人民的贫困的对比中引申出来的;后一段的议论则以更深远的历史眼光,把数百年前的"史实"与数百年后的"现实"联系起来,生发开去。

师:从本文的结构中,能看出作者的写作意图吗?

生(部分):借阿房宫的兴灭,寄托对统治者的讽喻。

师:由此看来,这篇文章的结构具有怎样的特点?

生(齐声):严谨、巧妙。

师:欣赏完了《阿房宫赋》的结构之妙,再让我们欣赏它的语言之美。《阿房宫赋》的语言之美是众口同声的。有人说,它的语言是有颜色、有声响的,你甚至可以听到百姓的叹息声、宫女的啜泣声、帝王的呵斥声、戍卒的呐喊声。下面就让我们一起走进这色彩斑斓的语言世界,去领略美、品味美吧!

师:(板书:二品语言)下面请同学们轻声朗读课文,把你认为好的句子画出来,读出来,然后结合"赋"的特点,说说哪句话、哪段话最精彩? 为什么?

(生读书、思考3分钟)

师:(巡场、了解学生情况)同学们画出的值得品味的句子很多,比较集中的大概有十几处,时间关系,我们只能选择其中有代表性的句子共同咀嚼品味。

师:同学们先看第一句,"六王毕,四海一,蜀山兀,阿房出",很多同学都画了这一句。它好在哪儿?

生1:简洁。两组偶句,12个字极简洁地交代了阿房宫建造的背景和巨大的耗资。

生2:概括。从"六王毕"到"四海一",历史漫长,作者只用了六个字。

师:好。从"(秦)孝公据崤函之固"到"强国请服,弱国入朝",到"始皇奋六世之余烈",到"楚人一炬,可怜焦土",从"毕"到"一",横扫百年时空,可谓力扛千钧。这六个字体现了"赋"的什么特点?

生(部分):跳跃。

师:对,跳跃。"赋"非诗非文,亦诗亦文,诗歌的特点之一就是跳跃。除此之外,这句话还好在哪儿?

(生沉默)

师:同学们看"兀""出"两个字用得好不好? 好在哪儿?

生:用得好,给人留下了想象的空间。

师:留下什么样的想象空间? 想到了什么?

生1:我想,用的木料一定很多。

生2:我想,为建阿房宫死的人一定不少。

师:请同学们再从地理位置上考虑,由蜀山到关中,要经过"难于上青天"的蜀道,砍伐者为什么放弃距阿房宫较近的"秦陇",而偏要舍近求远,去蜀山砍伐树木呢?

生1:蜀山的木材好。

生2：附近的木材全都砍光了。

师：同学们的想象力很丰富，从一"兀"一"出"中，同学们想到了"路途之艰、用料之多、死人之众"。这六个字里有没有什么"暗示"或者说"伏笔"？

生：有。暗示六国已亡，唐不久将亡。

师：看来，这句话为此后许多文字埋下了根，真不愧是大手笔，起势雄健，涵盖无穷。

师：再看第二句，"廊腰缦回，檐牙高啄；各抱地势，钩心斗角"。这句话用了什么写法？好在哪儿？

生1：用了比拟的写法，非常形象。

生2：运用骈句，句式整齐。

师：还用了4个表示动物器官的名词，有——

生（齐声）：腰、牙、心、角。

师：好处是什么？

生：用这种器官比拟建筑物杂然交错的样子，形象、新颖。

师：今天"钩心斗角"用来比喻人与人之间复杂的关系，用"形象的事物"比喻"内心的活动"，不是也很形象、很生动吗？

师：请看第三句："明星荧荧，开妆镜也；绿云扰扰，梳晓鬟也；渭流涨腻，弃脂水也；烟斜雾横，焚椒兰也。"好在哪儿？

生1：用排比和夸张的写法，渲染美女之多。

生2：写美女之多，用意是突出秦始皇骄奢淫逸。

师：说得对。作者用"明星、绿云、渭涨、雾横"比喻，又用"开妆镜、梳晓鬟、弃脂水、焚椒兰"间接写美女之多，实写秦始皇骄奢淫逸。真可谓"笔里藏锋，意在言外"。

师：请看第四句："使负栋之柱，多于南亩之农夫；架梁之椽，多于机上之工女；钉头磷磷，多于在庾之粟粒；瓦缝参差，多于周身之帛缕；直栏横槛，多于九土之城郭；管弦呕哑，多于市人之言语。"好在哪儿？

生1：同一意思，不重复，而是变化多端地加以深化。

生2：虽然是议论，但极为形象，没有枯燥之感。

师：这六个排比句极为经典。前半句写阿房宫的事物，后半句写有关民间事物，前后对比，尽情夸张，把封建帝王将奢侈享乐建筑在人民痛苦生活之上的本质，揭露无遗。用笔真是精彩！

师：请看第五句："戍卒叫，函谷举，楚人一炬，可怜焦土！"好在哪儿？

生1：简练。14个字就交代了战争的始末。

生2：这句话意味深长，让人深思。

师："可怜焦土"与开头哪句话照应？

生（部分）："阿房出。"

师：对了。"可怜焦土"以4个字了结了前文大量的铺陈渲染，于严峻中包含无限感慨，并引出末段议论。

师：最后看第六句："使秦复爱六国之人，则递三世，可至万世而为君，谁得而族灭也？秦人不暇自哀，而后人哀之；后人哀之而不鉴之，亦使后人而复哀后人也。"这两句话好在哪儿？句中"后人"共出现4次，重复吗？所指一样吗？

生1：有哲理味儿。

生 2:精辟。"后人"出现 4 次,没有重复之感。第三个"后人",是指唐以后的统治者,其余三个"后人"所指一样,都指秦以后的统治者。

师:答得很好。这句话是超越时空的预言,精辟奇警,如夜半鸣钟,远天走雷,令人惊心动魄。前面令人目眩的铺张描写,都要在这里结穴,找到依附与归宿。

师:下面请同学们总结一下《阿房宫赋》的语言特点。

(生思考)

师:刚才我们所举的六句话,用得最多的是哪一种写法?

生(部分):夸张。

师:对,夸张。夸张的效果怎么样?

生(部分):真实。

师:(板书:夸张——不过度)文章后半部分用了什么写法?

生(部分):议论。

师:对,议论。议论的效果怎么样?

生(部分):形象生动。

(师板书:议论——不干枯)

……

【评析】 本课的教学目标设定为"欣赏《阿房宫赋》的结构之妙、语言之美",如果从学生的感受出发,欣赏《阿房宫赋》之美未必就在结构和语言中,学生可能更多关注的是对称美、铺陈美、气韵美、声律美等,虽然学生不一定能够说出这些概念,但这些美学生都可能感受到。教师把目标预设为结构和语言,也许自身在这两方面有比较深入的体会,或者出于基础教育教学要求的需要。一旦把目标确定下来,教学过程便随着它运转,学生其他感受到的东西都不在这节课讨论范围之列。如果不把《阿房宫赋》之美预先确定在结构和语言中,那教学就是另外一番样子了。

教学的步骤随目标而确定,步骤与目标之间联系是否紧密,步骤之间是否彼此相关,步步推进,体现了教学设计是否严谨。我们来看白老师为完成欣赏结构之妙而设计的教学步骤。

为了实现第一个目标,白老师提出了三个问题,并且把三个问题直接在幻灯片中呈现出来,这三个问题为解决欣赏结构之妙而提,从目标到实现目标的步骤和方法都在教师控制之下依次展开,这不言自明。那么这三个问题对实现目标的意义何在呢? 所谓结构,简单地说就是事物各部分之间的关系,要欣赏作品的结构,自然要从作品可以分成几个部分及各部分之间的相互关系入手。白老师的前两个问题就是据此而提,这两个问题可以有效地为欣赏结构之妙做铺垫。在讨论第一个问题的过程中,白老师要求学生"把前半部分对阿房宫的叙写归一下类",理清分别"写了阿房宫的什么";后半部分要求学生思考"第三段重点写了什么?""第四段重点写了什么?""杜牧在劝诫谁?""第三个'后人'指谁?"等问题,然后顺理成章地提出:《阿房宫赋》前半部分和后半部分是怎样有机联系在一起的? 它们之间是什么关系?"明白了关系也便具体体验到了"严谨"之妙。接着白老师提出了幻灯片没有展示的第四个问题:"从本文的结构中,能看出作者的写作意图吗?"提出这个问题目的是为了让学生理解《阿房宫赋》借古喻今之妙。这样,四个骨架性的问题围绕着目标不枝不蔓、不偏不倚,严谨而有序。最后白老师问学生"这篇文章的结构具有怎样的特点",学生回答"严谨、巧妙",便顺理成章了。目标、过程、结论,一切在教师的"彀中",结论的形成也完全在老师的预料之中。

针对第二个目标,白老师似乎有了些变化,变化在于一开始提出的问题比较开放,"结合'赋'的特点,说说哪句话、哪段话最精彩? 为什么?"学生回答哪一句、哪一段似乎都可以,但有"结合'赋'的特点"这个限制,学生又是不能随意生发的,这个限制可以看出白老师在控制课堂方面做出的努力。但实际上,由于这个限制的模糊性、宽泛性,在讨论"为什么精彩"这个问题上很容易越出边界,从师生的实际讨论看,这也是客观存在的,比如"简练""照应""哲理味"等说法,说出了"精彩",但与赋的特点并没有多大的关联。因此最后请学生"总结一下《阿房宫赋》的语言特点"的时候,不得不另起炉灶,"刚才我们所举的六句话,用得最多的是哪一种写法?""文章后半部分用了什么写法,效果怎么样?"最后得出"夸张——不过度;议论——不干枯"的结论。这个结论依然与赋没有多大的关联。相对于完成第一个目标的设计,这部分显得粗糙,有硬拉之嫌。其实弥补这个不足也很简单,可以向学生介绍一下(也可以让学生根据课文来总结)赋的特点,然后再品赏语言,让关于赋的知识起到真正的导向作用。

从以上评析中我们可以得出好的确定性取向教学设计需要具备如下几个基本条件:

(1)目标明确而适恰。明确的目标对学生学习是一个无声的鼓舞。适恰则要考虑课程的教学要求、课文的文体特征、学生学习的实际水平等,目标与以上诸项内容适应的程度越高也便越恰当。

(2)步骤清晰而合理。清晰只是一般的要求,关键在合理。合理也便是合乎逻辑,每一个步骤都能为实现目标服务,能够很好地达成目标的某个侧面,而步骤之间又能体现由浅入深、由简单到复杂的顺序。

(3)问题指向明了而不含糊。只有明了,才具有操作性,学生循问而求,可得教师希望其获得的知识和能力。

第四节 非确定性取向:教学是学生主动选择的过程

一、非确定性取向的特征与利弊

相对于数理化等学科,语文更容易产生非确定性取向的教学设计。原因很简单,数理化等学科,教材即教学内容,教材里的知识,师生都绕不过去,是必须要学的,也就是说教材已经基本上规定了教学目标;而语文则不然,教材是文选式的,一篇课文可以涵盖教学内容的各个侧面。语文教学虽然有总体的目标,但具体到某篇课文,却有相当的模糊性,教师可以教这个,也可以教那个,学生可以学这个,也可以学那个,这便给语文非确定性取向的教学提供了便利。因此,在建构主义等思潮的感召下,语文教学更为灵活的教学设计便应运而生。

建构主义教学认为,学习是学习者主动选择、自主建构的过程,具有高度的个人化和自主意识,在一些激进的建构主义者看来,学习应由学习者主动决定自己的学习内容、学习材料和学习步骤,运用自己的知识和认知能力来建构意义。当教学强调"教"的行为的时候,教学更趋向线性、确定,当教学强调"学"的行为的时候,教学更趋向非线性、不确定;要想把学的行为做到极致,教师只能退居幕后,课堂完全是学生的舞台。

据此,我们可以概括出非确定性取向教学设计的特点:

(1)个人性。由于学生个体之间知识和能力的差异,每一个学生对文本意义的建构不可能完全相同,甚至相差悬殊,面对一个开放的文本,学生的关注点、关注的角度多种多样,选择自己的关注点、关注的角度进行学习,学习便成了更具个性的个人行为。

(2)自主性。不确定只是相对于教师而言,相对于每一个学习的个体,其学习内容、学习方法、学习步骤是确定的,但这种确定需要学生自我选择。

(3)情景性。情景性表现在两个方面:一是课堂的状态呈现的是不同的学生朝着自己的学习目标用自己的方式学习;二是教师给学生创设学习情景,学生在这种情景感染下求知、探索、发现。

这三个特征决定了非确定性取向的教学是非程序化的、非线性的、难以预测的。

非确定性取向基于"以学生为中心"、充分尊重学生为主体的理念,使学生的发展在更大的程度上实现自我的发展,这对于学生学习个性的形成、探索精神的培养、独立人格的养成等具有重要的意义。就课堂状态而言,教学充满着变数而可能生机勃发,同时学生与学生之间学习不尽统一,可能引发学生与教师之间理解的差异,这样学生与学生、学生与教师、学生与文本、教师与文本之间便形成了巨大的对话空间,各种观点、各种发现、各种看问题的角度相互碰撞、相互补充、相互启发、相互交融,进而相互提升,使彼此都有更多的收获。但是,非确定性取向的教学对教师引发学生学习的能力、驾驭课堂的能力又提出了更高的要求。第一,学生面对课文,可能会茫然没有头绪,读了几遍可能都还不能捕捉到可以深入探讨的内容。如果是部分学生如此,课堂的推进并不会产生多大的影响,随着教学的深入,这部分学生可以在别的同学身上获取启发;但如果是普遍如此,课堂推进就会十分艰涩。第二,学生的学习形态是不一样的,有的学生就是喜欢尝试自己发现问题、解决问题,而有的学生就是喜欢静静地倾听、静静地反思。他们不是没有发现,而是不愿意"张扬"。如何顾及这一类学生是个问题。如果通过教学把后者都"改造"成前者的样子,这不仅不太可能,而且也违背非确定性取向的哲学指向。第三,在人数较多的班级(实际上我国目前学校的班级人数对于非确定性取向的教学而言,都属于超多一类),教师容易顾此失彼。操作不当的话有可能一节课只围绕着几个学生的学习状况深入下去。第四,教师如果没有足够的知识和经验,可能难以招架课堂上出现的在教师意料之外的种种问题。

当然,我们完全可以跳出课堂这个狭小的空间来考虑问题。在学校甚至社区都有一个开放的学习资源的前提下,非确定性取向的教学便有了更多、更开阔的设计空间,这也许在不久的将来便能看到。

二、非确定性取向的案例及评析

从公开发表的教学案例看,郑逸农老师的教学可以成为非确定性取向的代表。我们以他的《祖国啊,我亲爱的祖国》教学实录①为例,具体认识这种教学取向的价值、操作形式。

师:歌颂祖国,是文学作品中永恒的主题。历代诗人一路高歌,从古到今,留下了不少名篇佳作。1979年4月,从"文化大革命"的坎坷中走来的青年诗人舒婷,面对获得新生的

---

① 郑逸农,蔡伟.《祖国啊,我亲爱的祖国》"非指标性"教学实录及评点[J].语文建设,2004(9):19-21.

祖国,感慨万千,热血沸腾,用自己的青春与激情,写下了感人的诗篇《祖国啊,我亲爱的祖国》。今天,让我们一起来用心学习,用心体验。

师:请各位放开声音,自由诵读两遍。

(生读)

师:现在,请各位用一句话,说说自己的最初体验。

(生先做书面表达,然后师随机抽取一个纵排的同学做口头表达)

生1:这首诗让我感到诗人与祖国那水乳交融的感情和诗人立志要为国争光的赤子之心。

生2:作者用各种各样不同的比喻来写祖国,形象地写出了祖国的发展过程,用形象的意象,从不同角度揭示了自己对祖国深深的眷恋与热爱。

生3:无私的爱国情结,平凡、真挚,但又恰恰因此而显得感人。

生4:初读此文,我就被诗的雄壮所倾倒,不敢相信一个女诗人能写出这样激昂的诗。

生5:我可以感受到作者浓厚的感情,但许多地方不能理解。

师:请认真地再读一遍。读完后想一想:你最想从本诗中学到的是什么?请确定一至两个主题,作为你的学习目标,并写在备用纸上。写完后以前后桌为一小组,互动交流。自己的学习主题可以坚持,也可以调整。

(教师随意抽取四五个小组的代表,介绍自己及本组的学习主题。交流中发现,学生的学习主题主要是:思想感情、意象含义、语言表达、整体构思。也有不少同学选择更具体的学习主题,如修辞手法)

师:请各位按照既定的学习主题,运用自己的知识和经验,以研究性阅读的方式去欣赏、去发现,用自己的心灵去感悟,用自己的方法去判断,用自己的思维去创新。研读过程中请随时写下你的感悟,即时捕捉你的灵感,用笔来深化、细化自己的研读。

(时间约10分钟)

师:现在请同学们说说自己的研读体会。可先在小组内交流,每人不能少于1分钟,说完后小组内的同学可以质疑商讨。

(小组交流)

师:刚才在小组交流的过程中,肯定会有一些较为成熟的乃至有新意、有个性的观点,现在请每个小组推荐一位同学,也欢迎毛遂自荐,向全班做个介绍。

生1:我的学习主题是体会作者的思想感情。我的研读体会是:全诗用四个"祖国啊"体现作者对祖国的感情。第一个"祖国啊"之前,作者借用了许多事物,描写了一个穷困潦倒的祖国,表达出作者对祖国现状的悲伤和无能为力。第二个"祖国啊"之前,"我是你祖祖辈辈痛苦的希望啊",作者将自己与祖国联系在一起,表达出自己的内疚和失望。第三个"祖国啊"之前,连用几个"我是……"的句式,表达出作者对祖国的新生充满信心,突出作者欣喜的思想感情。最后一个"祖国啊"之前,作者热情歌颂祖国的养育之恩,表现自己献身祖国、报效祖国的坚定信心,激昂的情绪中透出强烈的责任感。

生2:我的学习主题是感情和语言。一首诗要让读者产生共鸣,诗人必须投入真挚的感情,诗的语言就是作者情感的流露。作者一定对祖国感情很深,有时我甚至觉得她是在写一位历经磨难的母亲,如"我是你挂着眼泪的笑涡"。而前面"我是你祖祖辈辈痛苦的希望啊",给了我很大的震撼。我好像感觉到人们在黑暗中痛苦地挣扎着,痛苦地盼望着,而这希望又是很遥远的,不知道在何方。在第一节,诗人说:"我是你河边上破旧的老水车,数百年来纺着疲惫的歌。"老水车破旧而疲惫地纺着她的歌,她的儿女静静地听着,她落后,她贫穷,可是她的孩子依旧热爱着她,这像是在讲述一个古老而感人的故事,这位伟大的母亲第一次在我心里留下了慈祥的印象,她不再是一个地图上的国界线围成的抽象区域,而是一个有血有肉的灵魂,让我感觉到她的痛苦、她的笑容、她的幸福。

生3:初看这首诗的题目我觉得它有点俗,以为又是那种口号式的诗,赞颂祖国怎样伟大,将来会变得怎样美好。但接着读几遍全诗,便觉得这首诗与众不同。全诗脉络清楚,写了祖国的沧桑历史,从苦难写到新生,作者感情也从迷惘到深思再到沸腾。作者借助意象来抒情,把主观感情寄托在客观事物上,显得形象、具体,不让人感到空洞、抽象、俗气。

师:在刚才的研读和交流过程中,我们肯定会产生一些疑问。请大家在小组内交流一下自己的问题,然后每个小组确定一个最需要解决的,写在纸上,提交上来。

(问题提交上来后,教师让学生推荐一位打字快的同学上来,把问题即时录入电脑,映上银幕。汪钰同学被推举上来,以下问题出现在银幕上:

1."把纤绳深深勒进你的肩膊"有什么含义?

2."'飞天'袖间千百年来未落到地面的花朵"是什么意思?

3.第二段诗怎样理解?

4."刚从神话的蛛网里挣脱"中,"神话的蛛网"有什么含义?

5."绯红的黎明正在喷薄",黎明如何喷薄?

6.为什么一会儿说"我是你的十亿分之一",一会儿又说"是你九百六十万平方的总和"?

六个问题中,有五个是关于字词句理解的。看来学生首先关注的是给自己带来阅读障碍的细节问题。细节问题解决了,才会关注到构思、韵律等全局性的问题。其中第六个问题竟有四个小组同时提到,说明学生对这句话的理解普遍感到困难)

师:现在我们对提交上来的问题集中讨论一下。因为时间很紧张,无法对每个问题逐个讨论,每个组讨论三个问题,其中一个是自己小组提出的,为必选题,另外两个为自选题。

(小组讨论后,全班自由发言,各抒己见。具体情节略)

师:我在研读过程中,也产生了几个疑问,现在提出来,请大家帮我解难释疑。刚才同学们是针对有疑处发问,我的问题是朝无疑处发问,或许比较简单。

(课前教师准备了六个问题,但其中有两个学生已经提出并解答,所以教师只提出其余四个:

1.诗中四处"祖国啊",感情表达上有什么差异吗?

2.朗读本诗时,要正确传达出诗人的感情,最巧妙的方法是什么?

3.本文作为一首抒情诗,是借助什么来抒发感情的?口号式的直白抒情效果会不会更好?

4.诗歌一开始就是"我是你河边上破旧的老水车""我是……"的句式贯串全诗,这里的"我"指谁?能否换成"你"?"我是……"的句式有什么效果?

四个问题抛出后,学生先独立思考,再小组讨论,最后班级交流。回答第二个问题后,教师播放了一段朗诵录音,让学生来评判朗读得怎样。该录音前三段朗诵得很成功,鲜明地读出了痛苦、沉重和欣喜的感情,但末句读得很浮浅,很轻率,深沉激昂的感情没有读到位。没想到学生很快就听出来了,马上做出了比较一致的评价)

师:反省是一种高贵的品质。这两节课就要结束了,现在请你反省一下,看看自己在这次学习中有什么优点和不足,并提出相关调整措施。

生1:可能是听课的人太多,没有很好地把握住机会站出来回答问题,其实只需要一点勇气和一点自信就行了。思考讨论还是挺积极的。

生2:上课时太紧张,词不达意,不敢站起来回答问题,有时明明觉得自己观点是正确的,可就是怕。自己理解得不够深入,有些东西只停留在表层,如"驳船"就没想到象征祖国的落后。

生3:不善于发现问题,很少提"为什么",思考问题时思路不开阔,太注重细节。

生4:思维深度不如别人,语言表达更是如此,不过,我已在努力改变。

师:这首诗的学习就要结束了,现在,请你代老师做一个结束语,好吗?

(学生发言略)

【评析】　阐释郑老师的这个课例,首先需要对他的"非指示性教学"做些了解,在《"非指示性"语文教育初探》一书中,郑老师这样解释其内涵:"教师不指示学习目标,不指示问题答案,引导学生根据文本特点(内容特点和形式特点)和自身特点(认知特点、情感特点和心理动作特点),自主(或独立或共同)选择学习内容、确定学习目标,自主(或独立或共同)探究问题答案,强调学习目标的自主性和差异性,强调问题答案的自主性和理解的多元性。在学习过程中,让学生用自己的心灵去感悟,用自己的观点去判断,用自己的思维去创新,用自己的语言去表达。既不以教师为中心,也不以学生为中心,从教师中心、学生中心转向师生对话,在互为老师的平等对话中让学生自主生成对文本的理解与感悟,自主生成语文素养,自主走向精神成长。师生间相互教育,共同成长。"①郑老师的这个教学案例是他的非指示性教学理论的具体实践。

首先郑老师用一段充满感情的语言导入课文,拉近学生与文本的距离,激发学生阅读的兴趣,调动他们学习的注意力和积极性。这是学生自主进入文本进而探究文本的前提。因为不指示学习目标,实际教学中其实也不指示教学内容,目标和内容不确定,所以导入的好差直接影响整节课的教学效果。郑老师的导入简洁而富有激情,能够有效地激发学生探究课文的热情。非确定性取向的教学需要精心设计导语,学生在许多情况下需要在教师的导语中获得亲近文本、探究文本的能量。

学生在导语中获得阅读期待之后,郑老师乘势让学生放开声音,自由诵读两遍,然后让学生说说初读的体验。郑老师一般不让学生齐读,而让学生自由读,表面看只是一个形式问题,实际上跟他的观念相应。齐读讲究的是整齐,自由读讲究的是个性。因为对于教学目标与教学内容学生具有高度的选择权,所以教学的起步自然要关注学生的初读体验,没有这一点,学生主动选择就会落空。

交流了初读体验后,学生通过再读确定学习目标,并通过小组交流确定坚持还是调整。然后学生按照既定的学习目标进一步研读,再把研读的体会以及研读中发现的问题在小组中做交流,小组交流后教师让学生分小组向全班同学介绍"较为成熟的乃至有新意、有个性的观点"。这一系列的过程,非确定性体现在学习目标的自主确定以及达成目标的研读方式的个人性。学生确定的目标未必科学,怎么解决这个问题,郑老师采用的方法是让学生

---

①　郑逸农."非指示性"语文教育初探[M].杭州:浙江教育出版社,2006:5.

在小组中交流,学生与学生之间相互启发,以求得每一位学生都有一个相对于自己的更为理想的目标。确定—调整—研读—交流成果,步步推进,较好地保证了在不确定目标和内容的前提下学生研读的质量。在这一系列的过程中,郑老师让自己退居幕后,每一个环节都让学生自己通过与同伴交流讨论解决问题,把学生充分推到学习的前台。

学生与文本的主动对话,更容易发现问题,问题又是进一步研读的动力。郑老师接下来安排的环节是小组讨论研读交流中产生的疑问。讨论的成果也由学生各抒己见,教师不做干预。然后郑老师抛出自己研读过程中产生的"疑问",让学生讨论解决。郑老师的疑问与其说是疑问,不如说是补充,是对学生在自主研读过程中可能产生的缺漏进行补充,以便让学生更全面、更深入地理解课文。

至此,教学可以结束,有意味的是郑老师还安排了两个环节:一是让学生反省这次学习的优点和不足,并提出调整措施;二是让学生代老师做一个结束语。意味有两方面:一方面,自始至终体现学生学习的自主性;另一方面,通过反省,积累与课文对话的经验。用反省代替作业,关注的不是练习,关注的是会阅读、能阅读这一阅读教学的根本性问题。

总结郑老师这个案例的教学流程,可以概括为:教师导入激趣—学生初读课文—自主确定目标—自主研读欣赏—分享研读心得—深入探究疑惑—交流解惑成果—教师补充提问—学生再度探究—学生自我反省—学生课堂小结。流程并不是固定的东西,我们需要关注流程背后的观念。

在观念上,郑老师这个案例的关键词是:自主、对话、发展。在这里,学生是课堂的真正主人,教师是学生完成自我学习的策划者、组织者、推动者,教师不确定目标和内容,甚至不确定达成目标的方法和问题的答案,目的是保证学生的"主人"地位。教师的"退隐"使学生有更多的机会与课文对话、与同伴对话,学生初读、再读、几次研读,教师多次组织学习小组间的同伴讨论,使学生与课文、学生与学生的对话在不同的层面展开。但教师也不是因此就放弃自己作为一个对话者参与课堂,教师通过抛出自己的研读问题,使学生—文本—教师的对话得以展现。自主、对话的课堂,是让学生自己发展自己、自己超越自己。

练习与拓展

选择一篇课文,用人文熏陶取向、语文技能取向、确定性取向和非确定性取向各设计一个简案,然后结合自己的个性和偏好,选择一种(或整合两种)进行教学实践。

如果你希望对本章的内容求得更多的了解,建议你找到以下文章阅读:

[1]杨晓.语文课程人文性基本内涵之我见[J].语文教学通讯,2009(17):58-59.

[2]桑志军.谈谈语文技能训练中的原型定向[J].中学语文教学,2006(10):10-13.

[3]尹睿.教学设计取向的发展:走向"确定性"——一种基于目标主义与建构主义整合的思考[J].中国电化教育,2008(6):9-12.

[4]郑逸农.对"非指示性"教学模式的再探索[J].语文教学通讯,2003(18):52-53.

[5]张军征,刘志华.对我国当前教学设计模式分类观点的思考[J].中国电化教育,2004(3):11-14.

第二章　语文教学设计的类型

提　示

　　教学设计可以从不同的角度分类，按范围大小分，可以大到一个学科、一门课程，也可以小到一节课、一个教学细节；按功能分，可以有常规课教学设计、复习课教学设计、展示课教学设计、研究课教学设计等；按教学理念分，可以有讲授型教学设计、体验型教学设计、对话型教学设计、研究性学习教学设计等。本章从一般学校的实际运作情况出发，考虑教师工作相对独立性的特点，兼及教师从属的备课组一般工作方式，主要从范围大小出发把教学设计类型分为语文教学具体环节的设计、语文课堂教学设计、语文单元教学设计和语文专题教学设计进行讨论分析。单元教学与专题教学在许多论者的观念里是等同的，但细较开来有不同之处，本章强调它们的不同之处而分别讨论。

阅读准备

　　一、本章将讨论的四种语文教学设计的类型，你认为哪几种教师独立操作的成分多一些，哪几种更需要寻求备课组的合作？如果你是将要走上讲台的未来教师，思考一下，独立操作成分多一些的类型，你需要做一些什么来保证教学设计付诸实施时能够顺利进行？需要寻求备课组合作的类型，你认为怎样合作才能更有效？

　　二、本章相对而言比较简单，技术性的成分多一些，也就是说，它将告诉你事情应该怎么做更合适一些。做法是有个人性的，不同人的不同做法只要能达到良好的效果就都是好的做法，因此阅读本章既要努力去理解别人的做法，也不必过于拘泥。

第一节　语文教学具体环节的设计

　　一堂课由一个一个的环节组成，各个环节设计好了，整节课教学也就充实了；一个富有创意和个性魅力的环节设计，往往能够成为一节课或者一篇课文教学的亮点。但由于课堂教学的形态是多种多样的，我们很难把各种各样的教学形态一一标出然后分别举例评析，这里只举出几例，以求窥一斑而知全豹。

一、《登高》导入教学设计及评析

《〈登高〉课堂实录》①是韩军老师的一个经典课例,其导入部分尤其精彩。

师:同学们愿意听电影故事吗?

生:愿意。

师:不过,这不是一个欢乐的故事,而是一个凄楚悲凉的故事。听着,心情会很沉重。我还给大家提个要求。因为是电影故事,请大家边听边在脑海中把这个故事幻化成电影画面。我相信大家都是杰出的"电影摄影师",一定能够把画面在大脑中构想得场景逼真,而且每人都能达到身临其境的效果。能做到吗?

生:能。

师:我开始讲述。(语调低沉,语速缓慢,满怀感情)1200多年前,一个秋天,九月初九重阳节前后。夔州,长江边。大风凛冽地吹,吹得江边万木凋零。树叶在天空中飘飘洒洒,漫山遍地是衰败、枯黄的树叶。江水滚滚翻腾,急剧地向前冲击。凄冷的风中,有几只孤鸟在盘旋。远处还不时传来几声猿的哀鸣。——这时,一位老人朝山上走来。他衣衫褴褛,老眼浑浊,蓬头垢面。老人步履蹒跚,跌跌撞撞。他已经满身疾病,有肺病、疟疾、风痹。而且已经"右臂偏枯耳半聋"。重阳节,是登高祈求长寿的节日。可是这位老人,一生坎坷,穷愁潦倒,似乎已经走到了生命的冬季。而且此时,国家正处在战乱之中,他远离家乡,孤身一人在外漂泊。面对万里江天,面对孤独的飞鸟,面对衰败的枯树,老人百感千愁涌上心头……

(放音乐《二泉映月》,教师在乐声中满怀深情地朗诵《登高》全诗。课堂中气氛凝重,有些学生流下泪来)

【评析】 单看导语主体部分的语言,便是一节富有感染力的台词,加上韩老师充满磁性的声音,《二泉映月》音乐的渲染,使得"课堂中气氛凝重,有些学生流下泪来"。这是韩老师的个性魅力,如果换一个教师,未必能达到这样的效果。既然属于个性魅力,为什么还要拿它来讨论?因为这里面包含着普适意义的方法。如何写好导入语,如何选取合适的音乐固然需要方法,韩老师通过"同学们愿意听电影故事吗?""……能做到吗?"两个提问,把学生的心力集中于一点,这又是"诱"之法。但这些都不是主要的,主要的是教学为什么需要导语。

导语的主要功能有二:一是激发学生亲近课文、探究课文的欲望;二是渲染氛围,与课文的意境形成和谐共振,以便让学生更好地体验、理解课文。韩老师的导语属于后一种。我们可以感受到上面这个导语氛围渲染的效果非常好,十分自然地把学生带入诗歌的意境,加上教师富有感染力的朗读,已经胜过千言万语的讲解。因为导语的主要功能在此,所以教师导入后紧接着应该是让学生接触感知课文。有的教学案例导语的设计很不错,但导入后只在课文外游移,比如静态地介绍背景、介绍作者等,这是为导语而设计导语。韩老师的导语激发了学生阅读的期待,紧接着通过教师朗诵,让学生进入课文、感知课文,这种导语与课文的快速对接,虽然简单,却是原则。

导语也并不是教学所必需的环节,如果学生对课文已经熟知,或者课文本身很容易激

---

① 韩军.《登高》课堂实录[J].中学语文教学,2001(7):32-35.

发学生的阅读愿望,或者学生在上课前曾有沉浸在课文中的经历,正儿八经地使用导语,可能反而显得有些做作;另外,如果教师的个人魅力已经得到学生的高度认可,学生盼望着上这个老师的课,老师走进教室,一句简简单单的"今天我们上××课"也足以让学生把注意力集中于课文。

二、《安塞腰鼓》填空教学设计及评析

下面节选的是刘芳老师《〈安塞腰鼓〉教学设计》①的两个环节。

(1)自由朗读课文,用"_____的安塞腰鼓"对安塞腰鼓进行评价。可填词、短语、句子,最好是文中的内容。学生各抒己见。可能有如下一些答案:

"壮阔""豪放""火烈""有力""元气淋漓""惊心动魄""奇伟磅礴""一捶起来就发狠了,忘情了,没命了""容不得束缚,容不得羁绊,容不得闭塞""每一个舞姿都使人战栗在浓烈的艺术享受中,使人叹为观止""好一个痛快了山河、蓬勃了想象力"等。

(2)布置分组朗读,分组进行寻找美点比赛。用"_____美,你看(听)_____"的句式叙述出来。学生可能有如下答案:

蓄而待发的后生美,你看,他们的身后是一片高粱地。他们朴实得就像那片高粱。咝溜溜的南风吹动了高粱叶子,也吹动了他们的衣衫。他们的神情沉稳而安静。

火烈的舞蹈场面美,你看,百十个斜背响鼓的后生,如百十块被强震不断击起的石头,狂舞在你的面前。骤雨一样,是急促的鼓点;旋风一样,是飞扬的流苏;乱蛙一样,是蹦跳的脚步;火花一样,是闪射的瞳仁;斗虎一样,是强健的风姿。

激越的鼓声美,你听,百十个腰鼓发出的沉重响声,碰撞在遗落了一切冗杂的观众的心上。观众的心也蓦然变成牛皮鼓面了,也是隆隆,隆隆,隆隆。

变幻的舞姿美,你看,每一个舞姿都充满了力量,每一个舞姿都呼呼作响,每一个舞姿都是光和影的匆匆变幻。

【评析】 有时候某个环节的设计只需要简单的手段,用填空的方式让学生感知课文,欣赏课文,许多老师都使用过。一张表格、一个图示等也在日常教学中为老师所乐用,看似简单,实则有道理可说,用一句话表达便是:为教学内容寻找一种活动载体。教学内容往往是抽象的,把抽象的内容通过学生手、口等外在动作来实现便是这类设计的巧妙所在。刘老师的两个环节的设计,前者是为了让学生初步感知课文,后者是教学的深入,让学生感知文章之美。这两个教学内容也可以用两个问题引出:读了这篇课文后,你有怎样的感觉?这篇文章你认为美在哪里? 这两个问题直接指向抽象思维,用填空的形式教这两个内容,就把外在的动作与内在的抽象思考结合了起来,显得灵动、活泼。

设计,有时候不过是方式的转换。

三、《沁园春·长沙》朗读教学设计及评析

下面是李镇西老师《沁园春·长沙》教学实录②的节选,根据编写的需要,节选部分做了删减。

---

① 刘芳.教例Ⅱ《安塞腰鼓》教学设计[J].语文教学通讯,2002(5):15-16.
② 李镇西.李镇西·我的语文课堂(上)[M].北京:光明日报出版社,2013:152-156.

我请同学们把课文打开:"刚才早读课,同学们都读了这首词。现在我听同学们读一遍。我们对这篇课文已经预习过了,我想同学们该不会读错什么字了吧?"

学生朗读完了以后,我评价道:"嗯,总体上说,同学们读得还不错,比较有气势,没有出现读错字的情况。但显得平淡了一些,而且语速稍微有些快。下面,我们请一些同学站起来朗读,看他们是怎样处理停顿的。谁愿意第一个起来朗读呀?"

钟雪飞把手举了起来。我点点头:"好,请钟雪飞同学朗读!"

"独立寒秋……"钟雪飞读得很轻柔,有点如诉如泣的味道,声音也不大,但他很认真也很投入。因此,同学们给了他以掌声。然而我却没有鼓掌。

我说:"同学们都鼓掌,我没有鼓掌。为什么呢? 这样,我们再请一位同学起来读,比较一下吧!"唐强同学马上把手举了起来。

"好,请唐强同学读,大家认真听听,比较一下,看唐强是否读得比钟雪飞强!"我说。

在我看来,唐强读得显然比钟雪飞强,他抑扬顿挫处理得要好一些,速度适中。同学们也给了他以掌声。

我正要评论,这时候,张长春举手要求读,我点点头,示意他读。他读得非常投入,而且很有气势,只是在读"百舸争流"的时候,突然把声音降低了,耳语一般:"百舸争流。"但后面一气呵成,直到"到中流击水,浪遏飞舟"。

同学们的掌声又响起了……

我请钟雪飞对后两位同学的朗读进行评论。钟雪飞站了起来:"我觉得张长春读得像念经一样……"同学们听了立刻笑了起来。

我问张长春:"你同意钟雪飞的评价吗? 你说说你为什么要这样读?"

"当然不同意!"张长春很干脆地说,"我觉得毛泽东的诗必须读得抑扬顿挫,才能体现出其中的韵味。"

我又问钟雪飞对唐强朗读的评价,他的评价也不高。

我说:"哦,他们都不如你读得好?"

全班大笑,钟雪飞有点不好意思了。我说:"我觉得你读得很认真,但是没有读出毛泽东的那种大气。你想不想再给大家读一遍?"

钟雪飞来不及表态,同学们已经开始鼓掌了。

于是,他稍微调整了一下情绪,开始了第二次朗诵:"独立寒秋……"

这次显然大有进步,我评论道:"牛顿说过,如果我在科学上有什么发现的话,那是因为我站在巨人的肩上。同样,此刻我可以说,如果说钟雪飞的朗读有很大进步的话,那么是因为他站在张长春和唐强的肩上。"

全班大笑。

"刚才都是男同学朗读,有没有女同学能够读一读?"我的话音刚落,何思静举手了。

"好,就请何思静同学!"我用手对坐在后排的何思静挥了挥。

"独立寒秋,湘江北去,橘子洲头……"何思静音色很美,读得舒缓而从容。当最后一句读完,全班同学给她以最热烈的掌声。

我继续评论道:"我个人认为何思静是读进去了的,她虽然声音不算特别大声,也谈不上特别有气势,但她有一种内在的力量。我觉得她是读懂了这首词的。"

我又说:"我叫同学们读,其实是在考察同学们是否理解了这首词。因为,你们的朗读就体现着你们对词的理解程度。这首词,在我看来,感情基调深沉而豪迈,因此读的时候节奏要舒缓从容,表现出一种雄浑的气势。比如第一句,'独立——寒秋,湘江——北去,橘子——洲头'……"我开始给学生一边谈我的理解,一边朗读,"第一句不能读快了,读快了给人感觉是匆忙急迫,而不是从容镇定。你们想想,青年毛泽东独立于江边,思绪渺然,感情的潮水随江水而北上。因此,这里读的时候,要体现出一种深沉。"

"看万山红遍,层林尽染……"我继续边读边讲解,"'万'应该读得高亢一些,以表现山之多,'层'字也应该重读,表现出层层叠叠的味道。下面几句'漫江'也该读得响亮一些,以表现出无边无际的江面,'百舸争流'更应该读出一种大气磅礴的气势,你们想想,千帆竞发,这是何等的壮观!因此,刚才张长春读'百舸争流'突然读得很轻很小声,给人的感觉就一只船,而且是偷偷摸摸的。"学生们大笑。

"鹰击长空,鱼翔浅底,万类霜天——竞——自——由——"读到这里,我评论道,"唯有如此从容而气势豪迈的朗读,才能表现出毛泽东眼前那种生机勃勃的无边秋色!"在这里,接下来,毛泽东以站在空中俯瞰地球的眼光向世界发问:"问苍茫大地,谁主沉浮?"你们读到这里,也应该把自己当作毛泽东,向世界发问:"问——苍茫——大地,谁主——沉——浮?"

"下阕回忆年轻时候的意气风发,可以稍微读快一些,以体现出一种青春蓬勃的生活。'恰同学少年,风华正茂,书生意气,挥斥方遒。指点江山,激扬文字'……应该读得这样激越而奔放。"我突然产生了联想。"你们回忆一下,小提琴协奏曲《梁山伯与祝英台》总的风格是凄婉,但在表现二人同窗共读那一段生活时,旋律却显得欢快活泼……"我忍不住哼了起来,学生们都开怀地笑了。"当然,我哼得不好听,但意思可能同学们都明白了。因此,读这几句我觉得节奏可以稍微快一些,一直到'粪土当年万户侯'这一句应该斩钉截铁而英勇无畏,速度可以稍微放慢,尽量读得雄健一些:'粪、土、当、年——万——户——侯!'最后一句更要读得激昂而豪迈:'曾——记否?到——中流——击水,浪——遏——飞——舟!'"

教室里一片肃静,随着我的朗读和解说,学生们都在尽力体会揣摩词的内涵。

"好,同学们再齐读一遍——'沁园春·长沙',起!"我开了个头。

"独立——寒秋——"无论是音量和气势还有节奏,都明显比刚才的齐读好,同学们从容而精神饱满地朗读着,从这气势磅礴的朗读中,我感到,同学们的心中正激荡着青年毛泽东的万丈豪情。

"曾——记否?到——中流——击水,浪——遏——飞——舟!"学生们的朗读戛然而止,但余韵却还在教室里回荡。我忍不住叫道:"好!好!你们开始走进青年毛泽东的心灵了!"

【评析】　我们都清楚,诗、词、赋需要朗读,好的朗读可以省却好多费神的解释,但朗读可以"磨蹭"这么长时间,恐怕是许多教师未能想到的。之间的区别在于:把朗读当作熟悉课文来设计还是把朗读当作用声音"塑造"情感来设计。李镇西老师把朗读当作"塑造"情感来设计,才让"读"延宕开来。

对于一篇适合朗读的课文,教师在"读"这个环节上一般这样设计:在课文分析探讨前,让学生朗读一遍(很少考虑读第二遍),此谓熟悉课文;课文分析探讨之后,再让学生朗读一遍,此谓体味所分析探讨的内容。这样的设计也并非有什么问题,只是没有把"读"的功能充分发挥。李镇西老师在分析探讨课文前让学生读了六遍,加上他边读边讲解的一遍,以及讲解后的又一遍齐读,共有八次朗读,在反复的朗读中让学生理解这首词不宜读得平淡、轻柔,语速不宜太快,要读出抑扬顿挫之感,声音要舒缓从容、有气势,因为这首词的感情是深沉豪迈的,李老师希望学生能够体会、理解读的节奏、声气与诗词内在情感的一致性,显而易见,他做到了这一点。

做到这一点看似简单,实则不易,让学生一遍又一遍地读,相同的动作持续多次,学生会感到腻烦。这个教学片断,学生都是主动要求读的,这也许会使人觉得李老师的学生素质好,但即使这样,也是李老师教的结果,从李老师边读边解释中可以看出,经常浸染于这样教学氛围中的学生,更会明白读的魅力。撇开这一点,李老师"引逗"学生一遍又一遍读的做法更值得关注。(1)给予学生的朗读以客观的评价。学生朗读的优点和缺点都实事求是地指出来,并不是一概简单地肯定,以此激发学生要读得更好的愿望。当学生对其他同学的朗读评价不甚妥当时,调侃一句"他们都不如你读得好?"同时鼓励他再读,使朗读有了具有戏剧色彩的情节。(2)读是单一的,但每一遍读的目的或样式都不同。把八次朗读一一排开来说,我们会发现朗读也不简单。第一次,教师检验学生集体朗读情况,主要看有没有读准;第二次,教师检验学生个体的朗读情况,主要看对课文情感基调的把握;第三次,比较,看怎么更好地把握课文的情感基调;第四次,学生主动要求,是前一次的延续;第五次,超越自身的朗读;第六次,激发女同学读;第七次,教师示范并解释,着重于声音与情感的一致性;第八次,集体朗读,加深体验。富于变化使单调的动作有了趣味和意味。

四、《长江三峡》比喻教学设计及评析

下面是包建新老师教学《长江三峡》的一个环节。

本文语言有一个特色,就是运用了好多修辞手法,我们着重讨论比喻手法的运用。先把课文中所有的比喻句都找出来。

比喻句主要有:

1.这一天,我像在一支雄伟而瑰丽的交响乐中飞翔。

2.天空上露出一片金色阳光,像横着一条金带。

3.船如离弦之箭。

4.涛如雷鸣。

5.一柱阳光像闪电样落在左边峭壁上。

6.右面峰顶上一片白云像白银片样发亮了。

7.绛紫色的山峰,衬托着这一团雾,真美极了。就像那深谷之中向上反射出红色宝石的闪光,令人仿佛进入了神话境界。

8.两面巨岩,倒影如墨。

9.近处山峦,则碧绿如翡翠。

10.山如斧削。

11.几只木船从下游上来,帆篷给阳光照得像透明的白色羽翼。

12.有一细石耸立,如一人对江而望。

13.如果说瞿塘峡像一道闸门,那么巫峡简直像江上一条迂回曲折的画廊。

14.船随山势左一弯,右一转,每一曲,每一折,都向你展开一幅绝好的风景画。

15.突然是深灰色石岩从高空直垂而下,浸入江心,令人想到一个巨大的惊叹号;突然是绿茸茸草坂,像一支充满幽情的乐曲。

16.船只能缓缓行进,像一个在崇山峻岭之间慢步前行的旅人。

17.船一下像流星随着怒涛冲去。

18.当我们驶下崆岭滩时,果然是一片乱石林立,我们简直不像在浩荡的长江上,而是在苍莽的丛林中找寻小径跋涉前进了。

比喻的思维实质是想象;在想象合理的基础上,想到一般人想不到的东西,我们说这个比喻富有创造性。大家看这些比喻,哪些可以说是现成的、常见的、我们也是容易想到的,哪些是我们不易想到、富有创意的。

学生的说法有些分歧,取基本共同的意见,常见的本体与喻体的对应有:飞快的船——离弦之箭,涛声——雷鸣,绛紫色的山峰衬托着云雾——神话境界,巨岩倒影——墨,峭山——斧削后的平面,快船——流星。富有创意的本体与喻体的对应有:游览长江三峡——在一支雄伟而瑰丽的交响乐中飞翔,帆篷——透明的白色羽翼,深灰色石岩从高空直垂而下浸入江心——巨大的惊叹号,绿茸茸草坂——充满幽情的乐曲。其他也基本上是容易想到的。

看富有创意的比喻,除了我们不容易想到这一点外,为什么说这些比喻富有创意呢?

学生直观反应是:它们更加形象生动。

教师追问:难道别的比喻就不够形象生动吗?

经过仔细地品味、讨论,最后形成了这样的认识:这些比喻富有创意,一是它们具有新奇感,二是具有冲击力。把游览长江三峡想象为"在一支雄伟而瑰丽的交响乐中飞翔",三峡的壮美和作者兴奋、热爱一下子扑面而来;把阳光照射下的帆篷想象为"透明的白色羽翼",秀丽的景象如在眼前;把"深灰色石岩从高空直垂而下浸入江心"想象为"巨大的惊叹号",非常别致、亲切;把"绿茸茸草坂"想象为"充满幽情的乐曲",给读者悠远的想象空间,浪漫、抒情。

把描写瞿塘峡天空的比喻句归为一类,看看作者的审美倾向有什么特点。

当学生把这些比喻句集中起来后就发现,这些比喻句的喻体大多跟宝物有关,由此可以看出,作者的审美取向:宝物是"美"的替代品。

总体看,这些比喻与文章的总体内容有什么联系?

讨论归结:"在一支雄伟而瑰丽的交响乐中飞翔"是本文的核心所在,可以说是"文眼"。其他比喻都沿着作者对三峡特点的感受而生成,尤其是写巫峡、西陵峡的比喻。

比喻是作者镶嵌在文章中的珍珠,这些珍珠既独立地放出璀璨的光华,同时又推动着整篇文章气韵的流动。

【评析】　学生在读小学时就开始接触比喻,但一直到高中,比喻教学基本上还是停留在小学阶段,只是在比喻句的辨别,本体与喻体,本体和喻体的相似点,比喻的效果几方面重复,这些过于简单的知识对于比喻的鉴赏显得捉襟见肘,难以使学生感受到比喻的奥妙。上面的教学环节是对比喻教学内容的开拓。

让学生找出课文的比喻句是辨别层次,这是基本要求,找出比喻句之后,可以从四个方面对作者所运用的比喻进行鉴赏。(1)从思维角度看,区分哪些比喻容易想到,哪些比喻不易想到,这样把作者的思维和学生的思维联系起来;从鉴赏看,引导学生关注有创意的比喻

（在诗歌创作中,这些比喻被称为"远距离比喻"）,使学生对比喻的认识更进一层,同时对比喻的优劣有了一个相对的认识标准;从创作看,学生可以捕捉前人的思维脉络,更好地运用比喻修辞,增强学生运用比喻的自觉意识。(2)有创意的比喻能够达到怎样的效果。说到比喻的效果,似乎便是"形象生动",此外似乎没有其他词汇来形容,这未免过于笼统,模糊了语言的创造性。其实有创意的比喻往往是作者苦心经营的结果,它们带给读者的是激情与奇妙,及此才能让学生对比喻语言有更深入的体会。(3)从比喻看作者的审美倾向。比喻的思维本质是想象,面对描述对象,能够想到什么,既是想象力的问题,又是作者的个性趣味和审美取向的问题。语言的问题实质上是"人"的问题,透过语言看到"人",就还原了语言的本质内涵。(4)比喻句与文章内容的关系。套用现成的观念,比喻是一种形式,形式应该为内容服务,比喻与文章内容相互协调,比喻之美才显出光彩。

到目前为止,语文课程缺乏统一的、完整的、更不必说完善的知识体系,语文教师需要不断开发新的语文教学知识。尽管有人认为这个任务不应该由语文教师承担,尽管语文教师所开发的语文教学知识可能经不起推敲和检验,但语文教师必须在不断开发、调整、修正中提高专业水准,舍此,课堂教学就会显得单薄和贫乏。

五、《鸿门宴》"操""持"之辨教学设计及评析

有时,教学环节的设计体现了教师发现了别人未能注意的内容,浙江省衢州市教育局教研室余洋洲老师的"操""持"之辨教学①便是一例。

师:刘邦在准备逃离杀机四起的鸿门宴前,和张良的那段对话很有意思,其中有一两个词语特别值得咀嚼。请看:

[投影]乃令张良留谢。良问曰:"大王来何操?"曰:"我持白璧一双,欲献项王。玉斗一双,欲与亚父。会其怒,不敢献。公为我献之。"张良曰:"谨诺。"

师:注意到了吗? 张良问"何操",刘邦答"我持",请大家思考一下:"操"和"持"究竟有什么区别? 可以查查词典,看看各自的本义是什么。

生:《古汉语常用字典》上说,"操"的本义是"拿着,握在手里","持"的本义是"一只手从上托扶"。

师:好,结合文义,你觉得应该怎么理解更为恰当?

生:"操"显得比较随意,"持"类似于"捧着",态度恭敬多了。刘邦是前来"请罪"的,所以处处要表示对项羽的尊重。

师:看来,张良不如刘邦懂礼貌了?

生1:(笑)不是。张良不必对项羽表示恭敬,因为他效忠的是刘邦。

生2:他也不会表现出对项羽的尊重。因为张良很聪明,绝对不会在刘邦面前表现出对项羽的尊重的。

师:解释得很好。请看下面这句话:"沛公则置车骑,脱身独骑,与樊哙、夏侯婴、靳强、纪信等四人持剑盾步走,从郦山下,道芷阳间行。"樊哙等人是"持剑盾步走",可不可以说成"操剑盾步走"?

---

① 余洋洲.""操""持"之辨——《鸿门宴》教学实录片段.中学语文教学,2008(8):19-20.

生：不可以。

师：为什么？

生：樊哙等人不只是拿着武器，而且是双手紧握着甚至举着，为防备不测，保护刘邦，所以时刻准备搏斗。这个"持"字显出了他们当时高度戒备小心翼翼的样子。用"操"就显得太随意漫不经心，不符合当时樊哙等人的心态。

师：分析得非常有道理。你能不能把这句话翻译一下？

生：刘邦丢下随从的车辆、人马，独自骑马离开这儿，同紧握剑盾徒步跑着的樊哙、夏侯婴、靳强、纪信等四人一起顺着骊山脚下，取道芷阳，抄小路逃走。

师：翻译得很好。通过这两个词的辨析，我们可以看出司马迁用词的匠心，也告诉我们一个道理，在理解文言词语时，既要掌握词的本义，也要体会在不同语境中的不同含义和作用。学到这里，我们不妨一起回顾一下前面的《廉颇蔺相如列传》课文中的一句话，"相如持璧却立"，这个句子中的"持"怎么理解？

生：紧紧抱着。

师：为什么？

生：不让秦人抢去啊。为维护国家尊严，准备玉石俱焚。

师：非常好。结合具体情景理解文言词语的含义，不仅有助于对词语的正确理解，也有助于理解文章内容和把握人物形象。

【评析】 文本包含着许多未定点等待着读者去发现，等待着教师去发掘。如果缺少一双发现的眼睛，"操""持"两字只要解释清楚便可了事，但余洋洲老师发现了"操""持"背后的人物心理，进而更加准确地翻译。在这里，设计并不是主要的，关键是发现，或者说因为发现而生成了设计。

发现具有一定的偶然性，常常是在阅读文本时突然触发，但如果离开了教师对文本的潜心阅读，就谈不上有所发现。对课文的处理教师常有一种不良的习惯：搬用参考书。当然这也不是什么特别需要批评的情况，但因此而放弃了教师自己与课文的对话态度，不愿意在解读课文上花费更多的时间，对课文没有自己个性化的发现，就谈不上具有冲击力的教学设计。对课文的发现首先是语言的发现，教师应善于抓住一些关键性的字词，领悟课文遣词造句之妙，传染给学生语感，提高学生对语言文字的敏感性、感悟力。教师带着自己的发现走进课堂，往往能够给学生带来意外的惊喜。

探寻"操""持"之辨教学片断的意义便在于此。

第二节　语文课堂教学设计

一、语文课堂教学设计生成的一般过程

语文课堂教学设计主要指的是在课堂里实施的一篇篇课文的教学，也可称之为课时教学设计。一篇课文可以用一个课时或多个课时，也可以几篇课文用一个课时。课堂教学设计的生成不能说有统一的范式，但一般需要前期准备、确定内容、撰写方案这样的过程。

(一)前期准备

前期准备最重要的是教师自己要深入阅读课文,在没有任何他人观点影响下获取感受和阅读经验。这一点之所以放在首位来考虑,原因有两点:首先,学生在跟教师学习课文之前,基本上没有什么辅助材料帮助或影响他们对课文的理解,教师让自己也处于这种状态下来阅读课文,有助于体认学生的阅读感受和阅读经验,这样才有可能把课上到学生的心里去;其次,他人对课文的看法可能会成为理解课文的束缚,影响对课文的发现。深入阅读课文,取得了属于自己的理解之后,再去看别人对课文的分析理解,其中最重要的是教学参考书。"我"的理解与参考书可能会成为相互印证、相互补充的关系,也可能是相互修正,总之,要让参考书成为"参考"。另外,利用学生早读等时间尽量了解学生的阅读情况,包括认识水平、能力状况、存在的问题、学习的需要等,以便使设计更有针对性。

教师需要让自己随时进入"超准备"状态。不是为了某篇课文的教学而在教前一个较短时间内准备,超越课文、超越为了教"这一篇"课文而去考虑相关因素的准备,我们称为"超准备"。课程标准以及相关部门研制的教学建议等需要"超准备",以便给教学准确定位;教学的理念更需要"超准备",教师要不断地吸收先进的理念,努力使教学设计实现最优化;即使是课文阅读、查阅资料和学生情况了解,也需要有"超准备"的状态。就课文阅读为例,临教时的阅读可能由于时间、心境等因素,不能很好地获取对课文的深入理解,空暇时经常翻阅课文,潜心阅读,而不是为了"教"这个功利目的,有助于让自己的阅读心智舒展开来。

(二)确定内容

教学设计内容的确定围绕着五个问题展开:教什么,为什么教这个,怎么教,为什么这样教,教得可能会怎么样。"教什么"的问题需要考虑教学目标的制定和围绕教学目标的教学内容的选择;"为什么教这个"是对教学目标制定和教学内容选择的依据的思考,它涉及课程要求、课文特点、学生认知水平等因素;"怎么教"包含教学过程的安排和教学方法的使用;"为什么这样教"需要回答教学过程中各个环节设计和教学方法选择的意图;教学设计往往跟不上课堂上实际发生的种种变化,因此,在设计之时就需要预测"教得可能会怎么样",根据预测形成预案,尽量减少教学设计在实施过程中出现的滞涩情况。确定教学设计内容有几点需要特别指出。

关于教学目标。课时教学的目标是具体目标,它与课文的学习直接相关,要与课程目标区分开来。比如文言文教学,"能够阅读浅易的文言文"是课程目标,具体到课时教学,则要考虑需要让学生掌握哪些文言词汇、什么文言句式等,需要让学生懂得"这一篇"或"这一类"课文应该怎么去读。新课程提出知识与能力、过程与方法、情感态度与价值观这三维目标,落实到语文教学,要注意目标的层次性问题。语文知识与语文能力是语文教学的核心层、内层,过程与方法、情感态度与价值观是语文教学的外层,是所有学科共同承担的任务。语文教学要围绕核心层展开,外层目标依附于核心目标实现,具体表达如"在讨论人物形象过程中让学生体验爱国情操"等,否则容易造成学科性质的消解。目标的表述要体现学生的主体地位。比较"培养学生概括文章大意的技能"与"通过学习,能说出文章的基本内容",前者是把学生置于被动地位,后者以学生为主体,体现对学生的人文关怀。虽然学生的地位主要表现于课堂,但目标表述反映的是教师的自觉意识。

关于教学过程。教学过程是课堂教学设计的核心,教学理念、课文解读、教学目标、教学内容、教学对象(学生)分析、教学方法、课堂结构等都将在教学过程中体现。从一个教师的成长发展看,教学过程设计是动态的,不能说哪一种教学过程的设计是最佳的。随着教师的逐步成熟,教学过程的设计将趋向完美。基于此,教学过程设计要思考(在教学方案中应该写出)设计的意图,每一个环节的安排都应该体现教师教学理性的观照,这样,教学过程也便成了教师自我发展的过程,教学经验也便随着时间的推移不断丰厚积淀。

关于教学方法。随着教学研究的不断深入,人们总结出了许许多多教学方法,这使我们的课堂丰富多彩。对于教学方法,我们需要有恰当的认识。首先,方法的上位是观念,比如运用合作学习的方法实现教学目标,其上位认识是教育需要培养学生的合作精神和合作能力以适应社会发展的需要;其次,方法的选择要适应教学内容,方法是实现目的的工具,其本身不宜用对与错、好与坏来衡量,教学方法的选择应该要考虑与教学内容的协调,协调就好,不协调就不好;再次,教师应善于运用各种教学方法,无论哪一种方法,一旦用得太频繁,就会显得单调,不利于调动学生的积极性。在选择教学方法上,宜经常倾听学生意见,看什么样的方法更使学生乐于学习。

(三)撰写方案

教学的方案便是教案。不少有经验的教师日常教学没有书面的教案,教案在他们的心中,但遇到特殊的情形,比如公开课、比赛课等,即使有经验的教师也会详细地写出教案。把每一节课都当作公开课来教,这是高度负责的表现。对于新手而言,应该每一课都写出详细的教案。心中所思往往模糊,似一团烟雾笼罩,用文字表达出来,想法才变得清晰。

教案怎么写?一般来说,学校都会配发教案本,教案本上有教案撰写的格式,虽有不同,但也离不开教学设计的几方面内容,只是在教学过程上一般的教案本没有细化。从突出学生的主体地位和教师的专业发展出发,教学设计可按表2-1格式撰写。

表2-1　教学计划格式

教学环节	教师活动	学生活动	活动成果预期	设计意图

在教学设计付诸实施之后,教师应该及时写教学反思,肯定优点,反思不足,以求不断改善、提高。

二、《皇帝的新装》教学设计及评析

下面是宁鸿彬老师《皇帝的新装》的课堂实录[①]。

《皇帝的新装》第一课时

师:上课。(师生问好)

师:打开书!(板书:皇帝的新装)《皇帝的新装》是一篇童话,作者安徒生。下面默读

---

① 宁鸿彬.《皇帝的新装》教学实录[J].中学语文教学,1997(5):22-25.

"提示"第一段,读后请同学们说说你认为介绍作者这部分内容,应该抓住几个要点?

(生看书,片刻后生举手)

生(1):我认为应该抓住5点:名,安徒生;时,19世纪;地,丹麦;评,世界著名童话作家;作,《卖火柴的小女孩》等。

师:很好! 下面准备读课文。读完之后,请你们给这篇童话加个副标题,一个什么什么样的皇帝(板书:一个……的皇帝)。省略号什么意思?

生(齐):要填出来形容皇帝的词语。

师:对! 你怎么认为就怎么填,所以在读课文时,要边读边思考。下面按座次朗读课文。

(8名学生按座次朗读了课文,教师巡视,并不时在书上做记号)

师:大家读得都比较好。有两个字的读音需要注意:"对于自己职位不相——"什么?

生(齐):不相 chèn。

师:正确! 大家跟我读,不相 chèn。

生(齐):不相 chèn。

师:再读。

生(齐):不相 chèn。

师:"这可骇人听闻了"中的"骇",念 h—ài—hài,标第四声。在书上注一下。跟我读,hài 人听闻。

生(齐):hài 人听闻。

师:再读。

生(齐):hài 人听闻。

师:这两个字的读音今后要多加注意。下面再给大家2分钟准备时间,请你们给本文拟一个副标题——一个什么样的皇帝,最好能结合课文做些解释。

(生翻书思考)

生(10):我添加的副标题是"一个愚蠢的皇帝"。因为课文中那两个自称是织工的骗子,根本没织衣服,也没给皇帝穿衣服,只是做做样子而已。而皇帝为了炫耀自己,还穿着这件实际上并不存在的衣服去参加隆重的游行大典。这一切,作为常人都能分辨出来,他却上当受骗,所以我认为他是个愚蠢的皇帝。

生(11):我拟的副标题是"一个爱美的皇帝"。因为文中的皇帝一天到晚考虑的总是如何穿换新衣服。

师:你说的"爱美"是他的优点还是缺点?

生(11):当然是缺点。

师:如果是缺点,光说"爱美"是不行的。爱美之心人皆有之。我也爱美,你们看,我上课还穿西服系领带呢。我这60岁的老头儿,也爱美。但是,这是优点不是缺点。作为教师,应该服装整洁,落落大方。你能不能把刚才的说法稍加修改,使人一听,就知道说的是缺点。

生(11):(稍停一会)爱美过度。

师:很好! 过分讲究穿戴就是缺点了。这也就是我们常说的——什么词?

生(12):(笑)臭美。

（众生笑）

师：就是这样说的。这显然是贬义。

生（13）：我认为是"一个虚伪的皇帝"。因为他天天换衣服，换得太勤了。

师：这叫虚伪？老换衣服就是虚伪吗？

[生（13）未语]

生（14）：这叫虚荣。

师：对！那么什么叫虚伪呢？

生（15）：虚伪就是不实事求是，不暴露真面目、真思想，搞伪装，说假话。总之，是装出一副假象。

（师点头表示肯定）

生（16）：我添加的副标题是"一个不可救药的皇帝"。因为他整天想的是穿新衣，从来也不关心国家大事，这样统治国家，国家必将走向灭亡。所以他是一个不可救药的皇帝。

师：他不可救药的主要表现是什么呢？

生（16）：（似有所悟）噢！主要表现在课文的最后，当那个小孩儿的话已经普遍传开的时候，那皇帝不仅继续游行，而且表现出一副更骄傲的神气。这就表现了他的顽固不化，不可救药。

师：说得好！就是这样。

生（17）：我加的副标题是"一个昏庸的皇帝"。他身为皇帝，不去管理国家大事，不去关心臣民百姓，而是整天待在更衣室里，可见他是个昏君。他听信骗子的谎话，他还听信内臣们的话，赤身裸体去游行，都说明他一点儿头脑都没有。他是个十分昏庸的皇帝。

生（18）：我拟的副标题是"一个无能的皇帝"。他认为最诚实的、很有理智的、最称职的老大臣，却向他说假话，作假汇报，可见这个老大臣是不诚实的、没有理智的、不称职的。他连自己身边最信任的大臣都没有认清，这说明他是十分无能的。

生（19）：我添的副标题是"一个无知的皇帝"。我认为那两个骗子并不高明。他们的谎话，只要有点头脑的人便可识破。可是这个皇帝呢，当他在织布机前看不到布料时，竟然没有丝毫的怀疑，而是在想自己是否不够资格当皇帝。他真是连最起码的知识也没有，他是一个无知的皇帝。

生（20）：我加的副标题是"一个不称职的皇帝"。我说他不称职并不是因为他看不见布料，而是因为他不务正业，不明是非，不辨真伪。这样一个昏庸、虚伪、无能的皇帝是不称职的。

师：大家从现象到本质阐明了自己的观点，这很好。刚才大家的发言绝大部分是对的，个别有点毛病的也纠正了。通过这个练习，我们对课文中的主要人物——皇帝有了一定的认识，下面我们再来研究一下这个故事的情节。谁能用一个字概括这篇童话的故事情节？或者说这个故事是围绕哪一个字展开的？给大家1分钟准备时间。

（生翻书、思考）

生（21）：我认为用"蠢"字来概括。因为皇帝和那些大臣的言谈举止都特别蠢。

生（22）：我认为用"骗"字概括，就是"骗子"的"骗"。因为开始是骗子骗皇帝，后来发展到皇帝、大臣、老百姓都自己骗自己。

生（23）：我认为用"伪"字，就是"虚伪"的"伪"。因为皇帝、大臣和老百姓谁也不愿让别人知道自己什么也看不见。他们宁愿欺骗别人、欺骗自己,也不愿讲真话,所有的一切都是虚伪的。

生(24):我认为用"假"字。因为根本没有什么美丽的布料、美丽的花纹,而且骗子、皇帝、大臣、骑士和老百姓对这件衣服全说了假话,所以我用"假"字概括。

生(25):我认为用"傻"字。那两个骗子的骗术很容易被识破,而皇帝等人却信以为真。骗子在给皇帝穿衣服时,其实什么也没穿,皇帝却说特别合身。大臣、骑士以及老百姓对皇帝所谓的衣服也大加赞扬。其实穿没穿衣服,只要用手挠一挠不就知道了吗?这个皇帝太傻了!

生(26):我认为应该用"装"字来概括。这个故事从始至终都是围绕着那一套新装展开的,如果没有了新装,就没有了这个故事。

生(27):我认为不能用"新装"的"装",而应该是"新装"的"新"。因为,那个皇帝喜欢穿新装,关键是那个"新"字。那两个骗子胡说的那些特性,也是指的新织的布和用它做出的新装。大臣们称赞的,也是那新织的布和新缝制的衣服。

生(28):我也用一个"心"字来概括,不过不是"新装"的"新",而是"心脏"的"心"。我认为骗子骗人是居心不良,大臣、骑士们说假话是心怀鬼胎,皇帝不说真话也是心里有鬼。因此,我认为这个故事是围绕一个"心"字展开的。

师:大家发表了不同的见解。你们分别用蠢、骗、伪、假、傻、装、新、心八个字概括这篇课文。那么,这八个字哪个是正确的呢?

(众生纷纷举手要求发言)

师:很好!大家的积极性很高。不过,如果请你们现在就发表意见,恐怕还是各抒己见,一时很难统一。那么,怎样才能比较迅速地把正确答案筛选出来呢?下面我就教给你们几种办法。

(众生活跃)

师:首先,大家使用"排除法",把不切题的答案排除掉。我们先回忆一下,刚才我是怎么提出问题的。刚才我说的是:谁能用一个字概括这篇童话的故事情节?("故事情节"四字语气加重)

生(29):既然题目的要求是用一个字概括故事情节,那么"蠢、伪、假、傻"这四个字是不对的,因为这四个字说的是皇帝这个人物,是不切题的。

(众生纷纷点头,表示赞同)

师:完全正确。咱们就把这四个字排除掉。现在还剩下"骗、装、新、心"四个字,咱们使用"检验法"进一步解决。什么是"检验法"呢?就是把这四个字,一个一个地试用,进行检验,能够适合于文中所有人物的就留下,不能适合于文中所有人物的就去掉。

生(30):"新、装"这两个字都不能单独地用在课文中所有人物身上。因为一单独用就说不清是什么意思啦。所以,这两个字是经不住检验的,应该去掉。

生(31):"骗"和"心"这两个字都可以。我试了一下,这两个字用在哪个人物身上都说得通。

师:现在还剩下两个字了,咱们使用"比较法"来解决,做最后的筛选。怎样比较呢?就是把这两个字分别用于每个人物,比比看,看哪个字更准确,哪个字更能表现出这个故事的特点。

生(31):我认为"心"字不如"骗"字好。在这个故事中,所有的人物都和"骗"字有关系,有骗人的,有被骗的,还有不被骗的。总之,一个"骗"字说出了这篇课文的特色。

生(32):我也认为"心"字不如"骗"字。"心"指的是心理活动,就是思想。这个故事中的人物都有他自己的思想。这样一想,用"心"字概括很好。可是再一想,每一篇课文中的人物都是有思想的。这样一来,这个"心"字,用它概括这一课可以,用它概括别的课也可以。所以,用"心"字概括这一课,不能说出这一课的特色。

师:还有不同意见没有?

(众生摇头)

师:大家的看法是对的,本文是围绕一个"骗"字展开的。(板书:骗)请大家回忆一下,开始你们提出了八个字,我们为什么能够在这样短的时间里就统一了认识呢? 这是因为我们采用了恰当的筛选方法,这就是排除法、检验法和比较法。希望大家记住这三种方法,并在今后注意学习运用。

师:这篇课文是围绕一个"骗"字展开的。请同学们说说,文中的各种人物是怎样围绕这个"骗"字进行活动的呢?

生(33):骗子骗人。

生(34):皇帝受骗。

生(35):那两个老大臣还有其他官员是既受骗又骗人。

师:对大臣官员们来说,他们在这个故事中的作用,受骗是主要的呢,还是骗人是主要的呢?

众生:骗人。

师:对。不管是为了什么,他们实际上是帮助骗子骗了皇帝。

生(36):老百姓也是既受骗又骗人。对他们来说,受骗是主要的。

师:你学了马上就用,很好。老百姓受骗,是那两个骗子直接骗的老百姓吗?

生(37):不是。是听别人说的,逐步就谈论开了。我明白了,是老百姓传播了骗子的谎话。

师:很好! 你那个"传"字用得好。

生(38):那个小孩不受骗。

生(39):那个小孩把两个骗子的谎话说穿了。

师:那么,那个小孩在这个故事中起到了怎样的作用呢?

生(40):小孩揭露了骗子。

师:很好! 就是这样。现在我们总的看一下。(边说边板书:骗子行骗,皇帝受骗,官员助骗,百姓传骗,小孩揭骗)这个故事从骗子行骗开始,到小孩揭骗结束,始终没有离开过这个"骗"字。所以说,这个故事是围绕着一个"骗"字展开的。

(下课铃响)

【评析】 这是一个把课上得"简约"的经典课例。还原为课前的教学设计,其目标是"通过阅读讨论,让学生认识'皇帝'形象","通过阅读讨论,概括故事情节";主要教学过程可以还原为表2-2所示的内容。

表 2-2　教学设计过程

教学环节	教师活动	学生活动	师生活动成果
了解作者	让学生阅读,介绍作者的相关内容,引导学生抓住要点	阅读,思考,提炼要点	五个要点:名、时、地、评、作
讨论皇帝形象	让学生在朗读的基础上加副标题,补充"一个……的皇帝"省略号部分。指导填写要求,组织学生朗读、讨论并适时点拨、评价	依次朗读,边读边思考;改正读错的字音;讨论发言	愚蠢、虚荣、不可救药、昏庸、无能、无知、不称职
概括故事情节	提出"用一个字概括这篇童话的故事情节""文中的各种人物怎样围绕这个'骗'字进行活动"两个主干问题组织学生讨论;指导学生用排除法、检验法、比较法处理思考结果,得出恰当的结论;点拨、修正、评价	阅读、思考,讨论发言;运用排除法、检验法、比较法,寻求更恰当的答案	骗。骗子行骗,皇帝受骗,官员助骗,百姓传骗,小孩揭骗

简约总是有简单的特点,说它简单,首先是目标简单,一节课让学生了解"皇帝"是怎样的一个皇帝、故事是怎样的一个故事,不求深层次挖掘,适合初中教学要求;其次是结构单纯,头绪少,不枝蔓,在简单了解作者后,围绕目标设计两个大的教学环节,一个环节实现一个教学目标,没有任何旁逸斜出,即使是了解作者的环节,也仅止于课本里所有的内容,不作任何无必要的补充。简单容易使学生注意力集中,易于理解和接受。

但是,简约并不就等于简单,它需要执教者深思熟虑。表面上看似简单的事情,仔细琢磨,我们就会发现,简单比复杂更不容易实现。对于初中学生来说,学习《皇帝的新装》,在人物形象和情节上,让学生把握到课例所呈现的这个程度就够了,至于关于人物、情节更深的道理,可以留给以后的教育,这需要对初中教学的整体把握。简约的背后是恰当的舍弃,从而使教学变得单纯、明快。简约需要有丰富的蕴涵,没有这一点,就失去了教学的品位。单从培养学生能力看,这节课学生的朗读能力、思考能力、提炼要点能力、概括能力、口头表达能力、方法运用能力等都得到了体现,简约之中实现丰富,是教学的艺术。而要求学生用填空的形式给文章添加副标题和用一个字概括故事情节,而不是笼统地要求学生分析人物形象、概括故事情节,既避免了呆板,又激发了学生思考的热情。

追求"浮华"的教学,需要寻求返璞归真的时候,这个课例是一个启示。

第三节　语文单元教学设计

一、单元教学设计的特点和方法

教学可以一篇一篇地教,也可以把几篇课文组成一个教学单元来教,后者就是单元教学。单元教学设计就是把单元作为教学的基本单位的设计,它强调从整体出发,克服学生零碎学习的倾向,把单元中的每一篇课文都置于单元教学目标之下,强调各种教学形式和教学策略的综合运用。

从表层看,单元教学设计着眼于一组文章,而不是一篇文章;着眼于一组文章的相互联系,通盘安排教与学、讲与练、读与写、听与说,而不是一篇篇割裂地、随意地组织教学。从深层看,单元教学设计是为了让学生学习的内容和活动成为一个整体,是完整的、连续的、渐进的,而不是零散的、片断的、分割的。单元教学设计不对每一篇课文平均用力,是对学生个体差异的适应。单元教学设计整体性、连续性、渐进性、综合性、适应性等特点,相较于单篇课文的教学,有利于缩短教学时间,加快教学进度,使教学更经济、更有效率。

单元教学设计的方法大而言之有两种:一是理解教材编排单元的依据,把各篇课文整合起来进行教学;二是根据教学的实际需要,教师自己编排教学单元组织教学。整合和组织的方法如下:

(1)以一篇(或两篇)带多篇。其中一两篇教师根据单元教学目标,教学的重点、难点、疑点,"重锤敲打";其他文章教师提示,学生自学,自学遇到问题,适时讨论。也可以通过一两篇的教学,学生对本单元的知识和能力要求有比较充分的认识后,再通过练习来学习其他课文,以求举一反三。

(2)围绕单元教学目标,截取单元中每一篇课文的一个或几个侧面组织教学。每一篇课文都是多侧面的,把每一篇课文具有相同性质和相同教学意义的侧面截取出来,并加以整合,实现单元教学的整体性。

(3)单元中课文之间相互对照,发现它们的共同点和不同之处,总结规律和创造性。对照有助于学生抓住实质,挖掘不同作者的创作个性。

二、单元教学设计的案例及评析

下面是某初中教师的小说单元教学设计,编入本书时作了大量的删减,部分作了改写,但基本上保留了设计的核心内容。

单元教学目标:

1.理解小说的特点。能够运用精读、略读、默读等阅读方法,逐步提高阅读速度。

2.通过研讨、学习,认识各种描写手法及小说情节的变化对刻画人物的意义。

单元教学设想:

以知识短文《谈谈小说》引路,指导阅读课文。《变色龙》以导读为主,《在烈日和暴雨下》以仿读为主,《杨修之死》以课内自读为主,《小小说三篇》以课外自读为主。

课时安排:

单元总览1课时,导读《变色龙》2课时,仿读《在烈日和暴雨下》1课时,自读《杨修之死》1课时,单元总结1课时,写作2课时。

第一课时:单元总览

1.指导阅读短文《谈谈小说》,学生阅读后进行知识抢答。

(1)什么叫小说?按照篇幅的长短,小说有哪些类型?

(2)小说的三要素是什么?其中最重要的要素是什么?

(3)小说塑造人物的方法一般有哪些?

(4)小说故事情节的安排、环境的描写最终是为什么服务的?

2.初步感知课文。

学生速读本单元课文。

3.交流感知课文情况。

根据表2-3,口头回答。

表2-3　交流感知课文情况

课题	人物	情节	环境
《变色龙》			
《在烈日和暴雨下》			
《杨修之死》			

第二、三课时:导读《变色龙》

1.分角色朗读课文。

2.研读课文,根据对课文的理解填写导读表2-4。

表2-4　导读表

奥楚蔑洛夫	听了赫留金申诉不知狗主人是谁时	有人说好像是将军家的狗时	巡警说可能不是将军家的狗时	巡警说是将军家的狗时	厨师说不是将军家的狗时	厨师说是将军哥哥的狗时
对小猎狗						
对赫留金						

3.全班讨论,订正、完善。

4.学生思考并分小组讨论如下问题,然后小组汇报成果:

(1)这个故事是围绕什么逐步展开情节的?

(2)奥楚蔑洛夫变化反复无常,但他始终不变的是什么?

(3)奥楚蔑洛夫是怎样的一个人?小说主要采用什么手法刻画这个形象?

(4)文章结尾部分的"普洛诃尔喊一声那条狗的名字,带着它从木柴厂走了。那群人就对着赫留金哈哈大笑。"想一想,大家笑什么?为什么笑?

5.阅读《小公务员之死》,与《变色龙》比较异同。

第四课时:仿读《在烈日和暴雨下》

1.根据前三个课时的学习内容,学生阅读课文,提出疑难问题。教师及时收集汇总,概括归类。

教师预设的问题:

(1)文中极少出现"热"字,却给人天气炎热的强烈感受,老舍是怎样写的?

(2)揣摩作者是以怎样的景物特征来衬托天气变化的?

(3)祥子在烈日和暴雨下是怎样拉车的?注意祥子的心理和行动描写。

(4)作者细致描绘烈日和暴雨,是否累赘,为什么?

(5)暴雨中的坐车人可以不写吗,为什么?

2.组织学生思考,分小组讨论,然后各小组代表汇报。

3.比较阅读《暴风雨之夜》(节选),看它们在写法上有什么异同。

第五课时：自读《杨修之死》

1.学生借助注释及工具书疏通课文。老师巡视，给需要帮助的学生以辅导。

2.学生细读课文，给本文记叙的七个小故事添一个恰当的小标题。

3.四人小组中一人复述课文七个小故事中的一个，后面同学与前面复述了的故事不重复。

4.品读课文，学生分析杨修、曹操的性格特征。

5.评议课文，讨论杨修的死因。

第六课时：单元总结

1.复习《谈谈小说》，归纳小说表现人物的主要方法，引导学生体会其作用。

明确：

人物言行描写
细节描写   提示人物性格特征，表现人物思想品质
心理描写
景物描写：衬托人物，渲染气氛

2.朗读三篇小说的精彩片段，通过比较，归纳人物刻画的异同。

采用各种描写方法，主要是为了表现人物性格，只是不同的小说，描写方法会有所不同。《在烈日和暴雨下》的突出特点是以自然环境的描写展示人物活动的典型环境，烘托人物；《变色龙》主要通过对话来表现人物个性；《杨修之死》突出情节，选用一系列典型事例提示矛盾、塑造人物。

3.布置课外阅读：课外阅读《小小说三篇》，找出此三篇小说的异同。

第七、八课时：写作

回顾所学课文中写人的方法，写一个熟悉的人。要求通过事件写人，注意通过人与自然、人与人的矛盾冲突表现人物精神世界；描写人物的外貌、语言、动作、心理都应有明确的目的——把人物写活，要选择最贴切的词语表现你熟悉的那个人，突出他的性格特征和某方面的优秀品质。

【评析】 单元教学保持整体性是首要的，失去了这一点单元教学就失去了应有的面目，评析这个案例，我们先要看它是如何保持整体性的。一句话：让单元的核心目标贯穿始终。"认识各种描写手法及小说情节的变化对刻画人物的意义"是核心目标，阅读方法等问题依附于它而存在。围绕这个目标，知识短文《谈谈小说》强化这一点，《变色龙》教学着重于从情节变化与语言描写看人物性格，《在烈日和暴雨下》教学着重从环境描写、心理描写、动作描写看人物性格，《杨修之死》教学着重从情节冲突看人物性格，然后对上面的教学内容进行总结，写作则是单元核心目标所包含的知识的运用，这样，学生对"各种描写手法及小说情节的变化对刻画人物的意义"有了完整的认识。

在方法上，教师带领学生着重于《变色龙》的学习，其他课文的学习则在教师指点下以学生自学为主，同时多次采用比较方式，围绕目标分析异同，以便让学生对单元知识有更清晰的认识。导读、仿读、课内自读、课外自读，粗读、研读，整理、讨论、交流汇报……让学生充分认识单元知识的同时，培养学生多方面的能力。

就单元教学设计要求而言，这个设计可以说深得单元教学的要义。由于文本的开放性，教师会觉得文本值得讲的各个方面都应该纳入教学内容，因此单元教学在实际操作过

程中容易沦落为以单元教学的名义行单篇课文教学之实,从这个意义上说,这个教学设计可作为单元教学的范例。但具体的教学过程,有些地方尚需推敲。

在单元知识短文的教学中,教师在学生阅读后用抢答的方式检验学生知识了解的情况,目的是激发学生的兴趣,增添课堂活泼的气氛,但这样做也容易使学生学得死板。关键在于让学生明白小说中人物与主题究竟存在怎样的关系,需要怎么安排、怎么描写才能更好地表现人物和主题,明乎此,学生在小说阅读中才可能有更深入的体验。当然,设计的文字表达比较简略,可能未能表现教学的具体情况。

在《变色龙》教学中,教师让学生分小组讨论四个问题,这四个问题难易、容量差距太大,小组完成学习难以同步,影响教学效果。"这个故事是围绕什么逐步展开情节的"这个问题没有必要作为独立问题交给学生讨论,学生凭直感基本可以把握;"奥楚蔑洛夫是怎样的一个人?小说主要采用什么手法刻画这个形象?"这个问题容量最大,如果要结合具体的描写回答,小组学习要费较长时间,如果把(1)(2)(4)合并在一起,差不多与(3)容量对等。也许设计者以为每个学习小组应该有不同的问题而忽略了容量问题,不同小组讨论学习同一个内容,然后在汇报成果中相互补充、相互启发,也是小组合作学习的基本形式。

第四节　语文专题教学设计

一、专题教学设计的特点和方法

专题教学与单元教学具有相同的性质,在基本方法上都是把不同的学习材料整合成一个有机的整体,专题教学也讲究整体性、连续性、渐进性、综合性,但专题教学有其自身的特质。

分析专题教学的特点,需要从"专题"两字的含义入手。就一般使用而言,"专题"有两方面含义,一是专门研究或讨论的题目,二是若干具有共同性的材料组合。第二种含义接近"单元",第一种含义侧重于研究。专题教学是更侧重于研究的教学,探究性是专题教学的第一属性。作为教学,探究的内容可能大部分是前人已经探究出来的知识,但专题教学更强调师生的自我发现。比如有位教师进行"意象"的专题教学,引导学生就如下问题进行思考:(1)诗歌为什么要用形象来表达?(明确诗歌语言含蓄、丰富的追求)(2)诗歌的语言是不是都是形象的语言?(明确诗歌的语言可以分为"象之言"和"非象之言")(3)诗歌中"非象之言"对理解诗歌有什么意义?(明确"非象之言"往往与诗人所表达的情感有着直接的联系)(4)意象可以分为几种类型?(明确可以分为景象、物象、事象、诗人形象四种类型)(5)意象的显与隐。(讨论意象的解读、朦胧诗的特点、主题的多义性等)这样的专题教学,包含着教师许多独到的研究成果,比起单元教学,更进一层,对教师也提出了更高的要求。

开放性是专题教学的又一个属性。专题是待研究或讨论的题目,一个专题就是一个聚焦点,专题教学集中于这个焦点,寻找有利于问题解决的各方面材料,语文专题教学所搜寻的材料可能是不同时间段所学的文章,也可能是学生从未学到过的文章,甚至可能表面上是非语文的诸如绘画、摄影等的材料。比如"结构"专题的教学,探究这个专题,需要不同结构类型的文章;为了更好地说明问题,可以引进绘画、摄影等的结构知识,甚至引进自然科学的分子结构、原子结构、宇宙结构等。专题之"专"需要深层次的探讨,深层次探讨需要对事物作不同侧面、不同角度、不同类型的审视,从而使学生对事物的认识更全面、更丰富、更深刻。"专"是教学的焦点所在,不同侧面、不同角度、不同类型是开放性的体现。

专题教学的开放性即是学科知识的开放,学习资源的开放,学习空间的开放,学习方式的开放。学科知识的开放包括学科内部相关知识的沟通,也包括语文学科与其他学科的沟通;学习资源的开放指教学不仅仅局限于教材,也可以把图书、报刊、影视、网络等纳入学习资源;学习空间的开放指教学不仅仅局限于教室,也可以延伸到图书馆以及学生生活的其他空间;学习方式的开放指综合运用查阅资料、讨论请教,自主学习、合作学习、探究学习等不同学习方式。

专题教学的形式多种多样,可以是专题研究式,先由学生或教师或师生共同讨论确立可行性的研究专题;再由学生搜集资料,资料需要有一定的量,否则研究难以开展,资料来源或来自教材,或来自报纸杂志,或来自网络等;然后,学生合作探究,分组研讨交流,相互切磋,形成独立的见解;最后,总结研究成果,学生发言,其他同学补充、反驳。这种形式持续的时间比较长,难度也比较大,教师可以先搭研究框架以降低研究的难度,使学生搜集资料、探究讨论更有针对性。——这种专题研究就重要问题每学期做一两次,以免加重负担。也可以是专题讨论式,确立专题后,学生与学生之间、学生与教师之间相互讨论,进而形成结论。这种形式适合比较简单的专题,且学生有足够的知识背景,通过探讨或加深认识或发现、形成新的见解。还可以是专题讲座形式,对于一些比较难的专题,学生自主研究不易达成教学目标,适合采用这种形式。专题讲座形式自然是以教师为主体,但要改变学生的被动状态,比如要求学生边听边记笔记,讲一段时间后,让学生回顾所讲内容,提出问题,教师进行解答,允许学生质疑,师生共同探讨。当然,专题教学还有其他各种形式,但无论采取哪一种形式,在确立专题后,都应说明这一个专题研究要解决什么问题,有什么意义,让学生充分认识研究的必要性,促进学生积极参与。

专题教学有利于学生更深入、更全面地认识学习内容,同时,发现问题的能力、搜集整理资料的能力、探究能力、合作能力、表达能力等都能得到培养,能否做好专题教学是衡量一个教师是否成熟的标志之一。以课堂为主要空间的教学,应以小专题教学为主,一些大的专题可以分解为若干小专题,形成一个专题群组织教学。

二、专题教学设计的案例及评析

下面是沈根华老师执教的以"品读诗歌　感悟人生"为专题的诗歌研究性学习小论文交流教学实录[①],虽是以研究性学习名之,但也是专题教学的一种形式。

…………

开展"品读诗歌,感悟人生"研究性学习,具体做法如下:

(1)开题申报:学生个人或合作(不超 4 人)确定研究对象——古今中外的任何一位诗人,如李白、普希金。

(2)相关阅读:包括对诗人诗集(或与他人合集)、生平事迹、后人评论等相关文字的阅

---

①　沈根华,高黎明.品读诗歌　感悟人生——诗歌研究性学习小论文交流教学实录[J].中学语文教学,2002(5):36-39.

读。（书籍来源：可由教师提供或从学校图书馆借阅）

（3）资料摘抄：抄录诗人代表性诗歌不少于 10 首，摘录诗歌评论资料卡片若干张。

（4）形成成果：通过独立分析或小组讨论，把自己的想法与观点整理成小论文，要求做到"品读诗歌"与"感悟人生"相融合，"历史积淀"与"时代观念"相交汇，"议论说理"与"文辞情采"相辉映。

（5）时间安排：2 周。（主要为课外时间，其中利用两节阅读课组织学生到校图书馆集体查阅资料）

（学生完成小论文后进行课堂汇报答辩）

师：今天这堂课我要请同学们上讲台作主讲，把你们前两个星期内"品读诗歌，感悟人生"的研究性学习小论文向大家作一个汇报，将请 6 位同学来发表他们的小论文（因版面有限，下面只选刊 3 篇——原编者按），其他同学要认真听。你们有一次向汇报同学提问的机会，汇报的同学将进行答辩。（学生较兴奋）

（教师展示课件页面：陆游画像附诗句"上马击狂胡，下马草军书"。发表小论文的同学上课件操作平台左侧的演讲台发言）

小论文 1　　　　　　　　　　**我看陆游的乐观**

姚韵靓

提到陆游，留给大家印象最深的恐怕便是一个饱含爱国热情却无处为国效力的爱国诗人的形象。用他自己的话来说，就是"夜视太白收光芒，报国欲死无战场"（《陇头水》）。于是，历来人们对陆游的评价也往往就停留在"激昂""悲壮"二词了。但是我却觉得，陆游是乐观的。

在陆游的诗歌中，虽充满着对黑暗现实的愤慨，但从不悲观；虽为自己报国无门而遗憾，但从未绝望；虽看清了南宋朝廷偏安一隅、不思进取的真面目，却仍然抱定"南北当会一"的坚定信念。他在《金错刀行》中，就有"楚虽三户能亡秦，岂有堂堂中国空无人！"的反问；在《十月二十六日夜梦行南郑道中，既觉，怅然揽笔作此诗，时且五鼓矣》中又一次坚定地说："南人孰谓不知兵？昔者亡秦楚三户！"而最能体现他乐观精神的，是他的临终绝笔《示儿》：

死去元知万事空，但悲不见九州同。

王师北定中原日，家祭无忘告乃翁。

读到这首诗，恐怕大多数人都会被陆游一生别无牵挂却为不能看到祖国统一而深深遗憾的爱国热情所感动。而我却觉得，与其给这首诗冠以"悲歌""哀词"的称号，倒不如说它是一段充满乐观主义的预言，特别是后两句，更是充满了必胜的信心。要知道，在当时，金国势力如日中天，而南宋王朝却偏安南方，莫说收复失地、统一全国的希望渺茫，就是余下的版图也是岌岌可危。而陆游却坚定地相信终会有"王师北定中原"的一天，并大胆地预言这将发生在不久的将来（既然要告诉的是"乃翁"，即"你们的父亲"，那么，至少他相信他的儿子将看到那一天）。且不说这样的预言是否能够实现，单是陆游能在如此不利的形势下作出必胜的断言这一点，难道还有人能怀疑他的乐观精神吗？

生提问:我们学过陆游的词《诉衷情》,它流露了作者的感伤与悲观。请问姚韵靓同学是如何从这首词中读出陆游的乐观的?

答辩:我所说的陆游的"乐观"主要是指他对国事国运充满信心,坚信祖国必将会统一,而对于个人的得失以及一时的坎坷,很多时候并没有太放在心上。况且,即使陆游对个人的不幸有所不满,但相对于对时事的乐观坚定,那也是微不足道的,因而,两者并不矛盾。

教师点评:老实说,"激昂悲壮"是我们语文课本对陆游的评价,而今天,我们姚韵靓同学却对课本发出了疑问,另辟蹊径,发现了陆游乐观的一面。想人所未想,做人所未做,知人所未知,这不正是创新吗?

(教师展示课件页面:杜甫画像附诗句"致君尧舜上,再使风俗淳")

小论文 2

他为何忧愁

董祺源

"国破山河在,城春草木深。感时花溅泪,恨别鸟惊心……"这一首《春望》,一种浓浓的感伤将当年幼小的我带入了杜甫的世界。在这一世界里,我越来越深地触摸到了诗人那有着无尽忧愁的灵魂。杜甫的诗名千古流传,被誉为"诗圣"。可在我个人看来,将其改为"愁圣"更为确切。因为在我的记忆中,并不是"诗圣"这一美名引领我认识了这位伟人,我与他的相识或许只是因为一个"愁"字。我欣赏这种"愁",更欣赏这因愁而著的诗篇!

杜甫诗中所表现的"愁"有的是相思怀人之愁,有的是自叹悲苦之愁,更多的则是忧国忧民之愁。这种种的愁,连缀成结,交织成网,真正是"剪不断,理还乱"。"渭北春天树,江东日暮云"一联,是怀念友人不得相见而生出的无限惆怅;"万里悲秋常作客,百年多病独登台"恰是写尽了诗人一生遭际坎坷的愁苦;在长诗《自京赴奉先县咏怀五百字》中有"朱门酒肉臭,路有冻死骨"两句,用鲜明的对比,揭示了统治阶级与劳苦大众的尖锐矛盾,道出了诗人更为深沉的忧国忧民之愁。从中,我不仅体味到了作者当时的愁情,更深刻地理解了他那高尚的人格。

闻一多曾说过:"上下数千年没有第二个杜甫(李白有他的天才,没有他的人格)……一切的神灵和类似神灵的人物都有人疑过,荷马有人疑过,莎士比亚有人疑过,杜甫失了被疑的资格,只因文献、史迹,种种不容抵赖的铁证,一五一十,都在我们手里。"由此看来,"诗圣"这一称号用在杜甫身上是恰如其分的。

生提问:你为什么欣赏杜甫的这种愁,更欣赏这种因愁而著的诗篇?

答辩:杜甫生活在一个民不聊生的社会大背景下,不免会使他将心中的种种悲、种种情转化为一种独特的愁寄寓于诗词的创作之中,从而唤起民族的灵魂,促使家国繁荣,所以我欣赏这种愁,更欣赏这种因愁而著的诗篇。

教师点评:董祺源同学非常坦诚,她说到了小时候读杜甫只感到一个"愁"字,甚至想将"诗圣"改为"愁圣",但随着年龄的增长,她终于知道了人们为何称杜甫为"诗圣"。所以说,诗歌需要常读,因为常读才能出新!

(教师展示课件页面:海子照片及大海背景附诗句"我只愿面朝大海,春暖花开")

小论文 3　　　　　　　　　　　　　**怀念海子**

顾怀秋

　　1989 年 3 月 26 日,春寒料峭。诗歌也好像打了一个寒战。当江南的霏霏细雨还在浇灌梨花的空枝的时候,在北国,在山海关,在沉重的铁轮之下,一片血花猛然绽放,洇开来,染红了整个诗歌的祭坛。

　　海子,有着炯炯目光与灿烂微笑的海子,只愿面朝大海、春暖花开的海子,你真的就这么走了么? 在走出了父亲一般的安徽大山之后,在走过了逼近天堂的青藏高原之后,却恒久地走不进昌平的一家小酒店。

　　"这是黑夜的儿子,沉浸于冬天,倾心死亡。"

　　当灵魂不堪承载孤寂的重负时,肉体便起了逃亡的渴求,诗歌便成了疗伤的港湾。不再是出于青春期本能的躁动,不再是吟花弄月的无病呻吟,也不再是"后一切主义"时代的名利场的角逐。你把诗歌看成一项伟大的事业,一种精神的口粮,一次生命的挣扎与探索。你以"寓言、纯粹的歌咏和遥想式的倾诉"三种基本方式抒写着青春的气息,延续着诗歌的血脉。

　　少女,静静地站成一道风景;麦穗,绽放着最后的狂狷;黑色的陶罐注满了梦里的温柔;这里,还有你悲伤的姐妹,你痛苦的麦子,你灼热的亚洲铜……在诗歌里,你追寻着质朴、单纯的原生态的境界,探索着一种深入骨髓的力量。

　　凝望三月。一颗流星划过天际,挟着刺痛我们日常生活的最后的光芒,扑向永恒深邃的冥河。面朝大海,春暖花开。十个海子,在同一个春天逝去,毫无挽留。

　　这是新的一天,太阳升起,照耀着众生,孤独而明亮。在美的极致里,你与心灵共舞,与上帝对话,与尘世作别……你这缪斯的宠儿,诗歌的王——海子!

　　生 1 提问:(你认为)海子为什么要选择死亡?

　　答辩:也许是迫于生计,也许是因为女友的离去,但我觉得更多的可能是出于对诗歌艺术的一种生命的投入和精神的回归。

　　生 2 提问:我是实在不明白你文章中出现的"十个海子"是什么意思。

　　答辩:海子在去世前不久,写过一首诗,题目就是《春天,十个海子》,里面有一句"春天,十个海子全部复活"。

　　教师点评:顾怀秋同学在她的文章中大量地化用了海子的原诗,再加上一点跳跃性,也创造了诗歌一般的语言。我想,诗人是最能了解诗人的。当然,我们不是诗人,但我们可以用诗一般的心灵、诗一般的语言去品读诗歌,感悟诗人的人生,这样或许会更为亲切。

　　…………

　　(下面进入课堂讨论环节)

　　师:刚才,我们大家随着 6 位同学一起对陆游等 5 位诗人的诗歌进行了较为深入的品读,感悟了诗人们各种不同的人生取向。那么,他们的人生到底是怎么样的呢? 同学们能否用简洁的语言来概括一下?

　　生:(讨论后粗略得出)陆游 1——爱国人生;陆游 2——乐观人生;杜甫——忧愁人生;李白——好(hào)自由的人生;徐志摩——求爱情的人生;海子——诗歌人生。

师:同学们概括得很恰当。然而,我们的诗人远不止这5位,我们的人生远不止这6种,我们同学的研究成果也远不止这6篇文章,还有很多好文章由于篇幅太长或所研究的诗人同学们不是很熟悉等原因,我们暂时不能欣赏,譬如:

(教师展示课件页面:

寻梦王维…………………………………………………王一凡

皇冠上的泪珠——品读李后主的词………………………周　翔

品味柳永…………………………………………………龚凛超

清风冷月照寒梅——品读李清照…………………………沈芳芳

你的生命不该是悲剧——感悟顾城………顾　宇　陈　虹

逝去韶光的重现——读方向诗集有感……………………陶利民

由一首歌想到的——读农民诗人彭斯……………………沈　周

一只燃烧的云雀——读雪莱………………………………胡　峰)

…………

【评析】　这个案例在发表时附有高黎明老师的简评,主要意思是:手中有法,这个法就是研究性学习;心中有纲,高中诗歌教学是重头戏;眼中有人,真正把学习的主动权交给了学生。我们也可以从学生的表现探寻这个教学案例的意义。这个教学案例初读之下应该都会惊讶于学生的才情,学生的小论文引经据典、文采飞扬,对诗人的人生有自己独到的体悟,学生感受到的陆游的乐观、杜甫的忧愁、海子对诗歌艺术的生命投入和精神回归,浸染着个性色彩。学生为什么会有这样出色的表现?细究之下自然会想到一句话:学生成了学习的真正主人。选择诗人,搜集、摘录、整理材料,撰写小论文,课堂展示与答辩,都由学生自己完成,教师退到幕后,成为学生完成研究性学习的促进者、组织者、发现者,把学生推到教学的前台,满足了学生求索、表现的愿望,让学生自己去研究,学习的过程更为完整、连贯,个性体验得到保证,参与意识得到强化,这些促成了学生才情的发挥。当学生像教师教学一样拥有足够的材料后,教师未必就比学生高明。

我们所看到的主要是学生课堂展示部分的内容,真正的功夫在于课前两周的研究活动,这两周的研究活动有的学生会一直保持浓厚的兴趣,因为目标的鼓舞而希望把事情做得更漂亮,也不排除不愿坚持、表面应付的学生。对有的学生而言,研究是一个艰难的过程,这时候,教师就需要行为跟进。从案例看,研究过程并不是执教者要着重表现的,因此除了一些明确的硬性要求外,基本上没有教师行为跟进的表述。教师在学生最为艰难的研究过程中应给予密切关注,适时指导。指导内容包括:(1)价值引导。价值激发动机,要让学生充分意识到活动的价值,这样才能激发持久参与的热情。(2)心理疏导。激发兴趣是心理疏导的重要内容。研究活动是一个艰难求索的过程,激发兴趣是为了增强克服困难的动力,也正因为如此,心理疏导更需要增强学生迎难而上的信心和勇气。(3)方法指导。这包括如何利用网络、图书馆、书店查找资料,如何把搜集到的原始资料进行整理、归纳,等等。(4)资料扶导。包括获取资料的途径和直接的资料支持。比如提供相关的图书名称,并告诉学生可以从哪里可以找到,提供相关的网络搜索引擎等,有些资料可以考虑由教师直接提供。(5)过程督导。过程督导离不开对活动进程的提醒。对学生取得的阶段性成果,教师应给以肯定和鼓励。

课堂展示取得了良好的效果,但为了让学生有更广泛的交流,可以先分小组,让学生在小组内相互传阅、交流、评价,交流包括对小论文的看法和研究过程的心得,然后每个小组推荐一两篇文章在班级里展示。这样可以让每一位学生都参与进来。

练习与拓展

设计一个单元教学案例和一个专题教学案例,然后讨论总结单元教学和专题教学的优势以及两种教学设计的注意点。

阅读以下文章可以加深你对本章讨论内容的认识:

[1]薛晓嫘.语文教学设计述要[J].重庆师院学报(哲学社会科学版),1999(3):110-112.

[2]李苑.中学语文新课程教学设计与实施探索[J].四川教育学院学报,2004(11):58-61.

[3]蔡明.语文教学设计的概念变化[J].河南教育学院学报(哲学社会科学版),2007(3):70-73.

[4]张彬福.语文教学设计的理论与实践探索[J].中学语文教学,2005(9):59-62.

[5]谢志冰.专题教学有效性探究[J].天津教育,2012(4):49-50.

[6]卜玉华.试论课堂教学设计的"可能起点"与"现实起点"[J].课程·教材·教法,2007(4):22-24,35.

[7]刘世清,李智晔.教学设计的类型与基本特征[J].现代教育技术,2001(3):20-22,74.

[8]黄素蓉,张妍.教学设计的内涵、特征及其发展趋势[J].重庆与世界,2010(13):84-86.

[9]郑晓霞,尚霞,朱世德.初中教学设计的类型、模式及使用要求[J].读与写,2011(6):47,49.

第三章　语文教学内容设计

提　示

　　教学内容的选择是语文教学设计的核心。教学内容之所以需要选择，是因为语文教材不同于别的学科的教材，其对教学内容没有明确的规定，因此语文教学最异彩纷呈，也最杂乱无章。本章从通过教材练习生成教学内容、通过教师用书生成教学内容、关注学生与教材的对话生成教学内容、运用好课文的核心教学内容等四个方面讨论教学内容的选择，出发点在于贴近语文教师日常教学实际，强调语文教学内容选择的规定性。至于"语文教学究竟应该教什么"这样更深层面的思考，应该作为教师个性追求的要求，而本书坚持的一个基本原则是普适性，因此不展开讨论。

阅读准备

　　在阅读本章之前，请谈谈对下面两种现象的看法。

　　一、有一位教师上公开课，教学内容都是来自教材练习和教师用书，在评课的时候，一位教师认为这是照搬教材和教师用书的内容，缺乏创造性，体现不了教师的个性，平时这样教未尝不可，但作为公开课不应该如此。

　　二、有一位教师上课后回到办公室大发感慨：语文这门课是糊涂课，教什么都可以，教什么都没什么用，聪明的学生听课心不在焉也能学得好，不聪明的学生学得很用功也提不上成绩，要命的是学生问我怎么学好语文，我发现怎么回答都对，可似乎又都不对。

第一节　通过教材练习生成教学内容

一、通过教材练习生成教学内容的合理性

　　几乎所有的语文教师和将成为语文教师的师范学生都被告知，语文教学要依据《课程标准》来教；也有许许多多的语文教师和将成为语文教师的师范学生被告知，语文教学"教教材"是一种传统的、陈旧的、落后的教学，语文教学要从"教教材"转变为"用教材教"。但站在教学实践者的视角看问题，事情似乎并不那么简单。

　　我们的《课程标准》所规定的课程内容是笼统的、结论性的，即使是名师、富有经验的教

师,选择一篇课文对照着《课程标准》进行教学,也可能会南辕北辙。从许多以新课程名义"折腾"着语文教学的课例看,依照《课程标准》进行教学很难,因此才需要一批专家把课程内容教材化,编写成教材,让中学语文教师去教。中学语文教师"教教材"也似乎天经地义,教材是"教学之材",不教教材又何为? 反而"用教材教"存在着消解教材的危险,如果把教材狭义化为一篇篇课文,那种危险便大大增加。"用教材教"固然有利于教师教学个性的张扬,但其实质无非是把编写教材(非文章)的任务落到教师头上,这是很不公平的,"教教材"如果出了问题,那可能不是教学的问题,而是教材没有编好。

教材不等于一篇篇文章的简单汇集,完整的教材应该包括文章系统、知识系统、练习系统及未必求完整的教法系统。一篇篇文章的集合不是教材,各个系统综合才是教材。在各个系统中,练习系统最为重要,因为它与具体的文章直接联系,是教材编写者对文章的理解,是连接课程内容与文章的纽带,可以说练习系统是课程内容教材化的关键所在,抓住了这个关键,上可以对接课程内容,下可以选择具体课文的教学内容,这样语文教师才回归到恰当的位置,而不是社会赋予语文教师的职业位置。至于教师跳出这个位置,那是自身发展的追求,以便让自己能够居高临下地看待教材。表面看这是降低了语文教师的职业要求,实际上是让中学语文教师作为中学教师发展的转向,让语文教师在如何把语文知识内化为学生的语文能力、提升学生语文素养上发展专业水准。

练习以何种面目出现,这不是问题的关键,关键在于练习中包含着教材编写者对课文教学的定位。比如在苏教版高中语文必修教材中,练习以"文本研习""问题探讨""活动体验"和"积累与应用"面目出现,在方法上是对教学的提示,在教学内容上,我们将会更加关注编写者认为应该研习什么、探讨什么、体验什么、积累什么、应用什么。

通过教材练习生成教学内容不等于练习解答,练习只是对教学内容的提示,教师应该通过它或分解或延伸生成教学内容,融进课文的教学过程中。课文教学是中心,练习所包含的内容犹如盐溶解于水一样溶解在课文教学之中。通过教材练习生成教学内容也不是要求教师亦步亦趋,唯练习是从,但无论怎么教,练习所包含的内容是基础,撇开这个基础的教学都是教歪了,否则各种统考与教师教学就难以有相对一致的尺度,教师最基层的备课组教研也会因此而为找不到共同关注的话题而苦恼。

二、教材练习与教学实际对照评析:以《雨霖铃》为例

(一)教材对教学内容的预设

我们以苏教版高中语文必修四中的《雨霖铃》为例,比较教材要我们做什么和教师实际做了什么,分析教学内容应该怎么选择。

教材在"文本研习"中编了这样一道练习:

清代文学批评家刘熙载在《艺概》中指出,柳永的词善于运用"点染"的手法。所谓"点",指的是点明情感的内涵;所谓"染",指的是用景物来渲染烘托所点明的情感。比如"念去去,千里烟波,暮霭沉沉楚天阔"一句中,先点明离别之情"念去去",再用"千里烟波,暮霭沉沉楚天阔"的景色渲染烘托。请你在《雨霖铃》一词中再找一找这样的句子,并说说这种写法的作用与效果。

在"积累与应用"中,涉及《雨霖铃》的相关练习包括背诵;知人论世读书法,通过了解作

者的身世与时代背景,理解作品与作者的关系;在学过的诗文中,找出能用点染(与本专题涉及的起伏、才思、语次、意象、叠字、衬托、缘情体物、婉转、理趣、典丽一起考虑)词语鉴赏或品味的地方,并注意在今后的学习中留心积累,并加以灵活运用。

两者结合,我们大致可以理出教材编写者所希望教师教的《雨霖铃》教学内容:(1)词的情感内容;(2)作者的人生及时代背景与作品风格的关系;(3)点染手法(据此可以延伸的教学内容包括渲染、烘托、直抒胸臆);(4)以点染手法为触媒拓展到其他相关诗句;(5)背诵。把这些内容按合理的顺序排列,选择合适的教学方法,形成合理的教学过程,便是一个内容充实的教学设计。

实际教学是怎样的呢? 我们选择使用苏教版语文教材进行教学的几个案例加以分析。这几个案例是在一次参加一个县市级优质课评比中收集的,因为要体现公平性和可比性,整个上午四位教师都上《雨霖铃》。这里只是为了说明教学内容选择的问题,故教学的具体情境略去。

(二)《雨霖铃》实际教学内容选择(Ⅰ)及评析

(1)介绍柳永:柳永(约 987—约 1053 年),北宋词人。原名三变,字耆卿,崇安(今福建武夷山)人。排行第七,官屯田员外郎,世称柳七、柳屯田。为人放荡不羁,终身潦倒。其词多描绘城市风光和歌伎生活,尤其长于抒写羁旅行役之情。创作慢词独多,铺叙刻画,情景交融,语言通俗,音律谐婉,在当时流传很广,"凡有井水饮处,即能歌柳词"。对宋词的发展有一定的影响。著有《乐章集》。

(2)朗读并说出这是一首什么样的词:学生齐读;表现离别感伤的词。

(3)列举一些诗句,讨论写离别的各种心情。

① 悲莫悲兮生别离。——屈原《九歌·少司命》

② 黯然销魂者,唯别而已矣。——江淹《别赋》

③ 与君离别意,同是宦游人。海内存知己,天涯若比邻。——王勃《送杜少府之任蜀州》

④ 劝君更尽一杯酒,西出阳关无故人。——王维《送元二使安西》

⑤ 醉不成欢惨将别,别时茫茫江浸月。——白居易《琵琶行》

⑥ 惜别伤离方寸乱,忘了临行,酒盏深和浅。——李清照《蝶恋花》

⑦ 剪不断,理还乱,是离愁,别是一般滋味在心头。——李煜《乌夜啼》

(4)《雨霖铃》的离别感伤是如何表现的?

找出直接抒发感情的句子加以分析:"都门帐饮无绪,留恋处,兰舟催发"——难分难舍;"执手相看泪眼,竟无语凝噎"——无奈眷恋;"多情自古伤离别,更那堪,冷落清秋节"——忧伤失意;"此去经年,应是良辰好景虚设。便纵有千种风情,更与何人说"——孤寂痛苦。

找出间接抒发感情(借景抒情)的句子加以分析:"寒蝉凄切,对长亭晚,骤雨初歇"——离别的凄凉;"念去去,千里烟波,暮霭沉沉楚天阔"——离别的落寞;"今宵酒醒何处? 杨柳岸、晓风残月"——离别的孤寂。

(5)替换词语,体味鉴赏写景诗句的表现力,认识语词的变化就是情感的变化。

寒蝉凄切,对长亭晚,骤雨初歇。——秋蝉声声,对长亭,夕阳无限。

千里烟波,暮霭沉沉楚天阔。——千里碧波,暮霭袅袅楚天阔。

杨柳岸,晓风残月。——枫树边,和风朗月。

(6)总结整首词的风格：缠绵哀怨，伤感低沉。

【评析】 能够成为这个教学案例特色的是用替换法让学生认识语词与情感的联系，培养学生的语言感知力，如果能长久坚持，会不断提升学生的语感，但设计者的重点不是在这里，重点在让学生区分直接抒情和间接抒情的语句并分析这些句子所包含的情感，语词替换、感知表现内容的不同是由此生发和深化的。把直接抒情与间接抒情作为教学的重点与教材编写者把点染（包括由此生发的渲染、烘托、直抒胸臆）作为重点有很大不同，哪一种更合理？显而易见，教材编写者的理解更进一步。《雨霖铃》是高中课文，学生在学习这篇课文之前，已经学了不少诗词，继续停留在直接抒情、间接抒情的区分和理解上，未免不切学生的学习实际。另外，作者的介绍是静止的介绍，没有突出与课文密切相关的信息，与课文的理解没有联系起来，也并没有吃透教材编写者的意图。由《雨霖铃》是离别之词联系到相关离别诗句，这是题材上的联系，不如教材编写者要求学生以"点染"为媒联系相关诗句来得更深入。

结论：这个教学案例的教学内容选择虽然没有差错，但不够合理，原因是没有做到"教教材"。

(三)《雨霖铃》实际教学内容选择(Ⅱ)及评析

(1)导入：宋词可以分为几个流派：豪放派和婉约派；豪放派的代表人物：苏轼、辛弃疾，婉约派的代表人物：柳永、李清照。

传说苏轼曾问一个善于唱歌的幕士："我词何如柳七(柳永)?"这个人回答："柳郎中词，只合十七八女郎，执红牙板，歌'杨柳岸晓风残月'。学士词，须关西大汉，铜琵琶，铁绰板，唱'大江东去'。"由此大家可知这两个流派的不同特点。

"杨柳岸晓风残月"出自哪首词：《雨霖铃》。

(2)柳永、词牌及写作背景：柳永，原名三变，字景庄，后改名柳永，字耆卿，因排行第七，又称柳七，崇安(今福建武夷山)人，北宋词人，婉约派代表人物。柳永少时学习诗词，有功名用世之志。咸平五年(1002年)，离开家乡，流寓杭州、苏州等地，沉醉于听歌买笑的浪漫生活之中。大中祥符元年(1008年)，进京参加科举，屡试不中，遂一心填词。景祐元年(1034年)，柳永暮年及第，前往睦州(今浙江建德、桐庐一带)等地任职。

他精通音律，变旧声为新声，在唐五代小令的基础上创制了大量适合于歌唱的慢词，这首词调名《雨霖铃》，就是取唐时旧曲翻制。据《明皇杂录》云，安史之乱时，唐玄宗避地蜀中，于栈道雨中闻铃音，起悼念杨贵妃之思，"采其声为《雨霖铃》曲"。所以这支曲本来就是寄托相思的，词调极尽哀怨。柳永充分利用这一词调声情哀怨、篇幅较长的特点，写委婉凄恻的离情。此词当为词人从汴京南下时与一位恋人的惜别之作。

(3)教师范读《雨霖铃》，学生感受感情基调：哀婉、悲伤、凄清。然后指导学生诵读：注意字音、节奏、韵脚、感情。指导时穿插试读、自由读、个别读、齐读。

(4)解释教材未加注的个别词语：寒蝉——初秋乍寒时的蝉，偶尚自鸣，但短促无力，至深秋则喑；烟波——烟雾弥漫水波动荡的水面；无绪——古，没有心思。今，没有头绪。念去去——想到将来……应是——即便是。

(5)鉴赏：这首词的重要特点是情景交融、虚实相济。找出哪些是景语，哪些是情语；哪些是实写，哪些是虚写。

"寒蝉凄切，对长亭晚，骤雨初歇。"——景语，实写。点明了季节、时间、地点和事件，勾勒了一个情人离别的典型环境,传达了凄凉况味,给全词定下了基调。

"都门帐饮无绪,留恋处,兰舟催发。"——情语,实写。依依不舍,难舍难分。"留恋处,兰舟催发"七字以精炼之笔刻画了典型环境中的典型心理:一边是留恋情浓,一边是兰舟催发,矛盾冲突何其尖锐。林逋《相思令》:"君泪盈,妾泪盈,罗带同心结未成,江头潮已平。"刘克庄《长相思》:"烟迢迢,水迢迢,准拟江边驻画桡,舟人频报潮。"均属此,但显含蓄。"兰舟催发",则直笔写离别之紧迫,可见留恋之情浓。

"执手相看泪眼,竟无语凝噎。"——情语,实写。语言通俗而感情深挚,形象逼真,如在眼前。(让学生想象画面,体会意境)后传奇戏曲中常有这样一句唱词:"流泪眼看流泪眼,断肠人对断肠人。"语出于此,然不如柳词凝练有力。

"念去去,千里烟波,暮霭沉沉楚天阔。"——景语,由实转虚。"念"是去声,跌宕处,多用去声,以"念"领起,承上启下,设想别后道路遥远。"去去"二字连用,读时一字一顿,读出神情激越,觉去路茫茫。"千里"以下,既曰"烟波",又曰"暮霭",更曰"沉沉",着色可谓浓矣;既曰"千里",又曰"阔",空间可谓广矣。(让学生想象画面:作者站在河边,放目远眺,面前所见,一望无际的江面,远处山色朦胧,江面上蒙蒙雾气升腾……然后说出感觉:压抑、苦闷)全句写景又写情。

"多情自古伤离别,更那堪,冷落清秋节。"——写情,虚写。叹古今离情之可悲。"伤离别"点明主旨,"更那堪"推进一层,"清秋节"照应"寒蝉凄切",再次点明离别时的凄清氛围。

"今宵酒醒何处? 杨柳岸,晓风残月。"——景语,虚写。此句好在词中有画,景中含情。(让学生想象画面:一舟临岸,词人酒醒梦回,见习习晓风吹拂萧萧疏柳,一弯残月高挂杨柳梢头)帐饮已然无绪,更何况酒醒之后?"昔我往矣,杨柳依依",折柳送行,取其依依之态;"柳""留"谐音,折柳赠人有挽留之意。清秋的晓风是凉的,恰合别后心境凄凉;残月清冷的形象暗合凄清冷落之感。词人寓情于景,借景传情,以柳之意、风之凉、月之残透露离情别绪。词人采用了画家所常用的点染笔法。"多情自古伤离别,更那堪,冷落清秋节"两句点出离别冷落;"今宵酒醒何处? 杨柳岸、晓风残月"渲染离别的凄清。

"此去经年,应是良辰好景虚设。便纵有千种风情,更与何人说?"——情语,虚写。"此去"二字,遥应上片"念去去";"经年"二字,近应"今宵"。在时间与思绪上环环相扣,步步推进。"便纵有千种风情,更与何人说",益见钟情之殷,离愁之深。以问句做结,更留有无穷意味。

(6)总结:回顾整首词,情语在写情,景语也并非只写景,每句中都包含无限情思,正所谓"一切景语皆情语"。诵读时注意体会融情入景的特点。别时情景写实,别后想象写虚,可谓虚实相济。想象词中画面,哀婉、无奈、凄清,这是此词的特点,也是婉约词共同的特点。

【评析】 相比第一个案例,有三个教学内容的选择使教学更有深度些。一是介绍"雨霖铃"词牌,强调了这个词牌是"寄托相思的,词调极尽哀怨"。"柳永充分利用这一词调声情哀怨、篇幅较长的特点,写委婉凄恻的离情。"把词牌的介绍与柳永《雨霖铃》的感情基调和主要内容联系起来。二是充分调动各种"读"的手段,强化了诵读,有心的学生在这么多遍形式不同的朗读过程中,应该基本上能够背下这首词。三是在情景交融之外引出虚实概念,让学生在学习这首词时有更多的收获,可以看作是学习诗词的递进。其主体内容是第三点。这样教自然也未尝不可,但我们应该考虑到大多诗词都可以教这个内容,教学的梯度、课文的特质难以体现。按照教材练习的提示,《雨霖铃》所在专题的诗词教学各有侧重,"起伏""才思""语次""意象""点染""叠字"分布在各课的教学中,理解它们,用好它们,教学内容是很丰富的,相比教材编写者的意图,这个课例的教学依然可能使古诗词教学流于笼统、肤浅。

(四)《雨霖铃》实际教学内容选择(Ⅲ)及评析

(1)学生就课前搜集到的关于柳永的资料进行交流。

(2)听:播放音频,听配乐朗读。

第一遍,要求学生注意朗读节奏,边听边可以在书本上做些记号。

第二遍,要求学生注意表现的情感,感受词的意境。

(3)读:熏陶语感。

第一次,播放音频,学生跟着仿读。

第二次,学生根据对此词的体验,自由朗读。

第三次,学生个别朗读,看谁读得更好。

(4)品:把握意象,品味意境,掌握技巧。

①教师指导如何鉴赏诗歌:由意象品味意境;理解有感情色彩的词句,有象征意义的词、用典等;把握写作技巧。

②找意象,说作用。

意象:寒蝉、长亭、骤雨、兰舟、烟波、暮霭、楚天、杨柳岸、晓风、残月。

作用:渲染惆怅伤感之情。

③找出体现作者情感的词句,说说表达的情感。

词句1:无绪、执手相看泪眼、无语凝噎。

情感:难分难舍。

词句2:良辰好景虚设、更与何人说。

情感:惨不成欢。

④写作技巧的探讨:说说本词在写作上有什么特色。

情景交融、虚实相生。

补充抒情方式:直接抒情(直抒胸臆),间接抒情(情景交融,情景相生,情因景生,借景抒情,以景衬情,融情入景,以乐写哀,以哀写乐)。

(5)悟:通过意象体悟意境;评一评词句之美。

①让学生闭目凝神,通过意象想象离别场面,品味词中美的意境,然后说说你感受到的意境。

②小组交流讨论:说说你认为写得最美、感受最深的词句美在哪里?

"寒蝉凄切,对长亭晚,骤雨初歇",美在捕捉到有特征的秋景来渲染气氛,景中有情,情中有景。

"执手相看泪眼,竟无语凝噎",美在用白描的手法,极为传神地写出了千言万语又无言以对,泪眼相看,难分难舍,情意绵绵的眷恋之情。

"念去去,千里烟波,暮霭沉沉楚天阔",美在展现了一个别后的暗淡景象,衬托出旅人前途的渺茫,情人相见之无期,充满无边无际的离愁之恨。

"今宵酒醒何处?杨柳岸,晓风残月",美在将杨柳、晓风、残月三种最能触动离愁的事物集合为一幅画,使离人勾起对往事的回忆,深感眼前的孤单。又让这幅画出现在"酒醒"之后,昨日离别情景历历在目,眼前景象却凄清哀婉。"晓风残月"写出别后心境凄凉冷落,"杨柳"则更添愁思。

"此去经年,应是良辰好景虚设。便纵有千种风情,更与何人说",美在写出诗人别后的孤寂,艺术地把离别之情推向高潮。

③评选佳句:对比同学们谈的美句,结合刚才的评价,你认为哪一句是最美、最传神的千古名句。

今宵酒醒何处? 杨柳岸,晓风残月。

(6)小结:小组交流这节课学习所得。

【评析】 这个案例颇有灵气,每一个环节都让学生充分动起来,单看文字就可以感觉得出课堂气氛比较活跃,学生交流搜集到的关于柳永的材料,听配乐朗读,让学生仿读、自由读、比读,品意境、评佳句,都是精心设计。知识的容量包括情景交融、虚实相生、白描等,与课例Ⅱ相近,从课的质量来说,明显高于前面两个课例;但就内容选择来说,也存在与课例Ⅱ一样的问题。

(五)《雨霖铃》实际教学内容选择(Ⅳ)及评析

(1)柳永及其《雨霖铃》。

柳永,原名三变,字耆卿。仁宗景祐元年(1034年)进士,官至屯田员外郎,世称柳屯田。他通晓乐律,是北宋第一个专力写词的作家,是以描写城市风貌见长的婉约派代表词人。

柳永对北宋词的发展有重要的贡献和影响,对后来的说唱文学和戏曲也有很大影响。柳词在宋元时期流传最广,相传当时"凡有井水饮处,即能歌柳词"。

柳永才情卓著,但一生仕途坎坷不济,更多的时日是跟歌妓们一起过着依红偎翠、浅酌低唱的生活。他深深了解歌妓们的生活,深切同情她们的不幸遭遇。在他的作品中,很多是反映和她们在一起的悲欢离合。《雨霖铃》便是其中为世人所传诵的一首,被称为"宋金十大名曲之一"。本词写的是他离开都城汴京时与一位红颜知己缠绵悱恻、哀婉动人的别离情景。

(2)引用诗句说别离。

黯然销魂者,唯别而已矣。(江淹《别赋》)

剪不断,理还乱,是离愁。(李煜《乌夜啼》)

举手长劳劳,二情同依依。(《孔雀东南飞》)

醉不成欢惨将别,别时茫茫江浸月。(白居易《琵琶行》)

(3)朗读课文。学生齐读,读后修正一些字的读音,讨论语调、语速等问题,然后学生再次齐读。

(4)学生潜心阅读,然后根据词意,把它改写成散文。

(5)分小组交流改写的文字,选出本小组改写最佳的文字面向全班同学朗读交流,然后教师出示改写的文字。

时值深秋,暮色苍茫,你送我到长亭,骤雨刚刚停歇,寒蝉发出凄凄悲鸣。在都城门外设宴饯别,却因将要分别没有了情绪;多想再留恋一会,船夫却催着出发。握着手泪眼相互凝视,心中有千言万语却一句也说不出。想到这一别越去越远,千里烟波之上,暮霭低沉,楚地的天空辽阔无边。

自古以来,多情人离别都很悲伤。离别之时若能有个好天气,或许能稍微冲淡些愁绪,却遇上个冷落清秋,叫人如何承受得了? 今宵酒醉,酒醒后会在何处? 想必会在残月斜照、晓风轻吹、杨柳依依的地方,怎不叫人心生凄凉? 离别以后虽然还会有良辰好景,却无人共赏,等同虚设。离别了恋人,虽有万千深情蜜意,又能向谁来倾吐呢!

(6)赏析:请画出直接抒情的句子,领会其感情;请画出写景的句子,领会其艺术效果。

写景的句子:

"寒蝉凄切,对长亭晚,骤雨初歇。"——交代离别的节令、时间、地点、天气,烘托悲苦凄凉气氛,表达作者内心的痛苦。

"念去去,千里烟波,暮霭沉沉楚天阔。"——借浩渺的暮霭来表现黯淡的离愁。

"今宵酒醒何处?杨柳岸,晓风残月。"——酒醒之后,看到岸边的杨柳的枝条在晓风中徐徐飘拂,再加上那一弯残月的映衬,越发增添了凄清、伤感的情调。

直接抒情的句子:

"都门帐饮无绪,留恋处,兰舟催发。"——留恋不舍。

"执手相看泪眼,竟无语凝噎。"——难舍难分。

"多情自古伤离别,更那堪,冷落清秋节!"——离情之苦。

"此去经年,应是良辰好景虚设。"——无限怅惘。

"便纵有千种风情,更与何人说!"——离愁无尽。

(7)小结:

"一切景语皆情语",柳永以清秋之萧瑟,写离别之凄恻,即景抒情,融情入景,达到了情景交融的境界。

(8)全文结构:

离别之前(勾勒环境)——离别之时(描写情态)——离别之后(刻画心理)。

【评析】 这个案例有一个鲜明的亮点,那便是让学生把这首词改写成散文然后交流,这是一个综合多方面能力的考验。首先需要学生沉入课文,把握情感,体会意境;其次需要学生具有情景复呈的能力;再次需要学生有良好的表达能力。其中有理解,有体验,有思维,有表达,可以说做好这件事,《雨霖铃》教学的所有事情基本解决。遗憾的是教学环节没有安排好,改写应该放在教学的最后一个环节,改写任务都已经完成,其他任何教学都显得多余。但设计者总是念念不忘直接抒情、借景抒情、文章结构等内容,似乎不教这些心里就不够踏实,而且这些内容也不是《雨霖铃》有别于其他诗词之所在。

(六)结论:要教好教材

关于文学作品的阅读有一句耳熟能详的名言:"一千个读者就有一千个哈姆雷特。"借此表明作品的意义在读者的心中。这句话用在文学作品的阅读上是合适的,但因此推定"一千个语文教师就有一千种对课文的解读"恐怕未必合适,尤其是对基础教育而言。虽然不能说培养学生应该有统一的规格,但教学需要有一个大体一致的核心内容,否则基础教育的质量是难以保证的。

平心而论,以上四个教学案例各有特点,大部分教学内容的选择都是恰当的,但它们有一个共同的缺陷:无视教材。于是在主要教学内容的选择上不约而同地选择"借景抒情""情景交融"。王荣生老师在讨论文学作品教学时说:"散文,也只有'形散神不散''借景抒情''情景交融''托物言志'等似知识又似套话的几句说法,以不变应万变。"[①]这句话如果用

---

① 王荣生.语文科课程论基础[M].上海:上海教育出版社,2003:260.

来说诗歌教学,可以说诗歌教学除了"借景抒情""情景交融"似乎没有像模像样的知识了。这不能不说是教学内容选择的狭隘处境。

一批专家编写教材,我们完全有理由相信,他们需要研究课程内容、文本特点、学科知识等,需要研究哪些知识适合纳入基础教育的教材之中,需要研究一套教材应该形成怎样的知识系统。教好教材(主要是指充分利用教材中练习系统所包含的知识)是一线教师对教材专家的尊重,哪怕是教学专家也该如此。社会有分工,事业有专长,对大部分一线教师而言,不太可能也无必要构建一套语文知识体系然后再从事教学,如果教育硬要赋予教师这个责任,也只能说我们还没有建立好教育运行的良好机制。

不要幻想一线语文教师能够干教材专家的事,一线教师也不可以为自己比教材专家高明,要善于汲取教材专家的成果。在教好教材的基础上发展自我解读,发展自己对文本的独特体验,以此选择富有个性的教学内容,形成自己的教学特色,那叫"异彩纷呈";无视教材,随意生发,那恐怕会是"故步自封"或"乱象丛生"。

第二节　通过教师用书生成教学内容

一、如何生成:以《我有一个梦想》为例

通过教师用书生成教学内容的合理性基本上等同于第一节的内容,在此不重复讨论,我们把目光聚焦在"如何生成"上。郝德永老师在论述课程研制方法时说:"抛脱了知识,课程就成了无源之水、无本之木。"①同样道理,教师在使用教师用书时,要善于发现、整理有关知识,据此形成教学内容。教师用书的内容是很丰富的,如苏教版高中语文必修教材的教师参考书,内容包括专题内涵解说、教学目标、专题内容解析、教学建议、参考答案、相关资料。但是一般的教师用书不以知识为主体呈现,教师要从中发掘可教的因子,然后组织成合理的教学程序。下面我们以苏教版《语文必修四教学参考书》的有关《我有一个梦想》内容为例,说明如何使用好教学参考书,生成合理的教学内容。

教学参考书上与教学直接相关的内容有这样几块:《我有一个梦想》内容解析,教学建议(十分简略,几乎没有涉及),练习参考答案,相关资料中的《立足道德自强,争取社会主义》《马丁·路德·金〈我有一个梦想〉的圣经文学背景》两篇文章。显而易见,这些都不宜直接搬进课堂,需要教师对这些材料提取、钩玄。

从内容解析中,我们可以提取这样几方面的内容:(1)这是一篇演讲词;(2)演讲的相关背景;(3)对本文的总体认识:思路清晰,逻辑性强,行文流畅,文采华美,感情充沛,极富感染力;(4)对本文的层次认识:第1至4段叙说这次集会的原因及目的,第5至16段对黑人为了争取自由而进行的斗争提出了一些要求与设想,第17至33段具体揭出梦想的内容;(5)对比、排比、比喻、反复等修辞手法及作用。

教学建议几乎找不到可以借鉴的内容。

练习参考答案结合教材中的练习,我们可以提取如下内容:(1)这篇演讲词把追求真理

---

①　郝德永.课程研制方法论[M].北京:教育科学出版社,2001:76.

的坚定信念和出色的表达融为一体,很有鼓动性和感染力;(2)概括马丁·路德·金所说的"我们虽然遭受种种困难和挫折,我仍然有一个梦想"中"困难和挫折"以及"梦想"的内容;(3)这是在广场上的演讲,广场这个特定的场合以及在广场上听演讲的对象与演讲的风格有着密切的联系。

《立足道德自强,争取社会主义》着眼于马丁·路德·金的精神对我们的启示。

《马丁·路德·金〈我有一个梦想〉的圣经文学背景》包含这样几个要点:(1)演讲受《圣经》优雅而平易的文风影响;(2)演讲借用了《圣经》故事;(3)《圣经》修辞影响了演讲的表达;(4)在场的听众大多信仰基督教;(5)马丁·路德·金是牧师、神学博士。

教学参考书通过各种形式的阅读材料把以上可以进入课堂教学的内容摆在我们面前,我们应该选取什么?把这篇演讲词说了些什么作为主要内容来教?这不妥当。虽然无论教什么都要解决一篇文章究竟说了什么的问题,但关注说什么的教学与政治、历史等教学无异,语文教学更需要关注怎么说。把对比、排比、比喻、反复等修辞手法及作用作为主要内容来教?这显然是只见树木不见森林,肢解了文章。把《我有一个梦想》与《圣经》的关系作为主要内容来教?也不妥,这样教显得过于专业,如果作为研究性作业未尝不可,而作为统一的教学内容,要求过高。这篇演讲词有别于别的演讲词的地方,就在于其鼓动性和感染力,至于内容解析中所说的"思路清晰,逻辑性强,行文流畅,文采华美,感情充沛"等,基本上属于可以贴在许多文章上的标签。这样,以"鼓动性和感染力"为核心组织各方面的内容,可以做如下设计。

(1)通过反复朗读,了解基本内容,初步感受鼓动性和感染力。

(2)这篇演讲词为什么会有如此强大的鼓动性和感染力?(适当介绍相关背景及演讲所取得的效果)

①马丁·路德·金来自信仰的精神和追求真理的坚定信念。要求学生在字里行间读出这种精神和信念,感受文气。

②出色的表达:对比、排比、比喻、反复等修辞手法及作用。引导学生进一步思考为什么文中的对比、排比、比喻、反复等修辞能够增强鼓动性和感染力。(可以从使用的密度、排比的句数、反复的次数等方面思考)

③为什么马丁·路德·金刻意增强演讲的鼓动性和感染力?引导学生从广场演讲和听众两方面思考,理解言说与场合、对象的关系。可以进一步引导学生从场合、对象两方面与《在马克思墓前的讲话》比较,体会两篇演讲词风格为什么会有很大的不同。

④这篇演讲词在哪些地方可以看出宗教色彩?它与鼓动性和感染力有什么关系?引导学生体会演讲者与听众的文化认同对演讲效果的意义。

(3)以"《我有一个梦想》的鼓动性和感染力"为题,结合课文具体内容,对课堂讨论进行整理。

这样的设计充分利用了教学参考书的资源,立足语文本位,让学生取得多方面的收获,充分认识言辞的效果是各方面共同作用的结果。

二、实际教学的差距

下面是某教师《我有一个梦想》的教学案例,虽是个例,却也反映了语文日常教学的情况。

1.题目是《我有一个梦想》,如果是你,将从哪些角度来写梦想?

预期答案:梦想的内容,怎样实现梦想,为什么要实现梦想。

2.3分钟速读课文,看看作者是不是和我们的想法不谋而合。从文章中找出相应的段落。

参考:

为什么要实现梦想?(1—5节)

怎样实现梦想?(6—16节)

梦想是什么?(17—25节)

3.齐读17—25节,结合文章背景,概括出作者的梦想究竟是什么。

预期答案:平等,自由,正义,友爱。

4.指名朗读1—5节,概括为什么要实现梦想。

预期答案:黑人仍然生活在受歧视和贫困的环境中,美国没有实现百年前自由的诺言,今天讨回权利已是迫不及待的事,如若不能实现,美国将出现叛乱。

5.指名朗读6—16节,概括怎样实现梦想。

预期答案:采用非暴力手段进行斗争,决不退缩。

6.为什么直到17节作者才正面提出自己的梦想?放在后边起什么作用?

预期答案:对于绝大多数黑人来说,梦想是什么是不言而喻的。但是对于为什么要实现梦想和如何实现梦想,却思考不多或者思考错误,作者在前文先将这两个问题探讨清楚,使后文所提出的梦想更加鲜明有力,更能打动人。

同时,在文末谈具体的梦想,引人思索,让人振奋,印象深刻。

7.如何理解文章第2节所反映的事实?结合预习资料中的背景材料和文中反映的黑人生活的严酷事实谈谈你的理解。

参考答案略。

8.删掉"一百年后的今天"表达效果有何不同?

指定学生对两种表达分别朗读,在朗读中体会排比句式的作用:(1)语言有气势;(2)感情充沛;(3)(结合演讲词这种文体)会使听众受到鼓舞。

9.请学生找出另外的排比句,读一读,评一评。

指导学生该怎么读,为什么要这么读。

(1)现在是实现民主诺言的时候。现在是走出幽暗荒凉的种族隔离深谷,踏上种族平等的阳关大道的时候。现在是使我们国家走出种族不平等的流沙,踏上充满手足之情的磐石的时候。现在是使上帝所有孩子真正享有公正的时候。

作者在第5节连用了四个排比句式"现在是……的时候",一方面这是情感发泄的需要,另一方面这种排山倒海的语势也加强了内容的表达,极强地突出了为实现自由、平等而战的重要性。

(2)有人问热心民权运动的人:"你们什么时候会感到满意?"只要黑人依然是不堪形容的警察暴行恐怖的牺牲品,我们就绝不会满意。只要我们在旅途劳顿后,却被公路旁汽车游客旅社和城市旅馆拒之门外,我们就绝不会满意。只要黑人的基本活动范围只限于从狭小的黑人居住区到较大的黑人居住区,我们就绝不会满意。只要我们的孩子被"仅供白人"的牌子剥夺个性,损毁尊严,我们就绝不会满意。只要密西西比州的黑人不能参加选举,组约州的黑人认为他们与选举毫不相干,我们就绝不会满意。不,不,我们不会满意,直至公正似水奔流,正义如泉喷涌。

针对"热心人"的质问,甚至可以说是一种挑衅,"你们什么时候才能满足?"(潜台词:贪得无厌;你们就不该提这样的要求;等等)面对黑人的现状,面对此公的质问,作者定会义愤填膺,怒不可遏,一串条件式(只要……就……)排比句,如出膛之弹,似喷井之油;如江海汹涌,似急风扫云。

这一段正义逼人、豪气冲天的誓言,无疑极大地鼓舞了人们的斗志,表明了黑人斗争的决心,但同时又不失理智,这一点我们要十分注意:情感的放纵,绝不是无限制的。因为作者在讲述的过程中是按了一定的顺序的,即由生存到政治权利。好演讲一定要煽情,但如何把握好一个度,这是一门艺术。

(3)梦想部分,原文略。

此处为快要接近演讲的尾部,从内容上讲是对未来的展望与描绘,和前边的内容相比,应舒缓一些。作者驰骋想象,放纵而又不失中心,舒缓而又富于感召,设喻精巧,令人向往;倾情贯注,给人光明,无限的憧憬,美好的未来,无不在作者的演讲中淋漓尽致地表现出来。

10.课后写一篇随笔《我的梦想》,要求:有排比句。

这个案例前半部分主要教这篇演讲词写了什么,后半部分主要是读读评评排比句。有的地方不太有教的必要,比如"为什么'梦想是什么'放在最后写"和"如何理解文章第2节所反映的事实?结合预习资料中的背景材料和文中反映的黑人生活的严酷事实谈谈你的理解"。前者不够典型;后者游离了语文本体,没有必要作为独立的内容进行讨论。有的地方的解释还需要推敲,比如"排比句式的作用:(1)语言有气势;(2)感情充沛;(3)(结合演讲词这种文体)会使听众受到鼓舞"。"感情充沛"不是排比句带来的效果,最多只能说强化了感情;"会使听众受到鼓舞"也不是排比句本身具有的功能,即使在这篇演讲词中,其鼓动效果也在于排比句的运用有与众不同的特点并与其他修辞手段配合使用。这样整个教学基本上就只是读读而已。读一读,说说内容的理解;读一读,谈谈排比句的效果(也并没有抓住要害),单薄、粗糙是免不了了。推测这位教师备课时的状态,可能会有不知道该教些什么的困惑。排比是这篇演讲词的特色,但对此也没有更多的认识。——这种"失语"状态在许多教师身上或多或少存在过。

"失语"是因为知识的缺乏,这完全不必大惊小怪,在某些方面知识缺乏很正常,但放着教学参考书提供的丰富知识不去提取、利用,就是盲目的自信和对他人成果的不尊重。如果在某些舆论的引导下错误地低估教学参考书的价值,那更是要不得了。只有在吸纳别人成果的基础上调动自己的学养,教学才能做到充实、饱满。有些课文如果凭自己的学养在确定教学内容时可能显得捉襟见肘,那就不妨好好地用好教学参考书,这样起码不会让学生上了课之后茫然无所获。

三、如何用好教学参考书

要用好教学参考书,从教学参考书中生成教学内容,首先要求教师对课文要有自己的阅读体验,在参考他人意见之前,有一个沉浸于课文的过程。有了自己的阅读体验再去看参考书,可加深体验;在自己体验阈限之外的,更能感受到他人发现的价值。此外还需要注意以下几点:

（1）要利用，不搬用。分析教学需要，从需要出发汲取参考书中的内容，是利用；不去分析教学需要，把参考书中的内容直接植入课堂，是搬用。利用是把别人的东西化为自己内心所有，搬用是把别人的东西进行传递。课堂上有的教师教学离不开教案，往往是搬用而不是利用的结果。

（2）要整合，不散架。整合就需要在众多内容中选取核心内容，然后让其他内容围绕着它运转。一篇课文的教学往往只有一两个核心内容，有多个核心实际上就是没有核心。围绕核心组织教学，教学是一个有机的整体；缺乏核心的教学便会散架，类似于一个题目一个题目地讲解。

（3）要扩充，不拘泥。在教学参考书中提取教学内容有时会出现这样的情况：某个内容具有很好的教学价值，但编写者却语焉不详。在这种情况下需要教师以此为切入点查阅其他资料，进行拓展、深化。教参编写者的局限性也是不可避免的，拘泥于教参，不免狭隘。

（4）善舍弃，不求全。在教学参考书里有的内容只是提示教师加深对课文内涵的理解，有的只是补充更加具体的背景知识，有的只是为求全面而提及……这些主要是为了教师更加深入地体验课文，以便在教学时能够更有分寸，不一定需要进入课堂，成为教学内容。教师要善于分析，合理舍弃，以求教学更加集中。

第三节　教学内容选择的基本原则

尊重教材，尊重教学参考书，不等于说教师不需要根据自己的理解或根据教材和教学参考书中没有的其他资料选取教学内容，况且教材、教学参考书中呈现的也不是现成的教学内容，同样存在着选择的问题，因此，我们需要确定一些选择原则，克服教学的随意性。

一、体现"语文性"

我们教的主要是一篇篇课文，而文章可以作为说明各种各样问题、观点的材料，其本身不具有对学科性质的规定性。比如舒婷的《致橡树》，可以教成如何通过意象来表达思想感情的课，也可以教成如何选择爱情和婚姻的生活指导课，两者虽然会交融在一起，但重心不同、定位不同，性质也就不同。语文教学使用课文与非语文教学使用相同课文，不同之处在于，语文教学是透过言语所承载的内容来学习言语，非语文教学是透过言语去发现或获得言语所承载的内容。但由于生活中一般的阅读都是非语文教学状态的，因此语文课堂不是在教语文的情况下就会经常出现。我们先来看《十八岁和其他》教学案例。

学习目标：

1.了解文章各部分的内容，体会父亲对儿子的爱和理解。

2.认识并能处理两代人的矛盾。

3.体会父母之爱，学会感恩。

教学过程：

1.导入：播放歌曲《一封家书》。

2.作者介绍及课文基本内容。

3.体验：两代人的矛盾。

(1)说说你与父母的一些矛盾,当时你是怎样处理的,感受如何?

(2)读课文第二部分"两代人的矛盾",说说你的收获,哪些内容对你处理和父母的矛盾有启发。

(3)探讨两代人的矛盾的原因是什么,解决的方法是什么。

4.通过这节课的学习,你一定有许多新的感受,如果你的父母在这里,你会怎么说呢?

5.结束:一起背诵《游子吟》结束本课。

这样的教学内容学生可能会觉得学得挺有意义,但从目标到过程,我们可以把它理解为是一堂教学生如何处理家庭矛盾的课,是一堂社会课。虽然学科之间没有壁垒,要彼此沟通,但沟通的结果不是使一个学科消解。语文课这样教,自然有必要怀疑语文独立设科的目的。改变这样的课,首先要从观念改起,由于观念的错位,造成了语文教学的错位。教学内容选择的问题往往是语文教学的观念问题,观念上的问题无法通过环节的调整来达到理想的目标。

有的教学内容选择错位是因为追求新颖的方法,致使方法大于内容。同样是《十八岁和其他》的教学,有位教师这样选择教学内容:

提前两个星期让学生把《十八岁和其他》复印后交给家长阅读,也可以找一个合适的时间请家长阅读课文。家长读后结合自己子女的情况谈谈看法,最好把这个看法写成书面材料由孩子带到学校。以上两个环节都是在课外进行的。在课堂上进行的内容是学生交流家长的看法,并围绕着这些看法进行讨论;讨论之后,请各位学生说说对父母的理解,表达对父母的感激。

这个设计活动性很强,也比较大胆,但从设计本身看,这个设计恐怕难以付诸实施。第一,让学生家长写出阅读后的书面材料,可能会出现收不上来或只能部分收上来的情况,使下面的主要环节难以进行;第二,学生交流家长的看法,可能会涉及隐私问题,即使不涉及隐私问题,学生也不一定乐意拿出自己家长的看法进行交流。特别是,这个案例似乎自始至终没有让学生看书,也许教者把促进孩子与父母的交流当作主要任务了,那语文呢?但也不是说这个设计一无是处,在打破教学局限于教室这个狭隘的空间上,它很有探讨的价值。我们可以对之进行改造。

1.学生阅读课文后回答:你喜欢东东的父亲吗?为什么?

问这个问题的真正目的是让学生把握坦诚、理解、期望、关爱的语言表达方式,要求从具体的语言出发进行把握。

2.要求学生标出文中最能引起共鸣的语句,说说感动的原因。

进行这个活动的真正目的是让学生把握谈话式行文方式与内容的关系。

3.把文章给家长阅读,要求家长画出感受比较深的语句。

4.课堂上让学生研读交流家长画出的语句,领会父母的感情。

5.给父母写信,说出自己想说的话。

改进之后主要突出了学生的阅读,把握、玩味课文言语,这是语文性的回归。语文课堂可以做各种各样的事情,比起其他学科来更加灵活,更加丰富多彩,但失去了语文性也就失去了语文教育的意义。

二、体现"基础性"

中学语文教学属于基础教育,教学内容的选择要体现基础性,不能随意"越界"。我们先来看一位教师的《烛之武退秦师》教案所设定的教学目标：

1. 学习古人国难当头，不计个人安危得失，顾全大局的爱国主义精神。
2. 了解《左传》这部编年体史书的基本情况及其在中国文学史上的地位。
3. 理解和掌握文中常见的文言实词和虚词的意义和用法。
4. 在诵读过程中，培养学生阅读和理解文言文的能力。

这四点教学目标除了第三点外，其他三点教学目标的设定都经不起推敲。第一点纯粹是思想教育，没有把思想教育和语文学习有机地结合起来。语文教学当然要进行思想教育，但思想教育不是语文教育的本质所在。也许这仅仅是目标表述问题，但从这个教案的导语来看，教者似乎把《烛之武退秦师》处理成思想教育的材料了，这与政治学科的处理方式没什么两样，这样语文学科的本体地位就丧失或部分丧失了。（这个教案的导语设计是这样的："同学们，当我们看到奥运赛场上冉冉升起的五星红旗，心中会油然升起一种崇高感、敬慕感。敬慕那些为国争光的英雄。英雄，在人们心中是伟大的，他们为民排忧，为国解难，殚精竭虑，将个人安危置之度外，今有之，古亦有之。春秋时期郑国的烛之武就是其中之一。"）第四点目标设定显得太虚，是文言文教学的共同目标。

我们主要要讨论的是第二点。第二点后半部分明显超出了基础教育的要求。中学生对文学史缺乏相对全面的了解，因此《左传》"在中国文学史上的地位"便无从说起，我们自然又不能在中学的课堂里把《左传》放在文学史中做纵横比较。即使了解《左传》的基本情况也应当有适当的度，要适可而止。有了这样的教学目标，就有了相应的教学内容，教案中简单介绍《左传》之后，补充了相关内容。补充的内容我们不妨节引如下。

"左氏之传，史之极也。文采若云月，高深若山海。"这是朱彝尊《经义考》中引用古人对《左传》的高度评价。这里的"左氏"，司马迁认为是春秋时代鲁国盲人史官左丘明，他在《史记·十二诸侯年表》中写道："鲁君子左丘明惧弟子人人异端，各安其意，失其真，故因孔子史记具论其语，成《左氏春秋》。"东汉的班固也持此观点。但由于文献不足，《左传》的作者迄今尚无定论。

但这丝毫无损《左传》的光辉，它是继《春秋》之后我国第一部记事详细而又完整的编年体史书。《左传》记叙了上起鲁隐公元年（公元前722年），下迄鲁哀公二十七年（公元前468年），共二百五十五年的历史，不仅具有极高的史学价值，而且还具有极高的文学价值，颇具春秋时代历史散文的特色，其内容丰富，规模宏大，忠于历史事实，生动、真实地反映了奴隶社会崩溃时期的重大变化，为后人提供了那个时代广阔多彩的社会生活画面。统治集团内部的各种矛盾斗争，各诸侯国之间频繁的争夺战争，各种礼仪制度、社会风俗、道德观念及一些人物的生活琐事在《左传》中都有大量记载。

总之，《左传》无论对后代史学还是文学都有极大的影响，在艺术上的成就令人惊叹，为后世叙事散文树立了典范。

这样的介绍对基础教育而言并无多大必要。也许有人认为对中学生介绍这些内容也有好处，可以增长学生的见识。的确，这些内容是可以进入中学课堂的，我们认为介绍这些内容不是为了完成"认识"的目标而存在，应当为了促进学生阅读课文而存在，毕竟中学语文阅读教学的根本任务是培养学生学会阅读。如果从促进学生阅读课文出发，上面的内容表述成下面的样子，或许会更好些。

今天，我们来学习《烛之武退秦师》，这篇课文选自《左传》。《左传》是我国第一部记事详细而又完整的编年体史书,记叙了春秋时期鲁国二百五十五年的历史,不仅具有极高的史学价值,而且还具有极高的文学价值,其艺术上的成就令人惊叹,为后世叙事散文树立了典范。清代文学家朱彝尊在《经义考》中对《左传》的高度评价:"左氏之传,史之极也。文采若云月,高深若山海。"《烛之武退秦师》是《左传》中的名篇,通过这篇文章的学习,我们可以感受《左传》的风采。

这是为激发学生阅读《烛之武退秦师》欲望的表述,在此基础上学生也了解了《左传》的一些知识。两者的区别在于前者是为了让学生了解《左传》"在中国文学史上的地位"这个目标,后者是为了促进阅读,通过阅读去完成应当完成的目标。我们都应当清楚选择某些内容来教学是干什么的,应当清楚基础教育的基本界限。下面将《浙江省普通高中新课程实验学科教学指导意见》中关于《烛之武退秦师》教学目标的建议录下来,作为参照,从中可以看出对"基础性"的把握。

1. 根据文体特点和语言特色进行诵读,注意体验字音、停顿、语气语调、表情达意等。

2. 在反复诵读中体会烛之武对国家强烈的责任意识。

3. 在把握词义、句义的基础上,体会烛之武的游说艺术。

4. 用恰当的语言翻译文章。

三、感受言语细节

一般来说,在进行阅读教学时我们比较关注整体感悟,容易忽视对言语细节的品味,忽略沉入文本以及从言语的细微变化中把握作品的意蕴。其实,学生所缺的往往不是对作品的整体把握,而是缺如何从言语的细微之处品味作品的意蕴。语文教学要善于引导学生在言语的细微之处品味,感受言语的神经末梢,切实提高学生的语言素养。有经验的老师都很注意这一点,他们常常能够从别人不经意处发现语言的魅力,并把这种魅力传递给学生。比如韩军老师所上的《念奴娇·赤壁怀古》就是一例,我们把教学实录转换表达,节引教师对"风流人物"的品味。

(1)教师唱:"滚滚长江东逝水,浪花淘尽英雄……"这段歌词就在小说《三国演义》的开篇。大家看看,这两句,跟苏轼这两句几乎完全一样,"滚滚长江东逝水"就是"大江东去","浪花淘尽英雄"就是"浪淘尽,千古风流人物",一不一样?

学生说一样。教师问:那把"风流人物"换成"英雄人物",大家觉得可不可以?学生经过讨论,觉得不可以,但说不出具体道理。教师提醒:在苏轼的心中"风流人物"确实不同于"英雄人物",究竟怎样不同,我们先往下看。

(2)"故垒西边,人道是,三国周郎赤壁",这个地方能不能改成"周瑜赤壁"?

不能改。"郎"字,显得特别年轻潇洒。

(3)"遥想公瑾当年,小乔初嫁了,雄姿英发",我们能否把"公瑾"换成"周郎",能否把"初嫁"换成"出嫁"?

不能换。公瑾是字,这里带着尊敬的态度去写,而且再用"周郎"就与前面重复了。初嫁,是刚刚出嫁,这里突出强调小乔的年轻。接着教师引导:其实在指挥赤壁之战的时候,小乔并不是刚刚嫁给周瑜,而是已经嫁给周瑜10年了。赤壁之战是建安十三年(208年)发生的,而小乔嫁给周瑜是建安三年(198年)。其时小乔已是"老乔"了。

（4）苏轼恐怕不是真的不知道小乔已经嫁给周瑜10年了，那么，苏轼为什么非得那样写不可呢？

苏轼这里是故意为错，有意如此去写。（联系前面的讨论）在苏轼心目中，只会冲冲杀杀的，不能算作"风流人物"，"风流人物"须得有儿女情长。所以，苏轼这里故意把建安十三年的赤壁之战，跟十年前新婚宴尔的周瑜放在一块来写，突出自己所敬佩、所向往的周瑜"风流人物"那"儿女情长"的一面。"英雄人物"似乎只让人们想到了英勇顽强、刚毅果决、坚忍不拔，那样一种豪气，一种气概。

"雄姿英发"描写的又是风流人物的另一面，即英雄气概的一面。"小乔初嫁了"写周瑜柔的一面，"雄姿英发"写周瑜刚的一面。苏轼心目中所敬仰、所向往的，就是要做周瑜那样的刚柔相济的"风流人物"！

在这里，"风流人物"就不是让学生弄清"风流"两字的含义那么简单了，用"风流人物"不用"英雄人物"，关系着诗人的态度和情感，它有着咀嚼不尽的意味。"风流"两字，一般教师并不十分注意，从整个作品的意义看，是"末梢"，但它沟通着整个作品的经络，而且恰恰是这些"末梢"，使我们对作品的理解更完整、更细腻、更准确。抓住这些"末梢"引导学生品味作品的意蕴，才能让学生感受到言语的魅力，感受到言语的质地和芳香。就具体教学看，韩军老师把"风流人物""周郎""公瑾""初嫁"等粗看不需要多讲的词语进行品味，然后把焦点集中到"风流人物"上，这样使教学过程前后呼应，生动流畅。

要引导学生感受言语的神经末梢，教师要培养自己对言语的敏感，不能人云亦云，要能够沉入作品，有自己的发现，有自己对言语的体会。在方法上，可以采用比一比、删一删、加一加等方法，使言语的味道初步浮现出来，然后深入讨论。下面的《雷雨》教学片断就很能说明这一点。

1.面对周朴园的"三十年前你在无锡"的提问，鲁侍萍只要回答"是的"就够了，可她为什么要加上"三十多年前呢，那时候我记得我们还没有用洋火呢"这样一句话呢？

生答：（1）有意识：鲁主动地以无锡引起了两人的对话，当然希望这场有关往事的谈话能持续下去，所以，有意识地提出三十年前具体的生活细节，以勾起周的回忆，引发新的话题。（2）无意识：说话过程中鲁的思维不由自主地回到三十年前的生活当中。

2.那为什么不是别的生活细节，而单单提到"洋火"呢？为什么要加上"我们"呢？

生答：因为这一细节在鲁心中印象特别深刻。

师追问：仅仅是鲁对此印象深刻吗？（并提示学生关注句中的"我们"一词）

生答：鲁、周两人都印象很深刻。因为，回忆三十年前，在鲁、周心目中，记忆最深的就是他们两人一起生活的情景，也正因为这样，鲁在说话中自然地用了"我们"一词。

3.这一刻，鲁的思绪回到了三十年前，那周呢？

生答：周也一样。

师问：从哪里看出这一点呢？

生答："沉思""沉吟"。

4.同学们，我们大胆地设想一下，此刻，由于"洋火"这个生活细节的触发，他们两个脑子里可能浮现出了什么样的生活情景呢？

生1答：因为侍萍生孩子受了病总要关窗户，所以室内经常点灯，周在灯下照顾鲁的情景。

生 2 答：鲁为周缝衣服的情景。

师追问：你为什么会有这样的想法呢？

生 2 答：因为下文提到周的破衬衣。（师生一道从课文中找到相关的台词"右袖襟上有个烧破的窟窿，后来用丝线绣成一朵梅花补上的"）

师肯定生 2 的细致：我们可以想见鲁在灯下一针一线地绣那朵梅花的情景。同学们，我们想象一下：一盏油灯，红色的火焰在跳动着，年轻姑娘正在灯下专注地绣花。在她身边，一位年轻的父亲怀里抱着婴儿，静静地看着她……眼前这幅画面让你产生什么样的感觉呢？

生答：温馨、甜美、幸福……

师：是啊，多么美好温馨的画面啊！想象得出，三十年前这段生活，留给鲁、周二人的正是这样一种美好、温馨的记忆。对他们来说，无锡正是这段美好生活的见证。

对语文教学而言，最糟糕的是对语言视而不见，如果对语言视而不见，那教学只留下干巴巴的作品内容的解读了，即使引导学生讨论，也会架空了作品在作品的上空飘来飘去。这位教师善于发现语言的细微之处，从而把理解引向深入，这样教出来的学生，才是会阅读的学生。

四、节选课文：透过课文看名著

名著节选的课文怎么教？有一种比较贪大的做法，就是从名著讲到节选的课文。我们举一个具体的例子，看看在这种想法下是怎么教节选课文的。

引入：如果从中国古典小说中找出一部能像《百科全书》一样充分表现封建社会历史、能被誉为"金字塔"式的作品，你会首选什么？

——《红楼梦》。

它的作者是谁？

——曹雪芹。

你了解曹雪芹吗？你看过《红楼梦》吗？

一开始，这样的问题可能把学生置于无地自容的状态，因为他连这样的一部巨著都没有看过，这样伟大的作家也不了解。问题是，学生听了老师的课后，是否从原来没有看过，就变得迫切想看了呢？

1. 曹雪芹介绍。

[介绍了他的家世、人生经历以及他写《红楼梦》的背景与缘由。其中背景与缘由包括：(1)清朝政治的腐朽和封建剥削的加强；(2)各族人民的反抗斗争；(3)统治阶级内部的矛盾。每一点都有具体的说明和例子。]

2. 《红楼梦》简介。

(1)《红楼梦》原名《石头记》，拟作 120 回，定稿 80 回，后 40 回"迷失"。现多为 120 回，其后 40 回为乾隆六十年(1795 年)进士高鹗续。《红楼梦》是通过贾、史、王、薛几大家族在政治经济上的内外活动、宫廷贵族的勾结和矛盾、各种男女恋爱的葛藤以及家庭中的日常琐事，生动而又真实地描绘出一场封建大家庭衰败历史的图卷。

(2)前五回内容介绍。

第一回：两个楔子。女娲补天——顽石暗示宝玉的叛逆性格；木石前盟——暗示宝黛爱情前世有缘。

第二回：交代人物关系。（人物关系图略）

第三回：介绍活动背景和主要人物。（具体略）

第四回：介绍典型社会环境。（具体略）

第五回：全书总纲，通过宝玉梦游太虚幻境隐喻人物命运和结局。

（3）艺术特点：网状形式的艺术结构；典型生动的人物形象；丰富多样的文学手法；独具风格的语言文字。

（4）后世评价："中国第一奇书""中国古典小说的金字塔""大战《红楼梦》，再论一千年"。

中国三门"显学"（显赫的学问——红学、甲骨学、敦煌学）之一。

内容已经充分缩略了，这些内容具体讲起来，没有两节课是不行的。当然，问题不在于需要几个课时去上，讲这些内容也不是完全没有必要，但就具体教学而言，我们并不是去读整部《红楼梦》，学生在学期内的任务主要也只需读好《林黛玉进贾府》这篇课文就行了。如果学生能够通过课堂上学习《林黛玉进贾府》而萌发读《红楼梦》的欲望，那么这位教师的教学就是成功的；如果学生能够通过在课堂上学习《林黛玉进贾府》而终于明白名著的价值，明白名著咀嚼不尽的内涵，明白名著与一些通俗读物的区别，那么这位教师的教育就是有成就的。这些都需要通过细细品味《林黛玉进贾府》去实现。介绍整部《红楼梦》以及相关的情况算不得稀奇，也实现不了上面所说的教育教学的目的。如果教师教《林黛玉进贾府》准备花5个课时或更多时间的话，那么在后面的课时中可能会做到这些，但从效益的角度，我们认为能做到透过课文看名著就够了，否则，教名著节选，教学内容就可能漫无边际地扩充。如果难以做到透过课文看名著，那么关于名著及相关内容的丰富介绍就实在没有什么必要了。

《林黛玉进贾府》这篇课文从教学内容看，如果能做到以下几点，完全可以让学生通过课文的学习体验到整部《红楼梦》的价值。

1.体会课文对贾府外观、布局、摆设等精心细腻的描述。

2.从吃饭等场合体会贾府上上下下各色人等微妙的心理关系和阶层关系。

3.细致分析课文各色人物出场的不同。

4.深入揣摩作者对人物的体察和对肖像、语言、动作等的描绘。

名著节选的课文不需要把精力花在名著的介绍上，而应当通过节选课文这个窗口让学生看到名著五彩缤纷的世界。

第四节　教学内容选择的其他相关问题

一、给词语教学以充分的地位

有一个事实似乎不容回避，那就是高中语文教学基本上不管词语教学。词语教学似乎是小儿科，学生自己看看《词语手册》一类的书就好了，高中语文教师不太愿意去顾及。近二十年前，有一位老教师上的语文课，在45分钟的课堂里，词语足足讲了30分钟。讲词语的时候，学生积极参与，认真又热情。现在这样的课在公开课中是不可能出现的，平时上课恐怕也没有老师会这样做。一个高中语文教师可以把课文"挖"得很深,对一篇课文的欣赏也可以站得很高,但对词语教学不屑一顾。另一方面,学生学了这么多的课文,按理应该已掌握了丰富的词汇,可供写作调遣之用,然而并没有,学生写作时词汇还是贫乏。原因就在于我们忽视了词语教学。

为什么会忽视词语教学,根本原因恐怕是为考而教。从考试出发的角度来看,词语教学无非就是会读、会认,再加上能选择近义词填空,这是普遍的认识。一方面,为考而教造成了词语教学内容上的局限,使词语教学离开了运用;另一方面,为考而教造成了时间上集中应付,背离了词语掌握是一个日积月累的过程这个规律。

词语是语言的建筑材料,学习词语的过程其实是学生丰富心灵、拓宽眼界的过程,词汇量是衡量学生语文素养的重要内容,语文教学要给词语教学以充分的地位。

词语教学不仅要关注音、形、义,更要关注词语本身所具有的质地和芳香。还是先从《荷塘月色》中摘取几个例子来说明吧。

1.曲曲折折的荷塘上面,弥望的是田田的叶子。

2.层层的叶子中间,零星地点缀着些白花,有袅娜地开着的,有羞涩地打着朵儿的;正如一粒粒的明珠,又如碧天里的星星。

3.弯弯的杨柳的稀疏的倩影,却又像是画在荷叶上。

这三句话中"田田""袅娜""倩影"都有必要做一番解释。"田田",课文注释:"形容荷叶相连的样子。古乐府的《江南曲》中有'莲叶何田田'的句子。"这条注释明明白白地解释了词义和出处,但这样教学生是否够了呢?按意义,文中的"田田"大致可以用"相连"来代替,学生写作恐怕最易用"相连",因为"相连"比较浅近。但用"相连",语言意味便失去大半。此处"田田"与前文"曲曲折折",与后文"亭亭""层层"等叠音词连续使用,叮叮当当,清脆悦耳,换下"田田"便是乐音中断,这才是最关键的。"袅娜",课文注释:"柔美的样子。"那么"袅娜"一词可以用"柔美"代替,但用"柔美",文句之间便失去了几分典雅之气。同时就文字本身而言,"袅娜"比"柔美"更具形象性,更能触动读者产生想象的那根神经。感受到这步田地,才可以说,学生没白学"袅娜"。"倩影",课文注释:"美丽的影子。"可麻烦在于,如果把话写成"弯弯的杨柳的稀疏的美丽的影子",断不可称为优美;如果把话写成"杨柳是弯弯的,落下来的影子稀疏而且美丽",则与全文的格调不相吻合了,且与下文不相衔接,即使调整下面的句子衔接起来,也不那么斩截,看来还得用"倩影"。这在词语教学中应该让学生感受到。

让学生充分地感受词语而不是简单的认知,词语教学实际上是为学生"所知"到为学生"所有"的转变,是通过词语教学把握作者的心灵,进而去同化之。

二、教学内容的斜出以理解课文为界

在一次市级优质课的评比上,一位教师教《〈物种起源〉导言》,下面是教学过程简要的记录。

1.问:要快速了解一本书,应该怎么做?

(通过这个问题让学生认识什么是导言。并说明这节课的主要任务是通过这篇导言,了解《物种起源》这部书)

2.问:大家对达尔文了解多少?

(通过这个问题让学生了解达尔文)

3.问：从文章中我们可以获得关于《物种起源》这部书的哪些信息？

（在回答这个问题前，先用两个问题做铺垫。一是怎样找信息，得出的结论是找信息主要是找出每一段的关键句。既如此，自然引出了第二个问题，什么是关键句呢？这两个问题解决之后，学生开始找信息——实际上就是找每一段话的关键句）

4.朗读课文。朗读后根据课文内容填写相关信息。

5.问：课文第四段，作者举啄木鸟和槲寄生的例子是想说明什么看法？

（教师把这个语段朗读了一遍，然后让学生回答）

6.问：关于物种起源问题的两个主要观点是什么？

（学生默读，然后回答）

7.展示图片：达尔文曾经乘坐的船、曾经看到的生物，达尔文搜集到的部分样本等。一边展示，一边说一些相关的话。

（学生表现出浓厚的兴趣）

8.问：在这篇导言中你感受到了达尔文怎样的精神和人格魅力？

（让学生找出一些关键词语来分析回答）

9.问：你能否说说还有哪些为社会、为世界、为全人类作出贡献的人呢？说出来并简要谈谈他们的事迹。

（学生说出了很多人物：爱迪生、哥白尼、李时珍、阿基米德、袁隆平、毛泽东、爱因斯坦、霍金、马克思、诺贝尔等，说到了就谈谈他们的事迹。学生很活跃，从课堂结构看，应是高潮部分。然后教师展示一些名人图片，这些图片有学生说到的，也有学生没有说到的）

10.结语：愿伟人的精神如一米阳光照亮大家的心灵，如一盏明灯指引我们奋然前行。

这节课总体上定位于信息的筛选，定位于读明白这篇导言。但这节课存在不少问题。"找信息主要是找出每一段的关键句"是一个错误的认识，理解太狭隘化了；第三问实际上只要求学生找出每一段的关键句就可以了，绕了一个圈子实在没有多大必要。更主要的问题是两处脱离文本的教学内容的选择。

两处脱离文本的教学内容是展示达尔文曾经乘坐的船、曾经看到的生物，达尔文搜集到的部分样本等图片和让学生说出还有哪些为社会、为世界、为全人类做出贡献的人及其事迹。前者如果仅仅是展示，对图片本身不做过多的解释，旨在增加学生对物种起源的感性认识，帮助学生理解课文，还是有必要的，但在实际教学过程中师生在这块教学内容上花费的时间很多，这就成问题了；后者对学生阅读理解课文没有任何意义，进行到这个环节，学生就可以把书合上了。但这两个教学内容从课堂气氛看却是十分活跃的，整节课因有了这两个教学内容而使沉闷的课堂被搅动了起来，也许正因为此，教师才舍得在这两个教学内容上花时间。推断这种做法背后的想法也许是这样：无论如何要让学生活跃起来，师生双边互动比起教学内容选择来得更加重要。其实这是一个错误的认识。首先，这些内容是非语文的，非语文的教学内容要服务于语文，否则，我们语文教师就不务正业了；其次，阅读教学的所有活动要有利于促进学生打开书本阅读，如果在阅读课上让学生合上课文搞活动，学生的阅读能力培养就无从谈起了；再次，为了学生的兴趣安排脱离课文的教学内容，就某节课而言会提高学生的听课兴趣，但从长远来看，会滋长学生语文课是无所谓的课这样一种心理，最终失去语文应有的魅力。

基于上面的认识，《〈物种起源〉导言》怎样设计更好一些？如果像上面的案例一样，定位于"筛选并整合文中的信息",可以安排下面三个环节。

1. 问：从文章中我们可以获得关于《物种起源》这部书的哪些信息？

（以这个问题引导学生把握文章主要内容。具体可以包括两方面：一是文章的主要观点，二是作者的科学精神。教学内容可以在获取信息的方法这个范围内斜出，比如如何通过文章结构来获取信息，如何通过提示语把握文章的观点句等。至于所获取的信息本身的补充或再认识，则可能会导致非文本阅读的情况）

2. 对得到的信息进行语意推敲。

（这应当是前一个环节的深化。可以选择一些比较复杂的句子，辨析它们所包含的复杂信息，把握它们的深层信息。教师应当适当插进一些方法，比如从句子结构入手，从关键字眼入手等。至于学科的科学内容，只是作为推敲语意的前置条件）

3. 总结进行筛选并整合文中信息的方法。

当然，我们可以不这样定位，比如王雪亘老师认为学习本文应当让学生"从科学文本的组织方式学会理性地表达"，具体从文章的六个假设句入手"感受科学家在怎样的条件下猜测、推论甚至下结论，从而见证科学家严谨周密的论证力量，感受科学理性表达的真谛"。[①]这是创造性的设计。无论怎样的设计，目的都是为了更好地理解课文，而不是介绍与课文有关的知识或做一些与课文相关而且仅仅是相关的活动。

三、给出示例比静止的方法介绍更重要

语文是实践性很强的一门学科，一些方法性的知识介绍不如让学生在实践中体会。我们先看一个教学案例。

师：首先，我来介绍一下什么是"评点式读书法"（结合课件讲解）。"评点"，就是圈点并批评。"圈点"，是在需要评论的地方画圈或点点，做些符号。"批评"，就是评论。

评点的方式有圈点、总批、眉批、夹批等。圈点，就是刚才说到的一些符号的运用。总批，是对一篇文章总的评价。眉批，是将评论写在书的上面的空白处。过一会儿，在我讲完怎样运用这个方法后，大家可以在书的上边或右边这些空白处写上自己的评论。夹批，是在行与行之间的空白处写上感想。

评的内容可以是作品的思想内容，或者是写作手法，或者是用词方面，你觉得某处用得特别好，禁不住要评论一番，也可以。

评的形式可以是赞许的，也可以是批评的，或者是和别的作品进行比较，或者是由此及彼，展开联想。总之，这些评语，大多都比较简短，三言两语，随手批出。

语言学家王力说："看一本好书，如果自己一点意见都没有，就可以说你没有好好看。你好好看的时候，总会有意见。"这个"意见"，用刚才说的圈点方式写出来，就是你的点评。

这段话比较详细地介绍了评点法，并引用语言学家王力的话做了强调，期望通过方法介绍让学生掌握评点法。方法的介绍在许多情况下是必要的，但当我们介绍一种方法的时候应当想到以下几点：(1)许多人用了一种良好的方法做事，但他一直没有意识到自己在使用的方法的价值。(2)许多情况下，方法明白了，但要解决实际问题却存在很大的距离，尤其是人文学科。(3)在教学中静止地介绍方法，学生容易把目标集中在方法本身，忽略了方

---

① 王雪亘.《〈物种起源〉导言》教学内容述评[J].语文学习,2007(1):35-38.

法是用来解决问题的。如果考虑到这些问题的话,我们在介绍方法时恐怕就要仔细考虑了。像评点法这样的方法,更适合在具体示例中去介绍。在示例中介绍方法是动态的介绍,既获得方法本身,又对方法的使用有深刻的体验。包建新老师曾经用评点法上老舍的《想北平》,课堂结构很简单,先是由教师给出评点的示例,然后学生仿照示例进行评点,再讨论学生的评点。形式的简单是值得追求的境界。

这节课以这样一个活动先让学生初步把握课文:你认为老舍是怎样的一个人?要求用文章的几句话印证自己的看法。然后说明这节课我们主要学习评点法,一边让学生阅读有关的语段或句子,有的地方提笔做一些圈、点、画的具体动作,一边教师给出评点示例。

1.先让学生读第一节,简单讨论后教师评点:

第一节前半部分主要写"我的北平",后半部分主要写"我"眼中的北平,构架简单而不失灵巧,"我"的强调便于表达对北平的深情。

2.先让学生圈出第一段中"捡着""躲开""廿七""牛的一毛"等词语,然后评点:

用"捡着"而不用"选择",用"躲开"而不用"回避",用"廿七"而不用"二十七",用"牛的一毛"而不用"九牛一毛",可见作者对口语化追求的苦心孤诣,老舍散文语言的北京味儿也体现在这里。

3.先让学生找到"况且在街上还可以看见北山与西山呢"这句话,简单讨论这句话抒情达意的效果,然后评点:

用"况且"引出,以"呢"收尾,本是平常事情显出自豪,可见老舍感情细腻。

给出示例的目的是为了引出学生的评点,为了给学生提供评点的参照,从实际教学效果看,学生模仿能力很强,给出示例,学生很快把握了所谓评点法是怎么一回事,通过一些时间的阅读和交流探讨,很快作出了反应。下面摘取几个例子,说明给出具体示例引导学生模仿的效果。

1."虽说巴黎的布置比伦敦、罗马匀调得多,可是比起北平来还差点儿。"

评点:运用对比手法,突出"我的北平",自豪之情溢于言表,这也正说明他非常热爱北平,心里已经容不下其他城市。就像我,非常热爱我的家乡路桥,就觉得只要是路桥的都是最好的。

2."我所爱的北平不是枝枝节节的一些什么,而是整个儿与我的心灵相黏合的一段历史,一大块地方,多少风景名胜,从雨后什刹海的蜻蜓,一直到我梦里的玉泉山的塔影,都积凑到一块,每一细小的事件中有个我,我的每一思念中有个北平,这只有说不出而已。"

评点:作者将北平细微的景致都深深地印在自己脑海中,在每一次思念家乡北平时将这些记忆重新翻阅,甚至在梦中见到它,使自己的思念之情浸于心里,表现出作者与北平血肉相连,不可分离的真挚情感。"这只有说不出而已"更深刻地体现出作者刻骨铭心的恋乡之情,思乡之苦。这使我想起"家乡的土地赛过他乡的黄金"。

3."可是我真爱北平。这个爱几乎是想说而说不出的。我爱我的母亲,怎样爱?我说不出。"

评点:这句话用了比喻的手法,把北平比作母亲,把自己对家乡的爱比作对母亲的爱。"我说不出"这几个字虽然没有描写,但是一种爱到深处的体现。正如我爱自己的外婆,但这种感觉我说不出。

4."北平的好处不在处处设备得完全,而在它处处有空儿,可以使人自由地喘气;不在有许多美丽的建筑,而在建筑的四周都有空闲的地方,使它们成为美景。"

评点:通过两组"不在……而在……"描绘了作者心目中的北平的好,可看出作者所认为的北平的好并不是设备完全、建筑美丽,而作者为何唯独钟爱于它呢?——是情感的不同吧。联系到我们生活中的一些事,其实也是如此。比如说我吧,至今我都保留着当年我为了学业而不得已剪下的一缕头发。其实又有什么呢?只不过是头发嘛,剪了还可以再长。可我怎么也舍不得扔,我难以忘记我被剪下头发时那万分的舍不得,保留这缕头发就保留了当时我对这缕头发的情感,意义不同。

5."真愿成为诗人,把一切好听好看的字都浸在自己的心血里,像杜鹃似的啼出北平的俊伟。"

评点:对于自己心爱的东西,我们都会格外珍惜。把世界上最好的形容词都用来描述它。恨不能将你要倾诉的人拉去亲眼看一下。而对于杜鹃啼血的典故也有所耳闻,也许老舍也把自己当成了那位国王,虽然远离北平,也时时挂念着北平。所以后一句更能体现老舍对北平深深的眷念和深深的爱。

当然,如果作为方法去思考的话,需要引导学生从文章内容、主旨结构、情感意蕴、技巧风格等方面大处着眼小处落笔进行评点。如有必要还可以使用从学生的评点中评选出最佳评点等手段。

练习与拓展

选择一篇课文,在没有任何其他材料辅助的情况下,反复阅读,确定教学内容;然后阅读教材中与课文相关的文字(包括提示、练习等),看看有什么内容需要补充;再阅读教师手头在用的教学参考书的相关内容,对教学内容做进一步的补充;最后阅读其他可以找到的关于课文的材料(包括文章赏析、其他教师的教学案例等),确定哪些内容还可以纳入教学内容。

阅读下面文章,可以加深对本章内容的理解:

[1]孟庆欣.习教·从心·达道——从语文教学内容的规定性与灵活性谈起[J].语文建设,2007(11):27-28.

[2]林富明."用教材教"的基础是"教教材"——谈语文教学内容的规定性[J].语文建设,2007(11):25-26.

[3]陈尚达.对重构语文教学内容的思考[J].天津师范大学学报(基础教育版),2009(4):40-44.

[4]李山林,李超.语文教学内容理据例谈[J].语文建设,2009(3):10-13.

[5]潘天正.审视语文教学内容[J].牡丹江师范学院学报(哲学社会科学版),2011(5):133-137.

[6]张颖.语文教学内容选择的原则[J].文学教育(下),2011(11):58-59.

[7]曹公奇.语文教学内容选定的基本原则[J].中学语文教学参考,2017(Z1):27-31.

[8]李健.语文教学内容重构:取向、范围与策略[J].语文建设,2018(12):9-12.

[9]夏家顺.语文教学内容的多样形态及其重构方式[J].教育研究与评论(中学教育教学),2019(4):47-50.

第四章　语文教学结构设计

提　示

　　教学内容按一定的程序排列形成了教学过程,排列体现一定的形式,表现为结构。教学结构就是各教学内容的有机配合、组织、搭配、排列。讨论教学结构的问题即讨论教学过程问题。教学结构多种多样,而实现教学内容意义的流动是最基本的。本章除了介绍"流动型"这个基本结构外,还将介绍"浓缩内容,逐步释放""以活动载体实现教学内容""以方法为主线组织教学内容"这三种结构方式。四种结构方式自然不能涵盖所有结构类型,但以此可以认识"有机"组织教学内容这一教学结构设计的要义。

阅读准备

　　在网上随机下载一个教学案例,把它的教学内容一一罗列出来,然后分析内容安排的优点和不足。如果你要教同样的内容,将怎么安排? 并说明理由。

第一节　实现教学内容的意义流动

一、基本内涵解释

　　教学是师生间的沟通与往来,沟通是以教学内容为中介的交流,往来可以是教师"往"(给出相应的教学内容)学生"来"(对所给教学内容作出积极的响应),也可以是学生"往"教师"来"。在沟通与往来中教师所想与学生所思不相协调,便形成了教学"阻隔",阻隔影响教学流程,影响教学效果;在沟通与往来中教师所想与学生所思相协调,师生之间便会形成和谐互动,教学的意义便会在师生间流淌。克服教学阻隔情况,实现教学内容的意义流动,是教学过程设计的核心任务,其他各种设计方案都应该以此为基础建立起来。

二、消除阻隔,形成意义流动

　　下面我们通过一位教师的《最后一片常春藤叶》教学设计的改造来讨论意义阻隔与流动问题以及如何实现意义的流动。原教学设计的主体部分(问题的解答做了缩减),摘录如下。

1. 小说最震撼人心的是哪一个情节？

小说的结局部分：贝尔曼牺牲生命画"杰作"唤醒了琼珊对生的渴望。

2. 小说的结局有怎样的特点？能找出前面的伏笔吗？

结局出乎意料，但又在情理之中。

3. 最后一片叶子与琼珊有怎样的关系？为什么最后的藤叶能挽救琼珊的生命？

叶子是希望的象征，如若叶子落了，琼珊也就给自己找到了放弃抗争的理由；叶子不落，她就有所期待。在最后一片常春藤叶的鼓舞下，她重新振作起来，直到康复。

4. 为什么说贝尔曼画的最后一片藤叶是他的杰作？

因为这片叶子给予病人生的希望和信念，表现了普通人之间的无私和情意，闪烁着人性的光辉。

5. 贝尔曼画常春藤叶本应是小说的重要情节，作者却没有实写，这样处理有什么好处？

作品没有实写这一情节，使得小说产生出人意料的效果（欧·亨利式结尾），也给读者留下了想象的空间。

6. 贝尔曼是小说的主人公，作品集中写他的只有两处，试分析他是个怎样的人。

初见贝尔曼，作者通过外貌描写告诉我们：他是一个性格暴躁、酗酒成性、牢骚满腹、郁郁不得志的老画家；又通过语言描写，写出他的善良和同情心。再见贝尔曼，他已经身体虚弱，病了两天就去世了。贝尔曼是因为冒雨画最后一片叶子，得了肺炎而去世的。他的崇高爱心、自我牺牲精神由此得到了展现。我们看到了贝尔曼平凡的甚至有点讨厌的外表下有一颗火热的爱心，虽然穷困潦倒，却无私关怀、帮助他人，甚至不惜付出生命的代价。作者借此歌颂了穷苦朋友相濡以沫的珍贵友情和普通人的心灵美。

7. 品读欧·亨利式的语言。

比如："到了十一月，一个冷酷无情、肉眼看不见、医生管他叫作'肺炎'的不速之客，在艺术区里蹑手蹑脚，用他的冰冷的手指这儿碰碰那儿摸摸。""叶子。常春藤上的叶子。等最后一片掉落下来，我也得去了。三天前我就知道了。难道大夫没有告诉你吗？""又掉了一片。不，我不要喝汤。只剩四片了。我希望在天黑之前看到最后的藤叶飘落下来。那时候我也该走了。"

品味：采用幽默、风趣、俏皮、夸张、讽刺、比喻的语言，渲染悲剧的喜剧色彩，让读者在俏皮的描写中醒悟内在庄严的思想感情，在生动活泼中给人启迪。

这个教案主体部分由七个环节组成，这七个环节实际上探讨了九个问题，为了讨论方便，我们把九个问题在表述上略加改变重新编号。

1. 小说最震撼人心的是哪一个情节？

2. 小说的结局有怎样的特点？

3. 这个结局前面有伏笔吗？

4. 最后一片常春藤叶与琼珊有怎样的关系？

5. 为什么最后的常春藤叶能挽救琼珊的生命？

6. 为什么说贝尔曼画的最后一片常春藤叶是他的杰作？

7. 贝尔曼画常春藤叶本应是小说的重要情节，作者却没有实写，这样处理有什么好处？

8. 贝尔曼是小说的主人公，作品集中写他的只有两处，试分析他是怎样的人。

9. 这篇小说的语言有什么特点？

这九个问题的探讨无疑是很有意义的,都是教学这篇小说所应当做的事情,但从学生接受角度看,这个教案实施起来恐怕难以产生良好的效果,原因就是它不是一个流动的过程,实施起来会产生太多意义阻隔的情况。当第 1 个问题提出之后,学生潜在的期望是"为什么这个情节是最震撼人心的",跳脱开这个期望,而转到第 2 个和第 3 个问题进行探讨,意义的流动便阻断了。结局的特点与伏笔是小说的艺术问题,如果说从第 1 个问题到第 2 个问题是从内容到形式展开探讨的话,那第 4、5、6 三个问题又回到了小说内容的探讨,相对于第 2、3 两个问题则又显得突兀。而第 4、5、6 三个问题即使孤立来看也形成不了意义流:最后一片常春藤叶与琼珊有怎样的关系? 这个问题的答案是最后一片常春藤叶挽救了琼珊的生命,那为什么最后一片常春藤叶能挽救琼珊的生命这个问题自然就冒出来了,但第 6 个问题相对于前两个问题,则似乎没有多大的联系,显得横生枝节了。第 8 个问题似乎与第 6 个问题相衔接,但因为中间隔了第 7 个问题,第 6、7、8 三个问题按顺序讨论下来就显得不流畅了,中断了意义流。第 7 个与第 9 问题应当是同一类问题,都是关于小说艺术的,但中间又隔了第 8 个关于人物形象分析的问题,那么第 7、8、9 三个问题按顺序讨论下来,意义又难以流动了。即使把第 7 个与第 9 个问题连接起来讨论,中间也缺少必要的过渡,似乎有一些暗流没有浮现到课堂上来。

教师的想法也许是这样:第 1、2、3 三个问题都是关于结尾的,第 4、5、6、7 四个问题是关于常春藤叶的,这样形成两块教学内容,这两块教学内容讨论明白之后,还有第 8、9 两个问题应当予以解决,把它们作为补充放在最后面。这样的安排初看似乎有些道理,但不同性质、不同类别的问题又怎能放在一起? 一节课的教学自然可以分成几个块状,但组块应当坚持同类合并的原则。

分析上面这个案例的九个问题,按照同类合并的原则,我们可以把它们分成两部分。一部分是关于小说内容的,包括:小说最震撼人心的是哪一个情节? 最后一片常春藤叶与琼珊有怎样的关系? 为什么最后的常春藤叶能挽救琼珊的生命? 为什么说贝尔曼画的最后一片常春藤叶是他的杰作? 贝尔曼是小说的主人公,作品集中写他的只有两处,试分析他是怎样的人。另一部分是关于小说艺术的,包括:小说的结局有怎样的特点? 这个结局前面有伏笔吗? 贝尔曼画常春藤叶本应是小说的重要情节,作者却没有实写,这样处理有什么好处? 这篇小说的语言有什么特点? 前面这部分小说最震撼人心的是哪一个情节这个问题其实不是直接指向小说内容的,而是阅读的初步感受问题,这个感受引出了小说内容的探讨。当然,这样分类只是形成意义流的前提,要形成意义流还需要进一步改造。下面是改造后的简案。改造后可以用两个课时完成(见表 4-1、表 4-2)。

表 4-1　第 1 课时:侧重探讨小说内容

问题设计及答案简要解释	设计说明
1.有人说,小说的结尾最震撼人心,你同意吗? 也许会有个别同学不同意,先保留意见。 2.你为什么而震撼? 贝尔曼以自己倾情付出(包括生命),唤醒了琼珊对生的渴望。 3.贝尔曼为什么要挽救琼珊的生命? 对生命的关怀,对友情的珍惜。	1.原问题是:"小说最震撼人心的是哪一个情节?"这样改造的目的是使指向更为明确,避免不必要的争论。 2.这个问题承上面来,因为有了上面这个问题,学生自然期待"为什么而震撼"的探讨。 3.贝尔曼付出了自己的生命,挽救了琼珊,他有必要这样做吗?"为什么要挽救琼珊的生命?"自然而来,这个问题潜伏在上面这个问题的探讨中。
4.贝尔曼的"杰作"为什么能挽救琼珊的生命? 最后一片常春藤叶成了琼珊的希望所在,在最后一片常春藤叶的鼓舞下,她重新振作起来,直到康复。 5.贝尔曼挽救琼珊的生命需要具备什么品质? 善良和富有同情心,无私关怀、帮助他人,崇高的爱心和自我牺牲精神。 6.能否让贝尔曼不失去生命? 就小说艺术而言,贝尔曼不失去生命,就难以有"震撼"的效果。	4.但也不是想挽救别人的生命就能挽救的,这个问题因此而提。 5.在前面这些问题讨论的基础上,由外而内,进一步提出问题。不问贝尔曼是怎样的人,是为了意脉连续。 6.第 5 个问题的探讨,不禁使人心生遗憾,不希望贝尔曼死去,这个问题自然而生。同时这个问题的讨论,与第 1 个问题相呼应。 这样就形成了一个意义流。

表 4-2　第 2 课时:侧重探讨小说艺术形式

教学过程及简要解释	设计说明
1.上节课我们侧重小说的内容做了讨论,这节课我们就小说的艺术形式进一步探讨。大家读了这篇小说后,看看有没有"反常"的地方? 引导学生从情节、人物刻画、语言等方面挖掘。 2.这篇小说在情节上有什么"反常"的地方? 情节的"反常"体现在两个方面:一是结局出人意料,二是贝尔曼画叶子这样重要的情节没有写,留下足够的空白。这里可以生成两个教学内容:一是这个结局的伏笔,二是学生想象填补情节空白。 3.这篇小说在人物形象的刻画上有什么"反常"的地方? 开始把贝尔曼写成性格暴躁、酗酒成性、牢骚满腹、郁郁不得志的人,即使不能说是一个坏人,但也不是一个受人尊敬的人,把好人写"坏",更逼近了生活的真实。 4.这篇小说在语言表达上有什么"反常"的地方? 正话反说。比如文章写苏艾、琼珊联合租房时写道:"她们是在八马路上一家名叫德尔蒙尼戈的饭馆里吃饭时碰到的,彼此一谈,发现她们对于艺术、饮食、衣着的口味十分相投,结果便联合租下了那个画室。"其实,两人的生活条件很差,无法讲究吃、穿、住问题,经济拮据才合租房子,文章这样写,似乎高雅得让人羡慕了。将无奈写成乐趣,使作品充满乐观情调。	1.设计这个问题的目的并非认识"反常",而是以此为由头,使整节课讨论的几方面内容围绕着它流转起来,而不是一个个孤立的内容。 2.这个问题隐含着结局的特点、伏笔、空白艺术等。 3.这个问题实质上要学生认识形象刻画的艺术和塑造人物的方法。 4.小说语言上的特点主要在这里,是欧·亨利式的幽默风趣。

三、关注、分析教学内容的潜在走向

要实现教学内容的意义流动,关键是要关注、分析教学内容的潜在走向。我们通过《我有一个梦想》教学案例来说明。这是一节市级优质课评比的参赛课,五个评委分别打分,最后这个课获得了二等奖,是幽默风趣帮了忙。现在用文字把这个课例描述下来已失去了现场感,幽默风趣的语言应当也是设计的一部分,但教学内容如何安排,教学目标的实现方式是设计的主体,如果从教学内容安排来讨论这节课,我们可以清晰地发现,教学内容的潜在走向对于教学的意义。先来看导语部分,一节课的开端往往决定了整节课的氛围,不妨做详细的引述。

人,从一出生就意味着一步步地走向死亡,无论是伟人还是庸人,这是上帝赋予每一个人的共同、唯一的礼物,也就是说,坟墓是每一个人最后的归宿。大江东去,浪淘尽,千古风流人物,面对全人类的历史长河,多少人灰飞烟灭,多少人与草木同枯,又有多少人名垂青史,永垂不朽。今天我们走近一个永垂不朽的人物和他不朽的演讲,因为这个不朽的演讲而使演讲者永垂不朽。

这个开头很有鼓动性,能够调动学生阅读课文的积极性,现场的感觉是很好的。现在我们来分析一下这个头开出来后接下来适宜的走向。显而易见,导语强调了这篇演讲词的不朽价值,强调演讲者的不朽,在课堂语境下实际上都会被理解为对作品的强调。既然强调了这篇演讲词的不朽价值,紧接着的环节就应探讨为什么会"不朽",可以从背景到文章内容再到表述技巧,无论采取什么方式,这样的开头就决定了下一步是这个教学内容。按照这个潜在的走向推进课堂教学,教学才会流动起来。但教者却把它搁置起来,造成了教学的"断流"。实际教学接下来环节的安排是整体感知,围绕着下面几个内容展开。

1.演讲针对什么人?

2.梦想具体指什么?(提示学生从政治、经济、文化概括)

3.假如你去做同题演讲,会讲什么内容?

(讨论认为应从三方面来讲:梦想是什么?怎么实现梦想?我的梦想是怎么来的?)

4.听课文录音。

5.按上面猜想的思路,给文章分成三个部分。

6.讨论这篇文章的演讲基调。

这个环节内容很多,就其内部而言,前后同样缺乏流动感。当"演讲针对什么人"这个问题提出后,潜在的问题是:为什么要针对这些人?针对这些人说了什么话?说这些话要实现什么意图?意图的实现效果如何?等等。这些问题大致也能涵盖上面所有的内容并有所深化,但教学效果有本质的区别,区别就在于一者强调给予什么,一者着重学生思维的展开;一者是散乱的,一者是有机的。当然不一定就从"演讲针对什么人"这个问题展开,假设从"假如你去做同题演讲,讲什么内容"发端,潜在的问题是:作者是否讲了这样几方面的内容?作者讲这些内容的意图是什么?用了哪些手段帮助意图的实现?等等。以此展开,同样保持了教学的流动性。再从上一个环节与这个环节来看,两者明显缺乏联系,第二个环节安排这么多的内容,没有一个涉及"为什么不朽"。当然这个环节可以是准备,用下一个环节来讨论这个问题。那我们来看下一个环节的内容。

1.学生提问,学生来答。展开竞争。

2.教师提出若干问题让学生思考、讨论。

这个环节显而易见是为了课堂活动充分展开而设计的。其实在大多数情况下,活动是否充分展开是第二个层次应该考虑的问题,第一个层次要考虑的是如何围绕着这节课的定位而展开活动。由于第二个环节与第一个环节脱离了,这个环节中让学生提问就难以让学生问到点子上,课堂气氛虽然活跃,但解决不了根本问题。本来教师提问时应当可以把根本问题提出来,但实际上并没有,教者提的是语言特点、修辞手段等方面的问题,那就把"为什么不朽"这个悬念彻底抛弃了。既然让学生提问了,教师也提出了思考的问题,接下来应当是师生讨论的深化或总结延伸,但接下来的环节却是与课文相关的一些零星知识。

1.作者的梦想实现了吗?

2.马丁·路德·金纪念馆的设计问题。

3.关于这篇演讲底稿的拍卖价格问题。

4.老师送一首诗歌给大家,希望大家梦想成真。

第四点是脱离课文的教学内容安排,以此为结尾改变了阅读教学的性质,把理解肤浅化了。其他三点内容也不是不可以成为教学内容,但从整个教学流程看,它们不是课堂教学的有机组成部分,就这节课而言,如果让学生充分感受到了这篇演讲词的不朽的价值,介绍这些是一种强化,但如果没有做到这一点,介绍这些就失去了意义。

分析了这个案例后,我们不妨给教学内容的潜在走向下一个定义:当一个教学内容呈现出来时它所引发的学生对下一个教学内容的期望。把握、利用潜在的走向,课堂才能成为理想的学习场所,学习方式的选择才会释放出它应有的意义。

四、激发需要,流动于内心

教学是师生构建意义的过程,只有触发学生的内在需要,教学的意义才会更好地在师生共同营造的"场"中流动起来。下面是浙江省江山中学(现就职于浙江师范大学教师教育学院)郑逸农老师《我与地坛》①的教学过程摘要。这节课郑逸农老师把它作为非指示性教学的案例,从意义的流动看,它激发了学生的需要,上到了学生的心里。

1.课前短文写作:课前每人写一则两三百字的短文,以"校园一角"为话题,以校园中的景物为描写对象。

2.初读课文,交流感受:学生自由诵读,整体感知,然后说说初读感受。每人先在小组内交流,之后教师随机抽取一组同学向全班介绍。

3.确定学习主题:每个小组确定一个共同的学习主题(目标),然后交给全班交流,选出班级的学习主题,最后以学习语言为主题。

4.找出典型片段:文中新颖独特的语言描写集中在三处,第一处在第3段:"四百多年里,它一面剥蚀了古殿檐头浮夸的琉璃……到处的野草荒藤也都茂盛得自在坦荡。"第二处在第5段:"蜂儿如一朵小雾稳稳地停在半空……窸窸窣窣片刻不息。"第三处在第7段:"譬如祭坛石门中的落日……满园中播散着熨帖而微苦的味道。"

5.归纳语言特点:作者喜欢在形容词的运用上创新,特别是把体现自己人生感悟的形

---

① 郑逸农.在反省中学习和体验——《我与地坛》非指示性教学案例[J].语文建设,2005(11):26-29.

容词大胆地移用到景物的描写中去,形成了独特的拟人化意蕴,给人面目一新的感觉。语言表达似乎不合常规,但细细揣摩,却又在规范之内。

6.反省比较:让学生拿自己的课前习作与课文的三处描写作比较,反省、自我剖析,肯定自己的优点,剖析自己的不足。

7.教师引朱光潜《咬文嚼字》中的话介绍"套板反应",说明前面让大家写片段作文《校园一角》,目的就是让各位感知一下自己的"套板反应"。要求学生问问自己:在写作时是很少落入"套板反应"呢,还是很多呢?指出课文的三处景物描写几乎毫无"套板反应"的痕迹,处处充满了创新,但分析起来又是符合语言规范的,值得好好学习。

8.涵泳品味:聚焦课文的三处语言描写,以先诵读后默读的方式涵泳品味,深入体验。教师提醒学生注意语言的意蕴,也注意声调、节奏等语言形式。

9.默写顺应:涵泳品味五遍之后,教师突然要求学生把前面两个片段默写下来。写完后两相对照,检查自己的语感图式被顺应的情况。默写前教师在黑板上列出第二处描写的各句主语:蜂儿,蚂蚁,瓢虫,树干,露水,满园子。

学生因为没有默写的思想准备,因此全对的极少;但更真实地发现了自己与作者在表达个性上的差异。

……同学们都处于模仿意识和能力最强的年龄,是学习语言的大好时光,以后遇到优美或新颖的个性化语言,一定要主动顺应,有意识地调整自己的语言表达习惯,在顺应中吸收学习,完善提高,使自己的语言变得更新、更美。

教师解释后,学生又以同样的方式默写第三处。这一次因为学生有了明确的意识,虽然该处文字最多,但一半以上的人默写全对。

10.再写片段作文:再写"校园一角",并一起拟出了写作要求,那就是既要创新地、非常规地写,又要符合语言规范。

写完后各个小组当堂交流,并推选出各小组最有创意的向全班介绍。介绍过程中,师生一起点评。

11.结束语:以朱光潜在《谈文学》中的一节话作结,"从前我看文学作品,摄引注意的是一般人所说的内容。如果它所写的思想或情感本身引人入胜,我便觉得它好,根本不注意它的语言文字如何。反正语文是过河的桥,过了河,桥的好坏就不用管了。近年来我的习惯几乎完全改过。一篇文学作品到了手,我第一步就留心它的语文。如果它在这方面有毛病,我对它的情感就冷淡了好些。我并非要求美丽的辞藻,存心装饰的文词令我嫌恶;我所要求的是语文的精确妥帖,心里所要的字句安排在最适当的位置。那一句话只有那一个说法,稍加增减更动,便不是那么一回事……"

分析这个案例有必要从互动说起。教学与其他工作不同,教师不能独立完成教学的任务,教学过程是教与学双方共同作用的过程,双方失去了一方,教学就失去了意义,因此教学比其他工作都应当更强调互动。问题是什么才是互动,从课堂教学的现状看,教师对互动的理解就是想方设法让学生说,让学生活动,这样理解大体是不错的,但是如果学生不愿意说而让他们说,学生不愿意活动而让他们活动,学生被教师拖着互动,其实已经失去了互动的本质含义。有的评课以学生活动的多少来衡量一节课的好差,这是不尽妥当的,让学生主动活动才是关键。据此,我们给互动下一个定义:互动是教师通过设计,激发学生的内在需要,让学生主动参与教学过程的、师生双方对等的相互交流。互动是意义的对流,其表现是,教师引发了学生主动参与的热情,学生也积极地推动着课堂的进程。郑逸农老师的这节课就激发了学生的需要,使教学的意义在师生相互交流中形成了对流。下面我们来具体分析。

整节课定位于学习语言,学习《我与地坛》在语言上的创新性和独特性(也许会有人认为这个定位不妥当,没有抓住这篇课文的本质内涵,其实,只要定位具有语文性,教师定位在哪里是次要问题,重要的是所确立的定位在具体教学中是否让学生学到了东西)。为了实现教学目的,教师先让学生以校园景物为对象写一篇短文,这个设计让学生有了如何写好眼前景物的体验,从而在学习课文中的语言创新时就容易产生一种愿望。同时,学习语言是经过小组讨论共同选定的主题,这和由教师确定主题的做法相比学生学习的热情是不一样的,正因为此,找出有关描写的典型片断、根据这些语言归纳特点,拿自己所写的片断进行反省比较、引导学生怎样进行语言创新等教学环节成了学生主动要做的事情,只是指令或部分教学内容由教师发出罢了。既然课文中的语言很具有创新性,就让学生涵泳品味。这样做既是前面环节的收尾,又为后面的教学内容张本。突然让学生进行默写顺应,虽然有了涵泳品味做基础,但默写与原文的出入肯定相当大。学生通过这个活动认识到学习语言不是一件容易的事情,需要潜心体味,接下来教师引导学生调整自己的语言习惯,在顺应美的语言中不断提高自己的语言修养。这样一段枯燥的说教也就变得有了兴味,再默写一次也可能会成为学生自己想做的事情。通过师生这样不断深入的交流,学生对美的语言有了较为深刻的认识,再写一次校园景物就显得自然了,学生在前后两次的写作中会认识到语言表达的重要性,教师最后引朱光潜的话学生也容易接受了。

通过这个案例分析,我们可以得出这样的结论:一节课若意义能流动就富有灵气,意义能否流动与学生的学习需要密切关联。当教学不是以强制的手段要求学生学,而是通过一定的教学事件激发学生的需要,使学生主动参与、主动吸收教师预设的教学内容时,教学就成了艺术。

第二节　浓缩内容,逐步释放

一、基本内涵解释

浓缩内容指的是浓缩课文内容或浓缩教学内容,在许多情况下两者是一致的。浓缩的内容涵盖了课文的各个侧面或教学的各个要点,以此为核心,随着教学的展开,逐步把它具体化。这样的结构使一节课或几节课似乎都在解决一个问题,从而使分散的教学内容形成一个有机的整体。具体教学过程也可能根据需要生发出新的与核心没有多大关系的内容,但最终要回到核心。以此设计教学结构有许多方式,本节所讨论的内容是举例性质。

二、分析标题,经纬课堂

标题往往是课文内容的浓缩,我们可利用这个特点,分析标题,形成一个核心的认识,再依据这个核心认识,把教学内容组织成一个有机的整体,使教学更为集中。我们以优质课比赛中一位教师上的《陈情表》①为例说明这种结构方法。

师：既然是"陈情"，应该有"陈情"的背景、陈的是什么情、"陈情"的目的。请大家围绕着"李密在什么样的背景下陈情""李密所陈何情""想达到什么目的"三个问题阅读课文，用文中的语言回答。

（生阅读）

师：在什么情况下陈情？

生："欲奉诏奔驰……实为狼狈。"

师：陈情想达到什么目的？

生："听臣微志……保卒余年。"

师："愿乞终养……听臣微志……保卒余年。"

师：他为什么不直接说自己的目的，而从自己的幼年写起？

生：为了打动皇帝。

师：幼年的"我"与他人有什么不同？

生：有很大的波折。

师：哪些波折？说出具体的语句。

（师生讨论整理：李密，六月，慈父见背；四岁，舅夺母志；少，多疾病；九岁，不行；伯叔兄弟皆无；晚有儿息。祖母，夙婴疾病，常在床褥）

师：文中"见""舅夺母志""不行""婴"，这些词语都是什么意思？

（讨论意思）

师：一个九岁的体弱孩童，在年迈祖母的拉扯下一天天长大。他每次出门，祖母都要牵挂着他。她的容貌为孙儿而衰老，在夕阳的余晖中，留下两行浅浅的脚印。这样的画面大家都能看到吗？

生：能。

师：那么晋武帝也能够看到。假如你是晋武帝，你会同意李密的请求吗？

生1：我不同意。

生2：我同意。因为"百善孝为先"，如果他都不能尽孝，又怎么能够去尽忠？

师：看来文章第一段就打动了这位"女皇帝"。

师：李密原来是蜀汉旧臣，在祖母有病的时候就一直做着官，而现在一归顺晋朝就不做官了，这样会招致晋武帝的怀疑的。所以，他在动之以情之后，还要晓之以理。请大家找出文中的理之所在。

生1："伏惟圣朝以孝治天下……是以区区不能废远。"您把孝作为治理天下的根本，而"我"正是要尽孝。

生2："臣密今年四十有四，祖母今年九十有六；是臣尽节于陛下之日长，报养刘之日短也。"

师：人生七十古来稀。如果假以时日，忠孝之间的矛盾最终可以化解。"但以刘日薄西山，气息奄奄，人命危浅，朝不虑夕。""臣生当陨首，死当结草。"这都是可以解决的。

---

①　佚名.2005年河南省高中语文优质课比赛课堂实录《陈情表》[EB/OL].（2005-12-11）[2020-12-31].http://www.5156edu.com/page/05-12-11/2660.html.

师：再请两位"皇帝"说说在听过分析的道理之后，你会答应他了吗？

生1：现在我同意了，因为他的话有情有理。

生2：我本来就是同意的，现在我当然更加支持他了。

总体上看，执教者抓住标题中的"陈情"做文章，推测"陈情"，提出了三个问题：李密在什么样的背景下陈情，李密所陈何情，想达到什么目的。文言文教学要教实词、虚词的含义，句式特点，翻译等，同时文言文是"文"，文章所具有的各个侧面都应该涉及，所以文言文教学容易显得杂乱，学生厌学文言文，这是原因之一。从标题分析出发，拎出三个问题，提纲挈领，杂乱因而变得有序。不过，这个标题可以推测出四个问题：为什么陈情，陈什么情，怎样陈情，陈情的目的是什么。本文感人之处在于怎样陈情，执教者应对此予以特别的关注，那这四个问题就更有提挈功效。

标题常常包含着教学思路、教学结构，不少教师充分利用这一点组织教学。比如有位教师教《烛之武退秦师》，抓住标题中的"退"，分析出"退"因、"退"法、"退"的对象、"退"的结果，以此组织教学，既让学生轻而易举地把握了全文的结构，同时又使教学集中、紧凑。再如有位教师教《一次大型的泥石流》，先讨论"泥石流"，再讨论"大型"，最后讨论"一次"，讨论过程中培养学生筛选信息的能力。这些都是对标题的充分利用。

三、概括核心的教学内容，汇聚"细流"

通过分析标题可以形成核心的教学内容，但不是所有的标题都包含这一点，这时候我们可以通过概括课文的核心教学内容，把其他枝枝节节纳入其中。有的教师对课文的核心内容有准确的把握，但因为没有充分利用，构不成合理的结构，下面《在马克思墓前的讲话》教学就是一例。

第1课时

1.课文简介：作者、马克思的有关情况，马克思与恩格斯的友谊，在伦敦海格特公墓恩格斯发表这个讲话的情形。

2.学生默读全文，要求按悼词要点（述其哀、赞其功、颂其德）把课文划分为三大部分。

3.讲读第一部分（第1、2自然段）。

研讨第1自然段中"下午两点三刻""最""还""安静地睡着了——但已经是"能不能删去；第1、2两个自然段中能不能把"停止思想"换成"心脏停止跳动"，第2自然段中的第二个"对于"换成"和"，"不可估量"换成"巨大"，"空白"换成"严重情况"。——述其哀。

指导朗读第一部分：要求体会文章用词的精确和深沉的哀悼情调。语速：低沉、缓慢。先由学生各自朗读，然后指名朗读，酌情指导。

4.讲读第二部分第一层次（第3—5自然段）。

研讨：（1）马克思"发现了人类历史的发展规律"。这个"规律"即"事实"，对不对？为什么？为什么要用达尔文的发现作类比？（2）"不仅如此"的"此"指代什么？马克思"还发现了""资产阶级社会的特殊的运动规律"，这里的"还"起了什么作用？发现这个"特殊的运动规律"的重大意义是什么？（3）"两个发现"指代什么？从写作方法的角度看，"两个发现"与"他所研究的每一个领域"的关系是什么？为什么要这样写？——赞其功。

指导学生朗读第二部分第一层，理解其内容的丰富，深刻地体会其语言的概括和精当。

第 2 课时

1.讲读第二部分第二层(第 6、7 自然段)。

研讨:(1)马克思"作为科学家就是这样。但是这在他身上远不是主要的"。其中"这"指代什么?"主要的"究竟指什么?(2)"因为马克思首先是一个革命家"这个过渡句作用是承上、启下,还是既承上又启下?为什么?(3)第 7 段第二句中的判断谓语"是"的主语是什么?宾语是什么?这一句中"第一次"说明了什么?为什么?(4)马克思的科学理论与他的革命实践的相互关系是什么?——赞其功。

2.讲读第三部分(第 8、9 自然段)。

研讨:(1)"正因为这样,所以马克思是当代最遭嫉恨和最受诬蔑的人",其中"这样"指代什么?两个"最"体现在什么地方?马克思对此抱以什么态度?说明了什么?(2)马克思逝世,"整个欧洲和美洲……千百万革命战友无不对他表示尊敬、爱戴和悼念",这与各国政府和资产者对他的态度形成鲜明的对照,这说明了什么?(3)"他可能有过许多敌人,但未必有一个私敌。"这里的"敌人"和"私敌"有何区别?为什么说"可能"?(4)"他的英名和事业将永垂不朽"的深刻含义是什么?——颂其德。

3.指导学生有表情地朗读第一部分和第三部分。

4.说明悼词作为讲演词的一种,具有讲演词的特点:(1)内容要有针对性,中心要十分突出。(2)感情要真挚,语言要通俗形象。(3)结构上通常要开门见山提出全篇讲话的主题,以便听众抓住要领,然后围绕主题,或逐层深入,或分成几个方面来谈。无论采用何种方式,在每一层次或每一方面的开头处,往往要先说明要点,结尾再加以重申,以使听众始终不偏离讲话主题,能对全篇讲话有个清晰的感受。

这是一堂十分细腻的课,说它细腻,是因为它多方位地品味了语言,且能够深入言语的细部。但是这个教学方案在具体实施的时候会使学生觉得琐碎,因为语言品味的类型太分散。把两个课时语言品味的类型归纳一下大致有:(1)通过删和换品味语言达到表情达意的效果;(2)分析语言结构;(3)品味类比、对比手法的作用;(4)品味虚词的表达效果;(5)分析语言的逻辑关系;(6)理解代词和指代性名词的指代内容;(7)句意的理解;(8)语句在文章结构上的作用;等等,再加上文章内容的理解,教学实施起来会给人忽东忽西的感觉,这种感觉会使学生不愿意跟着教师的思路走,注意力不能长时间保持。造成这种情况的主要原因是课堂缺少一个核心内容的支撑。如果有一个核心内容,然后把这些分散的语言品味依附于此,将两个课时的内容连贯成一个整体,学生就能更好地保持注意力,主动地参与学习过程。其实,教者已经在这方面做了努力,案例中明显可以看出教者试图用"述其哀、赞其功、颂其德"把分散的语言品味拢起来,只是效果不理想,因为教者按照顺序逐节讨论,在相应部分该品味的语言都做了品味后,再指出刚才品味的部分是"述其哀"或"赞其功"或"颂其德",品味语言和这九个字之间缺少联系。这样说来,如果把这九个字与语言品味的内容联系起来,就能达到比较理想的效果了。如何联系?概括地说就是:以核心内容为主干,以语言品味为枝叶。主干明则枝叶显,主干隐则枝叶散。据此,我们把上面的案例稍作改进,把主体部分叙述和说明如下:

1.本文像其他悼词一样,可以按述其哀、赞其功、颂其德把课文划分为三大部分,大家看看应当怎么分?

2."述其哀"两节文字从哪些词句中可以看出作者的哀痛?

把品味语言纳进一个框架中,学生有可能很快把握,也有可能体味不出感觉。当学生把握不了的时候,教师用替换词语或删除词语的方式让学生比较品味。

3."赞其功"部分,作者"赞"了马克思的哪些功绩?在哪些地方中可以看出作者的赞扬之意?

前一个问题是弄清楚基本的内容,后一个问题是为了引出对语言的品味。可以引出的语言品味内容基本上与原教案相同,有的地方服务于核心内容做些调整和补充。比如与达尔文类比,"不仅如此"的"不仅","还发现了"的"还",表达发现"特殊的运动规律"的重大意义用"豁然开朗""摸索"等词语,"但是这在他身上远不是主要的"中的"但是""远不是",第7段第二句中的"第一次",此外还有很多,能够品出作者对马克思赞扬之意的词句比比皆是。这样来品味词语,就有了灵动的气息。

4."颂其德"两节文字有哪些句子可以看出作者对马克思的歌颂?这些句子的句意怎么理解?

这样设计用"述其哀、赞其功、颂其德"聚合了所有的教学内容,使每一个语言品味点都有了着落。至于用"述其哀、赞其功、颂其德"把文章分为三个部分是否正确,倒落在问题之外了,因为一篇文章应该分成几个部分不过是为了方便理解而已。

四、概括课文特征,展开教学内容

每篇文章有每篇文章的特征,如果能发现、概括这个特征,教学内容由此出发依次展开,课堂推进的线索就十分清楚明了,易于被学生把握和接受。具体怎么做?我们拿一位教师教《祝福》的案例来说明。这个案例主要分析祥林嫂这个人物形象,执教者把全部的教学内容浓缩成几个"三":祥林嫂命运的"三起三落",祥林嫂的三次肖像描写,祥林嫂的三次反抗。具体教学简要引述如下:

1.把握祥林嫂命运的"三起三落"。

让学生按时间顺序复述"三起三落"的故事情节,要求不遗漏重要细节,适当引用原文的关键词句,语言表达清晰流畅。

一起:祥林嫂失去丈夫,不堪婆婆的苛酷对待,逃离婆家,经卫老婆子的帮忙介绍,到鲁镇鲁四老爷家做工,食物不论,力气不错,实在比勤快的男人还勤快,有事可做,有饭可吃,有钱可挣,基本生活和生存得到了保证,她感到"满足","口角也渐渐有了笑影"。

一落:祥林嫂有一次到河边淘米,被早已准备好的几个人劫住,一个抱住她,一个帮着,拖进船去,嘴给堵住了,哭喊不得,捆了躺在船板上。回到婆婆家之后,又被卖到深山贺家墺。用绳子一捆,塞进花轿,抬到贺家,捺上花冠拜堂,关上房门了事。祥林嫂虽强烈反抗但终究无济于事。

二起:被卖到贺家墺以后,祥林嫂交了好运:生了小孩,母子都胖,上头没有婆婆,男人有的是力气,会做活,房子是自家的,总算像模像样地过上了普通人家的生活。

二落:男人(贺老六)年纪轻轻,患了伤寒死去;儿子阿毛坐在自家门槛上剥豆,却被狼吃了;大伯来收屋,把祥林嫂扫地出门。

三起:经卫老婆子"帮忙"祥林嫂再到鲁镇,四叔和四婶嫌弃她伤风败俗,不干不净,但鉴于向来雇佣女工之难,何况又是年终大忙的时候,也就勉强答应了收留祥林嫂。她饱受了鲁镇人们的蔑视、侮辱,但听信柳妈的劝告,花费自己一年的工钱去捐了门槛,以赎清一世罪名,眼睛分外有神,神气也很舒畅。

三落:年终祭祖,四婶仍然不让她沾手祭祀之事,剥夺了她劳动的权利和生活的希望,嫌她记性坏,手脚不灵活,最终把她辞掉。她只好四处乞讨,在一个风雪之夜,饿死在街头。

2.祥林嫂的三次肖像描写。

引导学生比较思考三次肖像描写的不同,认识作者如何通过肖像描写刻画人物命运的变化。

第一次是祥林嫂初到鲁镇的外貌描写,表明她是一个年轻的寡妇,生活虽贫困,但身体健康,手脚壮大,有较强的劳动能力。第二次写祥林嫂再到鲁镇的情形,表明她生活更加贫困,精神上受到了更大的打击,健康大不如从前了。第三次是写祥林嫂沦为乞丐时的形象,表明她已濒临绝境了。

3.祥林嫂的三次反抗。

找出祥林嫂的三次反抗,分析分别反抗什么,弄清祥林嫂的反抗该怎么理解。

第一次反抗:祥林嫂逃出婆家,到鲁镇帮工,后来又被婆婆伙同别人抓回婆家,强行转卖。祥林嫂做了"出格的反抗"(动词:逃、嚎、骂、撞)。目的有二:一是维护"从一而终",守寡守节的封建观念;二是捍卫自己不甘被人暴力驱使的做人的起码尊严。第二次反抗:祥林嫂花了极大的代价去捐门槛,为的是变被动为主动,她不甘心被人轻贱蔑视,被认为是"不干不净",她要做一个跟正常人一样的人。但这也表明她信服神权迷信,要以门槛作为替身,"给千人踏,万人跨",好赎了自己一世的"罪名",免得死后到阴间再受酷刑。第三次反抗:濒临绝境的祥林嫂问出门在外"见识得多"的"我",世间有无灵魂、天堂、地狱之说,表明她对统治人们思想的千年不变的封建神权迷信观念产生了怀疑。世道不公、神灵不灵、命运不幸促使祥林嫂产生了本能的反抗。

理解:坚强能干、敢于反抗的祥林嫂最有资格活下去,而且能够体面地活下去,但是她却被封建思想吞噬了,可见封建礼教吃人的罪恶。

可以想象,如果从肖像描写、语言描写、动作描写、心理描写这些描写手段出发来分析祥林嫂的形象,课堂会显得十分乏味,这节课的最大价值就在于发现了《祝福》所包含的几个"三"字,一经发现,课堂组织的形式几乎就现成了,讨论的展开也容易悠然自如,学生的思维也容易接受教师的引导。

第三节　以活动载体实现教学内容

一、基本内涵解释

教学活动可以直接指向教学内容,也可以直接指向某项活动,间接指向教学内容。间接指向内容的活动便成为一个载体,其本身并不是目的所在,而是为了通过活动更好地、更隐蔽地实现目的,让学生在不知不觉中受到教育。比如让学生讨论某篇文章美在哪里,好在何处,这是直接指向教学内容;而让学生向某人推荐这篇文章,并说明推荐理由,这是间接指向教学内容。间接指向教学内容的活动更有趣,更能激发学生思考。

二、活动是形式,实现教学内容是目的

不难发现,像"大家熟悉一下课文,把文章看一遍""大家把课文中的重要词语整理出来""找出文章中有关祥林嫂的描写,分析她的性格特征""认真涵泳,学习这篇文章的语言"之类直接指向教学内容的指令,许多学生不愿意接受。这些指令本身没有什么问题,只是这些指令所带给学生的距离感容易使教与学不和谐。学生喜欢做生活化、活动化的事情——这一点其实是人的共性。教学设计应当考虑把枯燥的学习内容和有趣的生活活动结合起来。下面几个教学片断就是这样的设计。

片断一:为《祝福》中的"我"写日记

12 月 23 日

回到鲁镇,住在鲁四老爷家。

12 月 24 日

午饭后,访朋友回来在河边见到祥林嫂,她问我三个问题。回来觉得心里不安。

12 月 25 日

午饭后还是看朋友。鲁镇人都忙着准备"祝福"。傍晚,听到祥林嫂的死讯。晚饭后,回想祥林嫂的一生。

12 月 26 日

五更被爆竹惊醒。天亮,离开鲁镇。

这个设计把让学生熟悉课文的任务变成一个活动,活动不是目的,目的是促进学生读小说。当然,这个活动进一步思考,还包含着从叙事角度进入这篇小说的潜能。

片断二:给祥林嫂列年表

到鲁镇以前 二十六七岁,在卫家山和祥林结婚。

到鲁镇元年 春天死了丈夫,年底(冬初)逃到鲁镇做工。祝福时很忙。

到鲁镇二年 春天改嫁。年底生阿毛。

到鲁镇三年 卫婆子说她交了好运。阿毛两岁。

到鲁镇四年 贺老六死。

到鲁镇五年 春天阿毛被狼衔去。秋天到鲁镇。年底祭祀时很闲。

到鲁镇六年 祝福时柳妈建议她捐门槛。

到鲁镇七年 秋天捐门槛。冬天祭祀,仍不能拿酒杯和筷子。

到鲁镇八年 头发花白,记忆尤其坏。

到鲁镇九年 被赶出鲁四老爷家。沦为乞丐。

到鲁镇十三年 问我三个问题。死亡。

这个设计是把理清小说的结构变成一个活动,表面上是给祥林嫂列年表,其实"醉翁之意不在酒",通过列年表,小说的情节结构便一目了然。

片断三:给林黛玉当一回导游

《林黛玉进贾府》以林黛玉的行踪为线索,通过她的目见耳闻,第一次全方位地展现了贾府的典型环境和典型人物,从而让我们具体感受小说的情节、人物和环境。偌大一个贾府,众多的亭台楼阁、假山花园、曲径幽廊、翠竹绿水……不正是一处绝美的风景胜地吗?黛玉首次来自己的外婆家,可谓是"荣国府中行,如在镜中游"。同学们,老师有一个设

想,下一节课想请大家做一回导游小姐或导游先生,给黛玉小姐带路,用自己的话概括介绍贾府各处建筑的特点,写成导游词。如何?

当一回导游是一个有趣的活动,比较贴近学生的生活。通过这个活动,学生弄清楚了林黛玉进贾府的行踪,更重要的是,通过这个活动,学生认识了贾府中的人是在怎样一种环境下生活的。

片断四:用对对联的形式品《归去来兮辞》的语言

1. 教师出上联,上联要求在文中提取词句组合而成;学生对下联,对句亦应在文中提取词句组合而成。只要大致能对则成,不求工整。

上联例:小径松菊,一杯清酒名可越。此联用"三径就荒,松菊犹存""有酒盈樽""引壶觞以自酌"三句。"名可越"点明作者胸襟。

对句例:流云丘壑,数点倦鸟心亦舒。此对句用"云无心以出岫,鸟倦飞而知还""既窈窕以寻壑,亦崎岖而经丘"两句。"心亦舒"点明作者归田园之心情。又例:稚子亲邻,几言情话忧能消。此对句用"稚子候门""悦亲戚之情话,乐琴书以消忧"两句,虽对稚子恐难日情话,但亦差可对矣。又例:清流皋畴,几首小诗气能清。此对句用"登东皋以舒啸,临清流而赋诗""将有事于西畴"两句,庶见能对。

2. 自组对联。由学生连缀文中词句而成联。

例:(1)引壶觞,眄庭柯,涉园成趣;携稚子,倚南窗,观日融情。

(2)登东皋,临清流,赋诗以乐;悦亲戚,乐琴书,情话消忧。

(3)僮仆稚子,亲戚农人,此中有人伦之乐;松菊倦鸟,巾车孤舟,其间寄田园之情。

3. 恳求对句。不仅可由教师向学生恳求对句,也可由学生提出上联,恳求同学对句。

例:(1)不求富贵,不期帝乡,只求乘化以归尽。

(2)向荣之木,始流之泉,万物皆得时令。

这是包建新老师在教《归去来兮辞》时其中一个环节的设计。设计是出于这样的考虑:陶渊明为后人创造了精美的言语,后人读之,明白言语的意义固然重要,但文章的价值更在于言语本身,应让学生充分感觉到言语的存在,让言语连同意义,连同作者的心灵,依附于学生的心理结构,不仅为学生所知,也为学生所有。但是要达此比较虚的目的是有难度的,用这样的方式可以做到"形""意"兼得。"形"为对对联这样的形式,这个形式本身就是对学生语言的一种训练;"意"为品语言,感受陶渊明所创造的语言之妙。

片断五:为"曰"加修饰语

《季氏将伐颛臾》是《论语》中的名篇,全文均由一组对话连缀而成。这些对话由六个"曰"字领起,大致可以分为三个回合。大家能根据人物说话内容体会出说话人当时的情态吗?请同学们在每个"曰"字前面加上一个表示说话人情态的状语并说明理由。

这是深圳市红岭中学吴良高老师的设计①,这个设计的巧妙之处在于用加状语这个简单而有趣的活动让学生理解课文的基本内容,激发了学生学习的主动性。

三、与学生的日常生活接轨

学生是学习的主体,这句话对教学的指导意义不仅仅是教师要引导学生积极主动地参

---

① 吴良高.《季氏将伐颛臾》课例[J].中学语文教学,2006(1):26-27.

与学习,也在于教学要善于设计,使学生乐于参与到学习中来。把教学内容与学生的日常生活对接起来,就是促使学生乐于参与学习的一种手段,因为日常的东西容易感受。不少教学内容相对于学生这个主体而言,总是具有外加的意味,教学设计其实就是把这种"外加"的东西变得乐于接受。我们以把教学内容与学生喜欢的流行歌曲对接起来为例来说明。

【案例1】

《诗经》与流行歌曲

《诗经》的语言因为比较古老,初学者不太好理解。对中学生而言,因为有许多生僻字而使他们望而生畏。在教课文选入的三首《诗经》诗歌前,我习惯性地在书架上抽出几本书,看看相关内容,其中有一本上海辞书出版社出版的《先秦诗鉴赏辞典》,它把原诗和译诗并排,这应该是一个常例。看原诗,觉得有距离;看译诗,觉得就是流行歌曲的歌词。由此我冒出了一个想法:《诗经》只是先民的流行歌曲,剥开语言的外衣,《诗经》是可敬可亲的。这样想来,选自《诗经》的课文教学的基本思路就形成了:先正音读原诗(词义暂时撇在一边),其次读译诗了解内容(强化流行歌曲歌词意味),再次原诗和译诗对读把握词义(仔细推敲有些词语的确切含义),最后读原诗品味(品文化、品语言)。

对于《诗经》教学也有把它与流行歌曲对立起来的处理方式,《诗经》"雅",流行歌曲"俗",引导学生弃俗求雅。这样处理说教意味太浓。学生喜欢流行歌曲是无可厚非的,一代人有一代人的文化追求,从学生的喜好出发组织教学,是对学生作为学习主体的尊重,由此也可生成更多的对话空间。当然,流行歌曲只是一个出发点,是一种触媒,是一种形成过程的手段,落脚点还是课文教学,不注意这一点,课堂就会出现"游荡"的情况。

【案例2】

唱流行歌曲,赏古典诗词

不少古典诗词被谱曲歌唱,利用它自然能使课堂富有趣味。

1. 搜集。古典诗词入曲的有两类:一类是直接把古典诗词谱上曲,如《诗经》中的《蒹葭》(歌名改为《在水一方》,文字有改动)、《无衣》,李煜的《虞美人·春花秋月何时了》,柳永的《雨霖铃》,苏轼的《水调歌头·明月几时有》,李清照的《一剪梅·红藕香残玉簟秋》(歌名改为《月满西楼》),岳飞的《满江红·怒发冲冠》,杨慎的《临江仙·滚滚长江东逝水》等;另一类是化用古典诗词的意境入曲,如化用汉乐府民歌《上邪》的《当》,化用张继《枫桥夜泊》的《涛声依旧》等。这些可由学生搜集整理。要求学生把搜集到的歌曲录下歌词,注明诗词题目,是词的注明词牌;歌名与诗词题目不同的要对照写出。如果是化用,则同时录下原诗词和化用后的歌词。然后汇集打印,发给学生。

2. 欣赏。可以根据教学需要,单选教材中相关古诗词进行欣赏。欣赏要充分活动化,尽量成为学生的体验过程,不必拘泥于词句意义的解释。可分三个步骤:唱、赏、再唱。

唱:选择其中若干首歌曲,在唱中体味。如果为大多数学生熟悉,则可采用合唱或小组唱的形式。如果学生不太熟悉,可由文娱委员或能唱的同学教唱。尽量不用音像手段,让学生更多地主动参与。如果要使用音像手段,也要为提高活动效果而用,不能让丰富的音像去陶醉学生。

赏:这是关键一步,也是难度较大的一步。唱的过程学生可能会更关注曲调,而赏则让学生的注意力关注到古诗词美的语言。教师应当指导学生完成欣赏过程,这是从唱中体味的深化。指导内容主要是让学生查阅有关资料,包括歌词的背景和诗词的鉴赏文章,可以分组进行,然后每组推选出一至两个代表在课堂上进行交流。

再唱:在第二步完成的基础上再唱,将会有更深刻的感受,更能体会到这些诗词的语言所浸润的浓厚情感。

3.点评。要求学生撰写整篇的欣赏文章难度恐怕较大,用点评的方式学生较易于把握。点评可从三方面进行。一是背景点评。如评李清照:国破家亡,内心怎不凄切?二是词句或整首诗词点评。如评《虞美人》:春花、秋月,人人喜爱之物,诗人却问"何时了",伤感之情何以堪?再如评《当》化用《上邪》:率真、大胆的爱的誓言。三是歌唱点评。歌唱的曲调是否良好地传达了原诗词的意境。如评《水调歌头》:原词豪放中透出阴柔,回肠荡气;听歌曲,感觉顿失。每位学生至少点评一句,鼓励多做。点评文字作为作业上交。

4.评价。把点评筛选汇集,印发给学生作交流。如果有条件,可选优秀的点评推荐至校文学社或校外有关刊物上发表。下面挑选了几条学生对《虞美人》的点评。可以看出有了"赏"的环节,学生能够作出有价值的点评。

(1)"作个才人真绝代,可怜薄命作君王",信夫!

(2)成也此词,多少人因此词而认识李煜;祸也此词,李煜因此词而命绝他乡。

(3)粗听曲调高亢,细品悲恨相接。

(4)春花、秋月,人人喜爱之物,诗人却问"何时了",伤感之情何以堪?

(5)亡国之音,深切的痛苦亦复何用?

(6)问答之中,内心波涛起伏。

(7)愁乃无形之物,却似"春水向东流",化无形为有形。

(8)愁似水东流,何时能尽?

(9)据说"最美丽的诗歌是最绝望的诗歌,有些不朽的篇章是纯粹的眼泪",大概李煜已有抱死的决心,感情抒发才会如此深挚吧。

(10)回忆是痛苦的加剧。

(11)听歌曲《虞美人》,才知道什么叫靡靡之音。

(12)听《虞美人》潸然泪下,但感伤的不是亡国,可见欣赏也即移情。

学生对语言的把握大致上有两种状态:一种为所知,一种为所有。"所知"是对语言的认识,如语法结构、修辞方式等。"所有"是对语言的占有,亦即语言已成为心理结构的一部分。"所知"不一定能成为"所有",学生能说出语法结构、修辞方式,但常常不能运用,这样的语言只是独立于学生心灵之外的认识对象;"所有"不一定"所知",学生占有许多富有意味的语言但对之往往做不出分析。"所知"与"所有"相比,"所有"更加重要,因为教学的目的是让学生拥有语言而不是认识语言。对语言的占有主要通过言语活动实现。但由于各种原因人们对所占有的语言常常意识不到它的存在,就好比空气,人们吞进吐出,在使用、占有,却常常意识不到它的存在一样。这就需要一定的触媒,使所占有的语言浮泛上来,成为一个人的语言修养。本案例就是这样的触媒。学生对流行歌曲的言辞早已成为学生"所有",但这种所有常为情爱一类心理占据着。"唱流行歌曲,赏古典诗词"活动就让学生意识到自己所拥有的语言的存在。从学生的语言"所有"出发,提高他们的语言修养,培养语言审美意识,事半功倍。

第四节　以方法为主线组织教学内容

一、基本内涵解释

某种方法具体到学习过程往往需要一定的程序。把教学过程分解为几个步骤,把每个步骤与相关的内容结合起来推动教学,便是这种结构方式的含义。以某篇课文的合作学习为例:第一步,先让学生阅读课文提出问题;第二步,把具有类似问题的学生分组;第三步,共同研讨解决问题的办法;第四步,把方法付诸行动;第五步,小组交流形成合作成果;第六步,成果汇报。一个完整的合作学习过程便是课文的学习过程。

二、例析一:以朗读为主线组织教学内容

朗读是一种阅读方法,也是一种传统的教学方法,它不仅可以增强语感,促进表达,而且也可以加深理解,提高感悟。因此,我国历来重视朗读。朱熹曾说:"凡读书,须要读得字字响亮,不可误一字,不可少一字,不可多一字,不可倒一字,不可牵强暗记,只是要多诵数遍,自然上口,久远不忘。"曾国藩在《家训·字谕纪泽》中也曾写道:"非高声朗读则不能得其雄伟之概,非密咏恬吟则不能探其深远之趣","二者并进,使古人之声调拂拂然若与我之喉舌相习,则下笔为诗时,必有句调凑赴腕下。诗成自读之,亦自觉琅琅可诵"。

在课堂教学上,朗读更可以作为一条主线来组织教学内容。我们先来看一位教师是如何运用这种方法来处理《谏太宗十思疏》的。

第一次,试读,正音。边读边正音,以读出汉语的美感来。

第二次,粗读,正义。边读边看注释,以粗知句义;同时边读边揣摩句内停顿,如:臣闻/求木之长者,必/固其根本;欲/流之远者,必/浚其泉源。

第三次,连读,整体把握文章。连读时要流畅,语音准确,停顿正确,并且读出感情。通过连读可知全文先运用比喻,后引出"十思"的具体内容,点明其重要意义。

第四次,细读,理清各层大意,把握全文思路。

文章第1段通过比喻引出道理:积累德义是治国之本;以"固本浚源"为喻,说明"居安思危,戒奢以俭"的重要性。

第2段通过对比说明竭诚待人(特别是待百姓)的重要性;总结历史经验,并从创业守成、人心向背等方面,论述"居安思危"的道理。

第3段水到渠成地引出"十思"及意义。提出"居安思危"的具体做法,即"十思",核心是"正己安人"。

第五次,品味,涵泳。本文语言简约,整散结合。整句音韵和谐,朗朗上口;散句意到笔随,笔力雄健,酣畅淋漓,需要用心品味。同时对"十思"的内容要细细领悟,这其中蕴涵着丰富的民族传统美德,差不多每句都有现实教育意义。特别是"见可欲,则思知足以自戒""惧满溢,则思江海下百川"这些句子对每个人的修身养性都极有启发,具有丰富的人文价值。

第六次,熟读,背诵。背诵时能将以上理解兼收并蓄,背出意蕴,背出情感,也背出自己

的理解,获得心灵的愉悦和精神的满足。

这样的安排,重在涵泳,可以使学生深入体味作品的思想感情,感悟文章遣词造句的妙处,这是其他教学方式很难达到的。因为吟诵是心、眼、口、耳并用的学习方法,可以调动的感官是最多的,容易激发我们的神经思维,从而打开理解的思路,拓展感悟的途径,提高认识的水平。在朗读的过程中,人与文本之间会自然产生一个交流场,在这个场里面,人往往能够进入一种境界,实现文本与自我的沟通,情感之间的融通,理智之间的交汇,智慧之间的碰撞。在教学过程中,教师要是能够精心地组织朗读,有效地进行指导与掌控,按不同的朗读所能达到的思维梯度来安排教学内容,当然能起到很好的教学效果。像文言文、诗歌、抒情哲理散文等语言优美而情感丰富、意蕴丰厚的作品都可以朗读为主线来穿插教学内容。

具体的操作方式,除了上述课例所展示的形式之外,我们还可以参照余映潮老师的建议来组织教学。

以"读"为线,创造姿态各异的教学形式。如:

1.诵读。教师应在课堂上读起来,学生更应在课堂上读起来,对那些富于情韵、语言优美、朗朗上口的作品,或朗读,或吟诵,或吟唱,或记背,积累名言佳句,体验其思想和艺术、情感的魅力,增强文言语感。

2.理读。进行提炼、辨析、分类、集聚的课中活动,有条理地整理课文知识,积累实词或虚词或佳句,既增加课堂自主合作学习的机会,又训练了学法。

3.说读。以学生的语言活动为中心,用"说"的方式带动对课文的阅读,对课文内容进行解说,进行译说,进行评说;说翻译文,说描叙文,说评析文,说想象文。

4.听读。从不同的角度听读——听出课文的层次,听出课文的情景,听对课文的赏析,听对课文的配乐,听记有关的资料;还要在听中进行表达。

5.练读。在课文学习中有机地穿插这样的练习——用与学生对话的方式交流情感、点示方法;更多地倾向于启迪学生的学习智慧,激发学生的学习兴趣,展现学生的学习技能。

6.写读。在朗读品析的过程中,巧妙安排如唐诗素描、宋词人物、诗文美景、特写镜头、想象扩写等多种课堂学习活动以及一些富于创造性的写作活动。

7.助读。开发资源,既让学生阅读课文,又让学生通过阅读,对课文进行解说、赏析、评论,用这种方法来帮助学生理解课文,同时训练一种学习的方法。

8.连读。从某篇诗文扩展开去,把若干具有相同因素的课内或课外的文言诗文连起来,或扩读,或比读,或专题研讨,或集中感受某位作者,或重点了解某种文化知识。

9.品读。对作品的结构、语言、手法、情韵、意境、美点,进行感受、揣摩、体会,进行分析、领悟,进行解说、阐释、探究,进行品析、品评。

10.赏读。精选名作、代表作,从立意和选材、创意和构思、主旨和意蕴、手法和风格、意境和意象、语言和修辞、音韵和格律等方面对作品进行鉴赏,感悟作品的艺术魅力,获得丰富的审美感受。

三、例析二:以探究方法为主线组织教学内容

下面是包建新老师参加浙江省优质课评比中的《杜十娘怒沉百宝箱》教学设计,是以探究的过程来组织教学的。

1.确定探究对象。

(1)学生复述故事。复述后师生点评,教师适当强化复述时提到的"百宝箱"的内容。

(2)由5～7位同学谈谈感触最深的是什么。学生可能为"怒沉百宝箱"而惋惜,也可能为杜十娘跳江自沉而惋惜。可能会是别的方面,教师作适当引导。

(3)教师自己介绍初读这篇小说的感受。

(4)师生讨论确定探究对象——"百宝箱"。

内容预设:《杜十娘怒沉百宝箱》叙述的是一个古代妓女的悲剧故事。杜十娘与李甲情投意合,杜助李为己赎身;南归途中孙富觊觎十娘美色,说动李甲以千金易聘;杜十娘闻讯后,怒沉珍宝,痛斥孙、李,抱持宝匣,赴水而死。一般读者读了这篇小说感受最深的恐怕莫过于"怒沉百宝箱"的结局了,人们不禁为这个结局感到惋惜,惋惜的内容不外有二:一是"百宝箱""蕴藏百宝,不下万金",杜十娘就这样让它沉入江底了;二是一个"浑身雅艳,遍体娇香"的美丽女子,就这样随波而去了。

2.确定探究"百宝箱"的基础工作。

讨论要探究"百宝箱",首先需要做些什么。

这个问题很容易取得一致意见:先要找出写到"百宝箱"的地方。取得一致意见后让学生填写表4-3。

表4-3　探究过程

第几次写到百宝箱	在什么情况下写到百宝箱	杜十娘有什么表现

3.初步探究,完善表格。

内容预设:通观全篇,"百宝箱"的出现明明暗暗共有五处。第一处,妓院老鸨因为李甲"囊箧渐渐空虚",要逐他出门,致使杜十娘与她产生矛盾,老鸨答应杜十娘以三百两银子赎身。李甲为筹赎金,走投无路,十娘将"藏有碎银一百五十两"的"所卧絮褥"付与李甲,再由李甲筹得另外一百五十两,此处为暗写"百宝箱"。表面看,十娘似倾其所蓄,但区区三百两银子,对十娘而言根本不在话下。第二处是在李甲终于筹得三百两银子的赎金后,杜十娘拿出二十两银子交与李甲作为"行资"。说是"于姊妹中借得",读者看到下文,自然知道这是杜十娘从"百宝箱"中拿出来的。此处也是暗写。第三处是十娘告别了众姊妹,众姊妹赠"描金文具",此处为明写。十娘对描金文具"不开看,也不推辞",可知这描金文具实际上是杜十娘私蓄。第四处,当李甲把杜十娘所给的二十两银子花得"无分文余剩"时,十娘"取钥开箱",又拿出了五十两银子。拿银子时十娘说"众姊妹合赠,必有所济",取了银子后,"仍将箱子下锁"。此处也是明写。第五处,十娘得知自己被卖,冷笑绝情,次晨加意修饰后,当众打开"百宝箱",件件抛掷江中,并通过十娘之口交代这"百宝箱"为"假托众姊妹相赠""箱中蕴藏百宝,不下万金"。

4.学生提问。在整理填写表格的过程中有什么问题可以提出来讨论。

问题预设:(1)杜十娘为什么要积攒"百宝箱"?(2)杜十娘为什么要对李甲隐瞒"百宝箱"?(3)杜十娘为什么沉了"百宝箱"?(4)为什么在"怒沉百宝箱"之前,要孙富兑足千两银子?(5)李布政会不会因为"百宝箱"而接纳杜十娘?

5.深入探究,品味细节。

对问题进行筛选,确定进一步探究的问题。

内容预设:

(1)杜十娘为什么要积攒"百宝箱"?

杜十娘"久有从良之志",早已厌倦没有尊严、没有人格的妓女生活,要脱籍从良,就需要金钱。同时,"百宝箱"是杜十娘的价值和希望之所在,拥有金钱便拥有一定程度的人生选择权,她希望以"百宝箱"换回她的美好生活,由此可知她比一般的妓女想得深,想得远,说明她很有心计。

(2)杜十娘为什么要对李甲隐瞒"百宝箱"?杜十娘为什么沉了"百宝箱"?

如果说前两次暗写"百宝箱"的情节,杜十娘还未离开妓院,应当小心谨慎,恐出言有失,那后两次写及"百宝箱"而她对李甲隐瞒不告,则反映了她对爱情和金钱的态度了。中国古典小说一般不静止写人物心理,而通过人物的言行来表现人物的内心活动。由杜十娘对李甲隐瞒"百宝箱"的言行窥探她的内心世界,我们可见她内心的纯洁、美好,对人世间真情的追求。她爱李甲是因为与他"一双两好,情投意合",是因为李公子"忠厚志诚"。她之所以对"百宝箱"隐瞒不告,是因为她不希望让纯洁的爱情沾染上金钱气息,也许她早已厌倦男欢女爱的金钱关系,她所渴望的是彼此珍爱与尊重的真情,拥有这份真情便"生死无憾"。当她得知自己被卖后,那份洁净、高尚的对爱的追求被击得粉碎,于是怒沉珍宝,举身投江,以此来表达她对不公遭遇的抗争。这是淳厚的挚爱与金钱的对抗,在对抗中杜十娘是个失败者。

(3)为什么在"怒沉百宝箱"之前,要孙富兑足千两银子?

不能说没有让李甲得到千两银子带回家的意思,但仅为此的话,杜十娘为什么不干脆从"百宝箱"中拿出部分钱银给李甲,以此来表达也曾相爱一场的心意?十娘此举有两重目的:一是对李甲,李甲的这一场"生意"做得可是大亏了,十娘要让他意识到千两银子与价值不下万金的"百宝箱"的巨大反差,让他在悔恨和痛苦中煎熬,惩治负心郎;二是对孙富,孙富"破人姻缘,断人恩爱",杜十娘要他人财两空。

(4)李布政会不会因为"百宝箱"而接纳杜十娘?

李布政与杜十娘的鸿沟在于门第,这道鸿沟能否越过可以从三方面考察:第一,从杜十娘的容貌和性情看。她"浑身雅艳,遍体娇香,两弯眉画远山青,一对眼明秋水润。脸如莲萼,分明卓氏文君;唇似樱桃,何减白家樊素。可怜一片无瑕玉,误落风尘花柳中",老李看了,也许会原谅儿子的冲动。第二,从当时人们对妓女的态度看。柳遇春是一个老于世故之人,当他听说杜十娘拿出一百五十两银子助李甲为己赎身时,他"大惊道:'此妇真有心人也。既系真情,不可相负。'"并在两天之内,为李甲凑足一百五十两银子,并说:"吾代足下告债,非为足下,实怜杜十娘之情也。"言语之间,充满崇敬。当孙富问及杜十娘为何人时,李甲"卖弄在行",说"此乃北京名姬杜十娘也",自豪之情溢于言表。杜十娘"怒沉百宝箱"

时，围观众人"无不流涕，都唾骂李公子负心薄幸"，"皆咬牙切齿，争欲拳殴李甲和那孙富"，丝毫没有因为杜十娘是妓女而流露出鄙夷之色。由此可知当时的社会风尚。李布政生于这个社会，应当也会认同这个社会的价值取向。第三，从金钱的效用看。孙富巧言劝李甲以千金易聘杜十娘，"从此家庭和睦，当无间言"，说得李甲"顿开茅塞"，原来李布政千金就可获得补偿，那万金呢？杜十娘"怒沉百宝箱"时，李甲的表现是"不觉大悔""又羞又苦，且悔且泣"，所悔何事？所苦何来？还不是因为"百宝箱"。也许李甲心中想，早知杜十娘蓄有万金，老父那边便好交代。由这三方面看，李布政与杜十娘之间的鸿沟不是不可跨越的。

6. 总结"百宝箱"的作用。学生讨论总结，不求面面俱到，能就一点而有所体会就行。

内容预设："百宝箱"不是一个简单的道具，它是这篇小说构思的精华所在。"百宝箱"的存在，凸显了人物形象，使其更加丰满；"百宝箱"使小说弥漫了金钱气，反映了当时社会的风俗状貌；"百宝箱"丰富了小说的悲剧意蕴，作者在这篇小说中所表现出来的人生的经验与哲学都是通过"百宝箱"这个意象来实现的。从叙事角度看，"百宝箱"推动了情节的发展，形成叙事节奏：杜十娘与李甲的爱情因为金钱而一步步受阻，同时因为"百宝箱"又一步步使阻碍化解，直至走向最后的悲剧；"百宝箱"又调节了叙事视角："百宝箱"是个"秘密"，在情节发展过程中，作者只是掀开一角让读者窥探，最后才把"秘密"公开，"秘密"公开之时，所有的疑问便在读者头脑中涌现出来。

根据本章主题，我们不讨论教学内容问题，单分析如何以探究的方法来组织教学。

提出问题让学生讨论思考，这也是一种探究，但它基本上属于问答式教学，真实的探究是一个复杂的过程，探究的艰难又增添了复杂的程度，反映人们真实的探究过程的教学，自然也有一个复杂的程序。上面这个案例的探究程序大而言之可分为三步：确定对象，初步探究—提出问题，深入探究—总结探究发现，形成结论。教学的过程就是一个真实的探究过程，两者合二为一。

面对一个复杂的系统，我们需要确定一个探究点，而且这个探究点的切口应尽可能小，以便使探究更加深入。反映到这篇课文的教学，把探究点确定为"百宝箱"。"百宝箱"不过是一个道具，但它是这篇小说的聚焦点，由此出发，能够深入小说的肌理。确定探究点也不是一件简单的事，需要反复思考。探究能否出成果，探究点的确定几乎占了一半的作用。反映到这篇课文的教学，这个探究点的确定经过了师生反复交流阅读感受的过程。

确定探究点后，接下来便是占有第一手材料，对探究点做比较全面的了解，只有全面了解，才能提出有价值的问题。反映到这篇课文的教学，在学生确认需要找出课文所有明明暗暗写"百宝箱"的地方后，教师让学生填写相关表格，整理材料。

通过对探究点的全面了解，提出相应问题，这是关键。问题的质量直接影响发现的价值。反映到这篇课文的教学，在让学生提出问题的基础上，对问题进行讨论、筛选，这是对问题质量的考量。

深入探究所提出的问题，这是最为艰难的过程，既需要对探究点及问题涉及的内容反复推敲，也需要了解他人在这些问题上的看法。反映到这篇课文的教学，由于受空间的限制，只是让学生认真品味、推敲课文里所写到的相关内容，发现细节，为解决问题服务。

深入探究提出的问题，目的在于对研究点有更深入的认识，能够发现有价值的东西。反映到这篇课文的教学，师生共同总结"百宝箱"的作用，认识"百宝箱"这个道具对于整篇小说的意义。

当然,探究不是只有一种过程,探究的教学也不止一种程序。比如,下面的程序又是另外一种探究的方式,利用它又是另外一种教学程序。

首先是提出问题。问题可以由教师提出,也可以由学生提出,还可以通过师生交流提出。由学生提出问题,教学的程序要复杂些,学生提出的问题质量参差不齐,需要对问题进行筛选,也可能需要教师补充问题,再确定需要探究的问题。

其次是讨论探究方案,主要包括探究的方法和预期的成果。探究课文的方法可以是研读课文、查阅资料、小组讨论、请教师长等,预期的成果可以是一个相对完整的探究报告,也可以是某种结论。

再次是方案的实施。在方案的实施过程中可能会发现原定的探究方案不合理或达不到预期成果,那就需要调整方案,然后根据调整后的方案继续探究。比如,原定的方案是通过研读课文达成成果,但发现单凭研读课文实现不了,于是补充采用查阅资料等手段。

最后交流总结。交流总结的方式多种多样,小组汇报是普遍采用的一种,此外还有板报展示、成果汇集,等等。

总之,许多方法使用起来需要一系列的过程,教学真实地体现了这个过程,既发挥了方法的价值,也达成了教学的学科目的,这正是以方法为主线组织教学的意义所在。

练·习·与·拓·展·

选择一篇课文,阅读并查阅相关资料,把教学内容一一罗列出来,尽量详细,然后分别采用两种以上的结构方式,把这些内容联结成一个有机的整体。

阅读下面文章,可以加深对本章内容的理解:

[1]周红心.语文教学结构系统的优化[J].山东教育科研,2000(3):9-10,12.

[2]黄伟亮.课堂教学结构的美学思考[J].教育探索,2011(7):56-27.

[3]胡东.浅析语文课堂的教学结构[J].中国教育技术装备,2010(25):18,20.

[4]高丹丹.未来课堂的教学结构探究[J].现代远距离教育,2012(2):54-60.

[5]张永祥.30年来语文课堂教学结构变革的历程、经验与趋势[J].当代教育与文化,2017(5):42-49,55.

第五章 语文教学方法设计(一)

提 示

　　教学方法多种多样,人们还在继续创造各种方法供教学使用,教师也在不断自创教学方法,使课堂更加活泼多样。对教学方法的把握既要从操作层面了解具体怎么运用和各种方法在运用中的变化,又要在观念层面理解各种方法所包含的教育意义。对于教学方法,人们有一个普遍的认识,即什么样的内容应该采用什么样的方法,教学方法要与教学内容相适应,其实,教学方法本身具有独立的意义,同样的教学内容我们可以采用不同的教学方法来教,方法的变化往往反映了教育教学观念的变化。本章及下一章所介绍的教学方法只是所有教学方法中的几种,希望通过这几种教学方法的介绍,使读者对教学方法的合理使用、变化运用、创造性运用有更好的认识。

阅读准备

　　阅读本章及下一章的准备:

　　一、你认为有没有哪一种教学方法是最好的? 选择什么教学方法来教,应该考虑哪些因素?

　　二、有一位教师满怀热情地采用一种符合现代教学理念的方法来教,并跟学生阐明用这种方法来教的意义,结果学生并不买账,学习效果并不理想? 对此,你怎么看?

第一节　朗读教学方法设计

　　朗读是传统的语文教学方法,对于朗读,我们可以列出许多名家之言。苏轼诗云:"故书不厌百回读,熟读深思子自知。"朱熹有言:"凡读书,须要读得字字响亮,不可误一字,不可少一字,不可多一字,不可倒一字,不可牵强暗记,只是要多诵遍数,自然上口,久远不忘。"姚鼐也曾说:"大抵学古文者,必要放声疾读,又缓读,只久之自悟。若但能默看,即终身作外行也。"叶圣陶更有生动的描述:"吟诵的时候,对于讨究所得的不仅理智地了解,而且亲切地体会,不知不觉之间,内容与理法化而为读者自己的东西了,这是最可贵的一种境界。"

　　今者讨论朗读教学,在发扬前人学习语文的智慧的同时,往往把它与老师滔滔不绝的讲解和琐碎的理性分析对立起来，认为朗读教学更能让学生体会到文章之美，更能激发学生学习语文的兴趣，这话大致不差。在讲解、分析过多的情况下，朗读教学应该大大提倡，但朗读需要伴以必要的讲解和分析，这样才能让学生的体会更加深刻。语文教学不可过分夸大朗读的重要——夸大到似乎朗读可以包办一切，也不可忽略朗读的重要性，文章是一个生命体，要保持这个生命体的完整性，最好的办法的确是让学生读。该让学生读的时候教师却以讲来代替，一节课教师唯恐会遗漏什么而滔滔不绝地讲，不给学生大声朗读的机会，这就成了一种弊病。

在班级授课的情景下，语文教师创造了许多朗读的具体办法，如个别读、齐声读、分组读、对比读、轮流读、表演读、跟读、伴读等，使朗读变得生动有趣。下面介绍的是对朗读教学的进一步发挥。

一、把课文改造成朗读文本来朗读

我们在日常的教学中，运用最多的朗读形式一般是教师范读、指定某个学生朗读、小组朗读和集体朗读，这些朗读形式一般都缺少细致的指导，尤其是缺少对具体情感的轻重、缓急、抑扬、起伏等变化的朗读指导。因此，虽然我们开展了朗读教学，但学生的朗读水平却并没有在我们的朗读教学中得到较大的改善，以朗读促进阅读的教学目标也并没有深入落实。基于此，我们可以考虑对文本进行适当的改造，以使朗读成为提高阅读教学质量的手段，甚至使其能在学生语文修养的提高上起到积极作用。我们来看下面两个案例。

案例一：《得道多助，失道寡助》的分层次朗读。

有些文章、段落层次清晰，或结构完整，呼应自然，或起承转合，圆润细腻，或总起分述，分述总结。这时，教师应指导学生进行层次分读，这样有利于学生对课文结构层次的领会与掌握，特别是对于议论文中论点论据的分读，道理阐释中正反对比的分读，正反事例的分读。如《得道多助，失道寡助》，可以这样进行分层次朗读。

齐读：天时不如地利，地利不如人和。（论点）

男读：三里之城，七里之郭，环而攻之而不胜。夫环而攻之，必有得天时者矣，然而不胜者，是天时不如地利也。（分论点一）

女读：城非不高也，池非不深也，兵革非不坚利也，米粟非不多也，委而去之，是地利不如人和也。（分论点二）

齐读：故曰：域民不以封疆之界，固国不以山溪之险，威天下不以兵革之利。得道者多助，失道者寡助……故君子有不战，战必胜矣。（结论）

这样学生很容易理解文章是先提出论点，然后再从两个方面来论证论点，后得出结论又强调论点。又如孟子的代表作品《鱼我所欲也》，孟子对"义"的论说过程逻辑性强，层次清楚，结构严密，也适合学生层次分读。

齐读：鱼我所欲也……舍生而取义者也。（提出论点）

甲组读：生亦我所欲……故患有所不辟也。（正面论述）

乙组读：如使人之所欲莫甚于生……由是则可以辟患而有不为也。（反面论述）

齐读：是故所欲有甚于生者……贤者能勿丧耳。（得出结论）

第二段，甲组读"一箪食，一豆羹"至"乞人不屑也"，这是举正面事例；乙组读"万钟则不辨礼义而受之"至结尾，举出反面事例。这样一来，学生更容易了解证点与论据，更容易了解段内层次,掌握观点和材料。

案例二:《听听那冷雨》的文段改造。

听听,那冷雨。

看看,那冷雨。

嗅嗅闻闻,那冷雨。

舔舔吧,那冷雨。

雨在他的伞上这城市百万人的伞上雨衣上屋上天线上,

雨下在基隆港在防波堤海峡的船上,

清明这季雨。

雨是女性,应该最富于感性。

雨气空濛而迷幻,

细细嗅嗅,清清爽爽新新,

有一点点薄荷的香味,

浓的时候,竟发出草和树木发后特有的淡淡土腥气,

也许那竟是蚯蚓和蜗牛的腥气吧,

毕竟是惊蛰了啊。

也许地上的地下的生命也许古中国层层叠叠的记忆皆蠢蠢而蠕,

也许是植物的潜意识和梦吧,

那腥气。

这两种改造方式,都将原来的文本做了些调整,为的是让它们的思路或情感能更加鲜明地体现出来,从而更有利于学生在朗读的时候深入体会和把握。这样的改造形式还可以根据具体文本来灵活运用,比如把诗歌改造成多声部朗读等。在此基础上指导学生注意朗读的声调语气、轻重缓急、朗读情态等,让平躺着的文字立起来,使琅琅书声成为摇曳学生心灵的精神舞蹈,朗读教学便成了富有趣味的艺术。

二、给出不同要求让学生朗读

在日常的课堂教学中,很多时候朗读是一种低廉、低效的教学行为。有人总结:"课堂气氛沉闷,用朗读来激活;讲课时间充裕,用朗读来弥补;需要起承转合,用朗读来过渡。"这样的朗读教学并没能有效地发挥朗读的作用。把朗读作为独立的教学事件来设计,才能更好地发挥朗读的效能。给出不同要求让学生朗读,是把朗读作为独立的教学事件来设计的方法之一。下面我们来看余映潮老师《我愿意是急流》课堂实录[①]的朗读教学部分。

师:好,下面就由我们自己来朗读了。读,也要读三遍,第一遍,读的要求是:整体把握,读准语音(课件显示)。老师先示范第一节。(范读第一节)读的时候语音要饱满、圆润,每一字读出来都带有情感,也就是说,"未成曲调先有情",而不是泛泛地读。下面大家就自己读一遍。

(生各自朗读)

师:请看第二遍朗读的要求:重在体味情感,注意语流(课件显示)。培根说:"读诗使人

---

① 余映潮,游月华.《我愿意是急流》课堂实录[J].语文教学通讯,2004(30):25-27.

聪慧。"怎么理解这"聪慧"二字呢？就是说读诗需要我们用自己的情感对诗的语言进行再表达，这就要注意节奏、停顿、快慢的问题。读懂了诗，就能够通过节奏、停顿和快慢把它的情感表达出来。下面我示范一节。（范读第三节）这个节奏就不是很快，要稍稍舒缓一点，同时注意有的地方要恰当地停顿。好，同学们自己再体味一遍。

（生各自朗读）

师：好，请看第三遍朗读的要求：重在进入情景，注意把握好语气（课件显示）。读的要求是抒情性，个性化。特别注意"个性化"三个字，它是指伴随着你自己对诗的体会、你自己的性情，你认为该怎么读就怎么读。这首诗在电影《人到中年》里面被引用过，当时的朗读是作为主人公的一种内心独白，声调很小，很轻。但是有的朗诵家在朗读的时候为了表现出自己张扬的个性，是用激情来朗诵这首诗的。各位同学可以根据自己的体会，要么就把它读成内心独白，要么就好像读给别人听……

（生各自朗读）

师：咱们来试一下，把第三节处理成内心独白式的朗读，该怎么读呢？声音要小。（范读两句）这是内心独白式的朗读，大家来试读一下。

（生齐读第三节）

师：好，再激情飞扬地读第五节。（教师范读两句）请开始读。

（生齐读第五节）

师：好，下面咱们就来配乐齐读一遍。（播放音乐）

（生齐读全诗）

师：这一次大家进入了诗的情景！最后一句还有一点小小的技巧，有一个颤音要读出来。（范读"显出鲜艳的辉煌"这一句）这样颤一下，结尾就最漂亮了。（生笑）

教者所给的朗读要求十分详细，侧重于朗读方法的指导与实践，是一种科学朗读方法的授予过程，也是具体朗读方法的实践应用过程，以朗读带动理解，按照能力发展的层次由低到高、由浅入深地展开，学生的思维在朗读的过程中逐步深化，这样的朗读教学，在无形中为学生打开了一扇通往文本作者情感内核的便捷之门。

三、引导学生"我性"朗读

作者在作文时，字里行间总是包含着一种声气，而不同的读者对这种声气的把握会有所不同，按照自己的把握去朗读，便是"我性"朗读。学生到了高中，阅读心理是"一个用生活经验去汇兑文本，用智慧去思考人生，以意逆志，不断超越自我，生成新我的创造性朗读阶段"。针对此，教师的朗读指导应该考虑如何充分调动学生的自我感知，引导学生读出新意，活化文本。在这方面，下面的案例可资借鉴。

品读第一段

师：请几位同学来读一下，自由举手发言。读之前要告诉大家：你将要用什么样的口气来读出作者什么样的心情？依据是什么？

（板书：诵读的追求之一：自己的口气——作者的感情）

生1：我用高高在上的口气读出韩愈对学生的教训口气，因为本文是作者写给他的门生的。（然后读第一段）

生2：我用忧虑的口气读出韩愈对当时社会不从师风气的担心，因为作者是忧国忧民

的,从写作背景上可以明确看出作者是为了抨击时弊才写的,给门生李蟠不是真实意图。(然后读第一段)

生3:我用谦虚的口气读出韩愈对自己的要求,因为虽然本文抨击时弊,但是作者要表达的毕竟是自己的一种认识,他内心深处肯定在想"不管怎么样,我应该向比我强的人学习"。(然后读第一段)

生4:我用一种客观冷静的口气,就像鲁迅一样的口气(众生笑),读出韩愈对"从师"问题的恳切、深刻的认识,因为在当时"众人皆醉我独醒"的情况下,他看到了一般人看不到的问题,一方面很生气,另一方面又特想让别人认识到自己的思想,太谦虚了不足以表达这种效果,必须是庄重、冷静、很深沉的样子。(然后读第一段)

师:连老师都有些激动了,我教《师说》这么多遍还从来没想过第一段可以有这么多的读法。上述几位同学的读法大家比较赞同哪一种读法?(通过学生举手情况看出大多数同意生2和生4的读法)

师:横看成岭侧成峰,远近高低各不同。同学们的读法都有道理,都有想法,到底哪一个能更准确地表达作者的感情?我的看法倾向于生4的读法。但尽管如此,我读时会根据自己的理解,用神圣的口气读一开始的两句,读出韩愈心中"为人师者"的高尚形象和崇高的使命感,然后我也会用像鲁迅一样的口气,读出韩愈对"从师"问题的恳切、深刻的认识。我们应该允许持不同的理解、不同身份的人用不同的口气演绎出不同的心情。(然后教师范读第一段)

师:说真的,这次听了大家的诵读,我发现自己对课文的理解没有大家丰富,应该向大家学习。在这节课的一开始我就说过,本文还有很多句子至今仍有鲜活的生命力,可以解释现实生活中的很多现象。(板书:生活中的文言文)现在我想请同学们在第一段中找一句话来描述此时——"在对课文的理解上,老师没学生丰富,老师应该向学生学习"的情形。

……(板书:诵读的追求之二:自己的口气——自己的感受)

品读第二段

师:根据这段文字的内容,结合作者的生平和写作背景,同学们仔细揣摩一下,看看到底应该怎么来读?

(生自由揣摩小声读)

师:请几位同学来读一下,自由举手发言。读之前要告诉大家:你将要用什么样的口气来读出作者什么样的心情?依据是什么?

生1:我用斥责的口气读出作者愤怒的心情,因为当时人们不仅自己不从师学习,还笑话别人从师学习。(然后读第二段,但用斥责的口气读到"士大夫之族,曰师曰弟子云者,则群聚而笑之。问之,则曰:'……'"处很别扭)

生2:我用讽刺的口气读出作者讥讽、鄙视社会上不从师者的心情,因为那些人自己不学习已经很愚蠢糊涂了,还笑话别人,这些人既可恶又可气,于是作者就反过来讽刺他们。(然后读第二段,但开始读第一句就发现用讽刺的口气读很别扭)

师:刚才两个同学读的情况很有代表性,斥责的口气读不行,讽刺的口气读似乎也不行,这是什么原因?

师:我们平时讲话、谈论问题是不是用一副表情、一种口气说到底的?

生:不是。要不断变化。

师：读文章也一样，不同的意思用的口气是不一样的。这一段文字很长，表达的意思不像第一段那么单一，因此口气要随意思的变化而变化。咱们一起看看这一段分几层意思，然后同学们再来决定应该如何读。

[师生一起梳理出本段的四个层次：(1)总写当时社会中不从师的坏风气；(2)古之圣人与今之众人的对比；(3)"爱其子"与"于其身"的对比；(4)百工之人和士大夫的对比]

师：同学们再试试看能不能很好地读出作者的感情。

（生自由揣摩试读）

师：除了层次大意为我们的诵读提供帮助外，我们能不能再找出别的辅助诵读的信息？

生（部分）：句式。有的句式很整齐，我们要读出对比的味道；有的是反问句，我们要读出反问里包含的特殊意味。

师：还有哪些信息对我们的诵读有帮助？大家再仔细揣摩一下。

生（部分）：标点符号。该段中有几处感叹号，鲜明地流露出作者潜藏的感情。还有语气词，本段中的语气词也特别多，我们仿佛能从"嗟乎""呜呼""欤""乎"以及多达五处的"矣"中听到作者的声声叹息和呼唤。（板书：诵读的"拐杖"：层次大意，句式，标点符号，语气词）

师：同学们明白了诵读的"拐杖"后，再来仔细品味一下，你将要用什么样的口气来读出作者什么样的心情？

生1：我用痛心的口气读前两句，读出作者的惋惜之情；然后用"恨铁不成钢"的口气读第二层的对比句子，读出作者对"今之众人"的责问；再用鄙视的口气读第三层内容，读出作者对"糊涂"人的讽刺和诘问；第四层我模仿当事人的口气读出不从师学习者的傻气；但最后两句"呜呼师道之不复，可知矣。巫医乐师百工之人，君子不齿，今其智乃反不能及，其可怪也欤！"我会用想哭的口气读出作者的绝望。（然后读第二段）

生2：我要用深沉的口气读出作者一种结论性的认识：人不学习就要无知；然后我用教训的口气读出作者借古人警示今人的意味；第三层我用挑衅的口气读出作者对时人不愿意真心从师的假惺惺做派的挖苦和嘲讽；第四层我用生动的手势和表情似笑非笑地读，读出一群不学无术之人"不以为耻，反以为荣"的丑态；最后一句我要用幸灾乐祸的口气读出那类人的应得下场（然后续第二段）。

师：听了同学们的诵读，我似乎看到韩愈在用或喜或怒或悲或痛的口气一边揭露着当时社会不从师的风气，一边呼唤着人们"尊师重道"。那么同学们想一下，在我们的身边，是否存在着文中揭露的现象？请你从文中找出和这些现象相符的句子来。

…………

第二节 问答式教学方法设计

不少教师把问答式教学方法与问题探究教学方法混同起来，以为有了问题就是问题探究教学，这在许多以"问题探究"为名行"问答教学"之实的案例中可以看出，其实问答式教学与问题探究教学大有不同。问答式教学是通过教师问学生答的形式，逐步引导学生深入阅读课文、理解课文的一种方法；问题探究教学是以问题为核心，以提出问题、分析问题、解决问题的思路进行教学的方法。问答式教学有探究的成分,但程度上要浅得多;问题探究教学有些类似于科学研究的方法,其间包含着比问答式教学复杂得多的过程。问答式教学需要考虑的问题主要是提问和理答,理答即教师对学生回答的回应,是否对每一个回答的学生做出理答和怎么理答,反映出一个教师有着怎样的学生观。从教学方法上看,这种教学方法的设计主要在于提问的设计。

一、该问些什么问题

课堂上该问些什么问题?我们不妨从不该提什么问题开始思考。在日常课堂上我们常会听到"好不好""美不美""生动不生动""这篇文章的作者是谁"诸如此类的问题,这类问题是学生可以不用思考自然做出肯定或正确回答的问题,是属于没有多大必要问的问题。反过来说,该问的问题应该是包含着一定思考空间的问题。哪些问题具有思考空间?这就不一而足了。教师可以从课文的关键处设问,可以从争议处设问,可以从疑惑处设问,可以从无疑处设问,可以从矛盾处设问,可以提示性问,可以追问……总之,尽量不问不用思考的问题,尽管不用思考的问题可以让学生高声齐答,似乎可以使课堂气氛十分活跃,但它只是表面。

有一位教师教《雷雨》时,在周朴园与鲁侍萍的两句对话上"磨蹭"了好长时间,原文是这样:

周朴园:哦,三十年前你在无锡?

鲁侍萍:是的,三十多年前呢,那时候我记得我们还没有用洋火呢。

教师第一个问题是:按理,鲁侍萍回答周朴园的问题只要说"是的"就够了,为什么还要说这么多的话呢?这是从无疑处设问。学生一时不知道怎么回答,于是教师解释,从语言学上说,"是的"之外的话属于冗余信息,冗余信息有时候承载着更多的情感内容。经过教师解释,有的学生有所悟,认为鲁侍萍说这些话是为了引起周朴园对她的注意。教师乘机追问:为什么要强调"三十年前"呢?学生明白了,这是鲁侍萍为了勾起周朴园对三十年前他们的故事的回忆。教师继续追问:"我们"似乎是多余的,删掉"我们"语言更简洁,这里为什么用"我们"呢?学生回答:用了"我们",几乎等于说,眼前站着的人跟你周朴园有很深的关系,我俩是可以"我们"的。教师再问:那为什么说"还没有用洋火"而不是用别的?经过教师对周朴园与鲁侍萍三十年前生活的介绍,学生明白了"洋火"包含着周、鲁共同的生活内容。教师再进一步:文中的两个"呢"有什么意味?师生讨论认为既包含着感叹,更包含着对以上信息的强化。最后师生讨论得出结论:这些应该是鲁侍萍无意的流露,但"言为心声",鲁侍萍的回答表明她心中一直还装着周朴园。这是善问的典型例子。

问答之间,教师需要根据学生的反应不断地提出提示性的问题,引导学生深入思考。提示的目的在于降低难度或纠正错误。学生的反应在教之前是不知道的,这就需要教师在设计时做出合理的预测,预先想好问题。有位教师教《滕王阁序》时,有这样一个环节。

师:为什么当他(阎都督)听到王勃写出了"落霞与孤鹜齐飞,秋水共长天一色"的时候,才转怒为喜呢?

生1:因为"落霞与孤鹜齐飞,秋水共长天一色"这一句充分展示了王勃的文学才华。

生2:这一句对仗工整,"落霞"与"秋水"相对,"孤鹜"与"长天"相对,"与"对"共","齐飞"对"一色",字数相同,词性一致。

师:分析得很好!对仗的工整的确是这一名句的特色,但对仗除了要求字数和词性的一致,还有什么要求呢?

生3:还要求一句之中平仄音节交替,上下句之间平仄音节相对,"落霞与孤鹜齐飞,秋水共长天一色"的平仄是:仄平仄平仄平平,平仄平平平仄仄。

师:这种工整的对仗真的是这一千古名句的魅力所在吗?著名学者胡适就曾在20世纪初号召诗人们"把从前一切束缚诗神的自由的枷锁镣铐,拢统推翻"(《谈新诗》)。

…………

师:对仗是一种比较高级的语言运用,它要求作者要有深厚的语言修养,娴熟的驾驭技巧。它不仅不会影响意思流畅表达,同时还可以使句子抑扬顿挫,富于乐感,富于诗意,它充分体现了汉语的艺术魅力。有人曾经这样评价《滕王阁序》,说它"是一曲音韵和谐的天籁,是一幅画工精美的长卷"。刚才我们从音乐美的角度来欣赏这一千古名句,大家再从图画美的角度来探讨其艺术魅力何在。

生4:色彩运用得好,绚烂的晚霞,碧蓝的天空,"半江瑟瑟半江红"的秋水,还有孤鹜绿、褐、紫的羽毛,暖色调和冷色调对比鲜明,整个画面色彩非常鲜明。

生5:天空的高远,长河的深远,使整个构图有一种宏大的立体空间感,境界开阔。

生6:动静结合,自由翱翔的孤鹜、缓缓流淌的秋水使静止的画面变得生动起来。

生7:画面留下了大片空白,秋日大地的美丽和丰饶,波光艳影里摇曳晃动的倒影,站在楼上看风景的人……这种以实写虚手法的成功运用给读者留下了无限遐想的空间。

学生在教师不断提示之下,对"落霞与孤鹜齐飞,秋水共长天一色"这句名句为什么有名这个问题从笼统的认识(展示了王勃的文学才华)到表层认识(对仗工整)再到深层认识(画面美)逐步加深,从而完成对这句名句的鉴赏。不断提示的过程就是扶着学生"走"的过程,要让学生独立完成任务(比如这一课的具体句子鉴赏),开始需要一个"扶着"的过程,这也是问答式教学被教师普遍采用的原因。

问,为着促进学生思考,不为这个目的,问便毫无意义。

二、给问题一个巧妙的提法

问题有不同的提法,具有趣味性、灵活性、启发性的提问,便是巧妙的提问。陶行知曾说:"智者问得巧,愚者问得笨。"不巧妙的提问与巧妙的提问区别在哪里?我们不妨做一个对比。两位教师同教《阿房宫赋》,共同关注了文章的结构层次及"楚人一炬,可怜焦土"句,其中一位教师的提问是:本文的结构层次是怎样的?"楚人一炬,可怜焦土",这里作者流露了怎样的思想感情?另一位教师的提问是:人教版将"宫女"和"宫藏"合为一段,苏教版将"宫女"划为一段,"宫藏"与议论合为一段,哪一种版本好?在本段议论中,作者充分利用了赋的特点,对秦的纷奢进行了大肆夸张渲染,但有一句却相反,是哪一句?有什么好处?前者提问是教什么就问什么,后者提问通过转换问此而意彼,前者"死",后者"活","死"则不巧妙,"活"则巧妙。

巧妙问法有多种,其中有四种常被采用。

(一)曲问

不直来直去,转个弯来问,可谓曲问。上面所举后者便是曲问。有位教师在教《我与地坛》时问道,德国诺贝尔文学奖获得者赫尔曼·黑塞说,当我们不幸的时候,不能再好生忍受生活的时候,一棵树会对我们说,平静,平静,瞧着我！那么地坛要是能说话,它会对史铁生说些什么呢？模拟地坛与史铁生说话,"说"为表,意在理解课文,也是曲问。有位教师教《荷花淀》中"你走,我不拦你。家里怎么办？"一句,问:把句号改成逗号如何？问的是标点符号,用意却在鉴赏水生嫂的品貌和情态。用句号,"不拦"是前提,只要明白家里的难处就好,用逗号,明为"不拦"实为"拦";用句号,是一个明大局、识大体的水生嫂,用逗号,是一个拖后腿的水生嫂。这一问,也是曲问。

(二)递问

从远处起问,由远及近,化难为易,逐步问到真正要问的问题,是为递问。比如,有一位教师教《背影》,希望学生能够理解课文为什么重点描写"父亲"的背影,但直接这样问,学生不易理出头绪,于是教师先问:在车站送别时,"父亲"给"儿子"留下最深刻的印象是什么？学生很容易答出是"背影"。然后再问:这是"父亲"做什么时的背影？学生很快回答是:为"我"买橘子。教师继续问:这表现了"父亲"对"儿子"有什么样的感情？学生回答是"爱"。教师再让学生思考:父爱与母爱的表现形式有什么不同？结合课文,联系现实,学生回答:父爱含蓄而深沉。最后教师抛出问题:课文为什么重点描写"父亲"的背影？有了上面四个问题的铺垫,回答这个问题就比较容易了。递问反映由浅入深的思维过程,让学生的思维一直保持运转,从而完成对一个较难问题的思考。

(三)逆问

采用逆向思维来问,是逆问;为了肯定某种东西而故意从否定的角度提问,或为了否定而有意肯定地提问,是逆问;对常规性的看法提出不同的见解,也是逆问。逆问最容易激发学生兴趣,活跃思维。有位教师教《滕王阁序》,鉴赏"落霞与孤鹜齐飞,秋水共长天一色"一句时,从不同角度鉴赏这句话的美妙之处后提出一个问题:其实,这句话也有一个弊病,就是不够简练,其中"与""共"两字可以删去,大家看怎么样？这个问题引发了学生积极讨论,最后一致认为,有了这两字,音节舒缓,更能表现作者的感叹意味。讨论的热烈来源于对千古名句提出了逆向问题。至于"《雷雨》中周朴园对鲁侍萍的感情是真是假"《项链》中作者是不是在批判马蒂尔德的虚荣心"这些提问,则是对常规性看法提出异议,引导学生个性化地理解课文。

(四)假设问

通过假设课文里没有的信息来发问,引导学生更深入地理解课文,是为假设问。有位教师教《孔乙己》,为了让学生更好地理解封建科举制度的危害,问:如果孔乙己没有接受过封建教育会怎样？有的说,他可能是一个普通的农民,过着清贫而充实的生活;有的说,他可能好吃懒做,应该是一个流浪汉;有的说,他可能穿着短衣站着喝酒,在酒店里嘲笑另一个穿长衣而站着喝酒的"孔乙己"……但无论如何,他都不会夹在"长衣帮"和"短衣帮"之间,在精神上受到这样大的伤害,由此可见,封建科举制度对中国读书人摧残之深。这样假设提问,使学生对孔乙己的遭遇有了更深的体验。在教《窦娥冤》时,学生为窦娥的不白冤情愤愤不平,有位教师针对此提出了一个假设性的问题:假如窦娥即将问斩时,她的父亲窦天章奉旨巡察恰好赶到,剧情会怎样发展呢？假如窦天章救下了失散多年的爱女,并请出尚方宝剑怒斩贪官污吏,这对剧本主题的表现有何影响？这样假设提问,使学生更明白了悲剧的表现力量。

三、从元认知出发设问

元认知是对认知的认知,是认知过程的知识和调节这些过程的能力,是对思维和学习活动的知识和控制。元认知包括元认知知识和元认知控制,其实质是对认知活动的自我意识和自我调节,反映到教学,是学生对问题本身及其解决方式的认知。比如教《祝福》,我们可能会问这样一个问题:"能不能将标题'祝福'改成'祥林嫂'?"如果从元认知出发设问,我们可以围绕它设计系列问题:

1. 能不能将标题"祝福"改为"祥林嫂"?

2. 我们为什么需要思考这样一个问题呢?

3. 把小说标题改为"祥林嫂",我们的鉴赏角度会发生怎样的变化?

4. 考虑这个问题你有什么困难? 能说出是怎样的困难吗?

5. 你决定怎样解决这个问题? 通读全文有必要吗? 你认为从小说主题的理解入手去考虑有必要吗?

第一个问题是认知问题,其他问题都是从元认知出发设问。通过从元认知出发设问,吸引学生对认知问题的注意,让学生明白自己的理解水平,促进学生自我反省,从而逐步改变认知能力。在这样的设问之下,学生才能真正认识到问题的根本,拓展解决问题的思路,掌握解决问题的方法。元认知对解决复杂而困难的问题起到积极的作用,它能使问题解决者重新审视自己的思维过程,有利于从头脑中提取出与问题有关的知识,并深入理解这些知识在解决问题过程中的作用,使得问题更容易被成功解决。

四、让学生感受发现问题的乐趣

问答法一般来说是教师问学生答,教师通过精心设计问题,引导学生理解课文。其实也可以反方向来运用问答法,即由学生问教师答,或学生问学生答。提出一个问题往往比解决一个问题更重要,因此教师要想方设法让学生感受发现问题的乐趣。要做到这一点,首先是要让学生提问,鼓励学生提问,但由于学生学习经验和生活经验都不足,提问可能抓不住要害,不着边际,或者学生提不出什么问题也不想提问题,这时教师需要积极组织、引导,充分发挥主导作用。下面是一位教师《我与地坛》的教学片断,值得借鉴。

下面学习第五段:先读书,找出中心句,然后分小组问答,再举行全班问答,比一比,看谁问得精彩,看谁答得精彩。

学生分小组互问互答,然后全班交流。

生 1:为什么说"忽然间什么也找不到了"?

生 2:一是遭遇不幸,二是被击昏了头。

生 3:"一个世界的另一个世界"中两个"世界"如何理解?

生 4:前一个指"现实",后一个指逃避现实的"精神世界"。

生 5:"驱赶那些和我一样不明白为什么要来到这世上的小昆虫",表现作者什么思想感情?

师:没有同学回答,解铃还须系铃人呀,你说说你自己的理解吧。

生 5:我想一是焦躁,二是同病相怜,三是你们有什么活头,我又有什么活头。

师:你思考得很深入,一、二、三,都很有道理。实际上,精彩的答案往往是属于提出问题的同学的。

生6:蚂蚁想透了什么？

生7:实际上是写史铁生自己想明白了:"一个人,出生了,这就不再是一个可以辩论的问题,而只是上帝交给他的一个事实。""死是一件不必急于求成的事,死是一个必然会降临的节日。"

生6:"疾行而去"有什么含义？

生8:想好了去做,想好了马上去做。作者有时想到了生活的出路,也有一种"疾行而去"的狂热。

生9:写"瓢虫"象征着什么？

生10:我觉得这是在写作者的思考状态:想累了,歇一会儿,忽然走神了。

师:想象精彩。

生11:"蝉蜕"？

生3:这可能是写作者思想斗争的:经历了一场思想的"蝉蜕",一种新生,痛苦之后的新生。

生12:"露水"一句的含义？

生13:露水生命短暂,但也有它的坦荡,也有它的辉煌。

生14:史铁生在痛苦中挣扎,好好地活下去的念头,终于压弯了软弱、颓废、沮丧的"草叶"而放出万道金光。

师:精彩!

生15:还写出了作者的精神幻觉。我们在精神发呆或特别专注的时候,就会有这种感觉。

生16:为什么能听到草木生长的响？

生17:是用心听到。因为平静下来了,感到生命的顽强、可敬、可爱,有这样的心理基础,他才能听到。

这是学生问学生答的例子,问得精彩,答得也精彩,学生完全成了学习的主人。教师的组织引导体现在设置了一个"比一比,看谁问得精彩,看谁答得精彩"的情景。通过比赛,激发了学生的欲望。同时,在学生问答之中适时地给予肯定和鼓励,保持、促进学生参与的热情。学生问得有质量固然是好事,即使提问看起来没有多少价值,教师也应予以鼓励,对于不愿提问、不善提问的学生,则要像保护幼苗一样保护学生提问的热情。当然,我们也可以采取如下方式使教学更集中:小组问答—有价值问题汇总(可询问每一组)—教师补充问题—探讨。这样的方式运用得好,可以激发学生为提出更有价值的问题而努力。

第三节 讨论式教学方法设计

一、从讲授法到讨论法

(一)讲授法的优点和不足

讨论教学方法,其实是无法回避讲授法的。讲授法,顾名思义,就是以讲的方式向学生传授知识的方法,它是教学活动最基本的方法。

虽然流行的理论不太提及讲授法了,甚至把讲授法的不足进行放大而加以批评,但在实际教学中,讲授法依然被普遍采用,这是为什么呢?从教学内容看,陈述一些事实,传授一些抽象程度较高、内部结构复杂或者跟学生生活距离比较远的内容,采用讲授法容易取得好效果;从教师素质看,教师讲授,讲得好,能使深奥、抽象的知识变得通俗易懂,学生可以少走一些弯路;从传授知识角度看,讲授法比较简捷,容量大,在有限的教学时间里,效率比较高;从教学环境看,即使各个学校在压缩班级规模,但总体而言,班级规模还是比较大,规模大的班级,采用讲授法容易稳定教学秩序。

如何用好讲授法?采用讲授法教学,要有清晰的目标和思路,否则听讲容易找不到头绪;要有总结,让学生清楚要点;要善于在讲授过程中抓住节点发问,启发学生思考;要教会学生勤于记笔记,防止学生觉得听过就等于学过。讲到位自然是关键,教师要清楚所讲内容的重点、难点、关键点在哪里,也要清楚学生学习相应内容的阻隔点、疑惑点、盲点在哪里。

有的人会把讲授法与"满堂灌"联系起来,其实,讲授法本身不会导致"满堂灌"这样的状况,在使用不当的时候,才会沦落为"满堂灌"。讲授法在什么情况下会沦落为"满堂灌"?在教学方法使用上,讲授法如果不注意与其他方法配合使用,则容易留下"注入式""满堂灌"的恶名;在对学情的认识上,讲授法如果忽略学生的认知结构,不顾学生的学习意向,学生学习的主体性缺失,"满堂灌"便产生了;在教学心理上,教师只关注自己怎么才能讲好,觉得讲得全面、细致、深刻,才能让学生学得多、学得好,进而发展成不讲不放心,不讲到就觉得学生学不到东西,这时候,"满堂灌"便是自然的了。

与其他教学方法有优点也有缺点一样,讲授法自然也有不足,在强调学生主体地位的背景下,它的不足显得特别明显。讲授法容易导致学生被动学习,学生记忆参与成分较多,思考成分参与较少,这些已经被充分认识到。从实际教学效果看,讲授法最大的不足是容易使学生产生"假懂"的情况,听明白了,听懂了,其实不是真明白,真懂,真正的懂是需要自己再摸索的。

我们提倡把课堂还给学生,于是越来越多的教师不屑或不敢采用讲授法(这自然是一种偏见所致),而讨论法则被充分肯定,各种新的教学模式,都需要借助讨论法来实现或完善。这并不是说讲授法与讨论法是一组对应的教学方法,采用讲授法进行教学,学生是"静"的状态,有很多方法可以让学生处于"动"的学习状态,而讨论法是其中普遍使用的一种,因此,教学应该用好讨论法。

(二)讨论法的内涵和要求

讨论法就是师生围绕着一个需要解决的问题,采用讨论或辩论的形式组织教学的方法。讨论法具有较强的活动性,这有利于发挥学生学习的主动性、积极性,活跃课堂气氛,提高学生学习兴趣;讨论是学生主动参与的过程,需要不断思考、调整和修正,这有利于锻炼、培养学生的思维能力,促使学生灵活运用所学知识解决问题;讨论需要学生不仅要想到,而且要说得出来,这有利于培养学生口头表达能力;讨论需要在师生之间发生,但主要是在学生与学生之间发生,这有利于彼此启迪、深化认识,也有利于培养学生的合作精神和交往能力。在一场讨论过后,教师再进行讲解,学生会听得特别专注,因为学生对讨论对象有了比较充分的认识,在某个问题上与教师所把握的信息是对称的,这种情况下,学生最有倾听的需求。

其实,讨论的过程也是发现学生、了解学情、建立良好师生关系的过程。讨论是动态的,不仅使课堂充满活力,也使人富有表现力,从中可以发现学生的个性、思维特征、学习态度、学习程度等;讨论是交互的,交互性有利于建立良好的师生关系。

用好讨论法需要考虑以下几个要素:(1)讨论的话题;(2)讨论的形式;(3)讨论的时机;(4)讨论的过程;(5)讨论的结果处理;(6)讨论的礼节;(7)教师的指导和引导。

什么内容适合讨论?这是一个值得仔细琢磨的问题。一般而言,讨论的话题要具有开放性、探究性,比如,有争议的话题,答案不止一个的问题,可以从不同角度思考的学习内容,等等。一些基础性的内容,定性比较强,不适宜采用讨论法进行教学。讨论的话题要有吸引力,能够引导学生参与讨论。有的话题本身就有吸引力,有的需要依靠教师激发。

讨论的形式可以分为全班讨论、分小组讨论和学生两两交换意见三种。全班讨论教师要注意激发学生讨论的热情,在讨论过程中要善于鼓励,要注意让更多的学生参与讨论。为了适应教室环境,小组讨论可以采用就近组合的方式,前后两桌四人讨论或前后三桌六人讨论,当然也可以打破空间,让学生重新组合小组。组织小组讨论,明确的讨论话题、时间的限制、教师如何指导监督、如何让每一位学生都发言、结果如何汇报、如何奖励评价等都需要事先想清楚。

什么时候需要组织讨论也是一个很重要的问题,如果缺乏前期准备,学生对课文不熟悉,学生还没有到希望通过讨论来解决问题的状态就匆忙组织讨论,则达不到良好的效果。当学生觉得通过讨论可以使认识更深入,觉得讨论比讲解更能解决问题,这个时候就是讨论的最佳时机。

讨论的过程一般分四个阶段,如果是针对某个具体的问题讨论,讨论过程大致是:问题—思考—探索—解答。如果讨论的对象不是一个具体的问题,一般要经过这样的过程:材料呈现或情境创设—自由讨论—表达看法—总结。讨论不能只图课堂活跃,不能为讨论而讨论,要总结收获,要让学生有获得感。

讨论的结果有两种处理方式,一种是回到起点,即回到原来出发的地方,明确通过讨论解决了什么问题,看有没有进一步的补充;另一种是往后延伸,比如要不要写出来,使思维更缜密,要不要进一步查阅相关资料,把学习朝更深处引导。

讨论是人与人之间的互动,因此要注意礼节,保证关系和谐。尤其要注意尊重他人,有的讨论会上升到辩论,这个时候,学会尊重就特别重要。讨论的礼节最好说在讨论之前,规定的礼节要具体明确,比如,不打断他人说话,表达观点用"我认为……"对独到的见解用掌声鼓励,等等。

尽管讨论主要在学生与学生之间发生,但教师的指导和引导往往是一场讨论质量好差的关键,教师指导或引导不力,容易使讨论流于浮浅。教师要善于启发鼓励学生,让更多的学生参与讨论,让学生畅所欲言,各抒己见;教师要相机点拨,尤其当讨论滞涩的时候,要善于引导,把讨论引向深入;教师的姿态很重要,要放下架子,要有民主作风;学生讨论容易偏离主题,有时会出现聚不了焦的情况,教师要及时提醒,或者用巧妙的方法拉回到讨论的话题。

二、围绕核心展开讨论的教学案例及评析

下面是包建新老师《〈论语〉选读·诲人不倦》的课堂教学实录①,通过这个教学案例,我们来讨论如何围绕着核心来组织课堂讨论。之所以选择《〈论语〉选读·诲人不倦》的课文作为例子来说明,是因为《〈论语〉选读·诲人不倦》的课文每一课都是由分散的章节组成,这样的课文在实际教学中容易散乱,使用讨论法来组织教学,可能更难形成一个有机的整体。

(上课伊始,给出一页 PPT)

孔子的教育思想和教育精神

在教育对象上,孔子提出"_____"的口号,认为人人都可以受教育,包含着普及教育、大众教育,教育平等、教育平民化的思想。那么,是否人人都可以接受教育呢? 为此,孔子提出了一个很重要的哲学命题:"_____,_____。"他在强调后天因素作用的同时,又强调先天因素,认为:"_____。"孔子从"_____"四方面教导学生,开设的课程有:_____,从"_____""_____"看,具体课程有《诗》和礼。其教育精神可以用"_____"来概括,"_____"可见他勤于编述,也是这种精神的体现。

说明:《〈论语〉选读·诲人不倦》这篇课文共选了《论语》十五章内容,这十五章长短不一,内容分散,表面上看不出有什么联系。上面 PPT 中的内容就是把分散的内容有机整合,目的是使讨论能够集中,尤其是一些词语的解释,也可以在这里找到落脚点。

(学生一看到出示的 PPT 就急着齐声说"有教无类")

师:在教育对象上,孔子提出"有教无类"的口号,认为人人都可以受教育,包含着普及教育、大众教育,教育平等、教育平民化的思想。这个思想在我们现在看来好像没什么,但是在当时却是很先进的,因为当时只有贵族才能接受教育。

师:第一个空是"有教无类",那第二个空呢?

(生犹豫)

师:这个把大家卡住了,那大家先认真准备一下,看书,讨论,力求准确填上上面所有的空白。能把这个事做下来,那么这篇文章就基本上懂了一半。

说明:在讨论时机的把握上,学生看到 PPT 内容后,急于说出自己所知道的答案,教师也不制止,先就知道的进行评述,让学生知道孔子提出"有教无类"的意义。当学生回答不上来的时候,再引导讨论,这样做可以保持学生参与讨论的动能。

(生看课文、讨论,师参与一些讨论。几分钟后)

师:经过思考、讨论,有没有还不能确定的空格?

生:第二个。

生(众):性相近也,习相远也。

师:还有没有不能确定的空格?

生1:最后一个。

生2:倒数第二个。

师:有同学觉得教育精神不是很好把握,那么教育精神是什么呢?

生(众):为之不厌,诲人不倦。

---

① 包建新.让讨论围绕着核心事件—以《〈论语〉选读·诲人不倦》课堂教学为例[J].中国教师,2018(11):54-57.

师：那最后一个呢？

生：述而不作，信而好古。

师："述而不作，信而好古"正是他勤于编述这种精神的体现，大家说妥不妥当？

生：不妥当。"述而不作，信而好古"是说他不编东西，不写东西，与"勤于编述"不符合。

师：是这样吗？我们一起看看课文中的参考译文。

（学生小声议论）

师：根据译文，"述"是传述，"作"是创作，不创作不是说"不编东西，不写东西"，而是不提出新东西；"信而好古"，传述是转述之意，转述古代文化，编写也是一种转述方式。

生：吾自卫返鲁，然后乐正，《雅》《颂》各得其所。这更明显看出孔子"勤于编述"。

师：为什么？

生：他回来之后编了教材，厘正了音乐，《雅》《颂》得其所。

师：那其他空格怎么填？（随意叫起一个学生）

生：唯上知与下愚不移。文行忠信。文学，德行，忠信，言语。不学《诗》，无以言。不学礼，无以立。

（PPT出示空格答案）

说明：学生在讨论过程中相互启发，相互修正，这样思考能力得到强化。

师：这样我们把孔子的教育思想和教育精神都理了出来。下面我们一起把与这些文字有关的问题琢磨一下。"有教无类"，"有"是什么意思？

生：有的人。

师：那有的人的教育是有类别的，有的人的教育是没有类别的，这好像是说不通哦。"有"在这里无实义，"有教无类"就是"教无类"。

师："性相近也，习相远也"是什么意思呢？

生：人的本性是接近的，通过教育使人千差万别。

师：在这里，孔子强调了后天因素，但他又认为"唯上知与下愚不移"，不移，就是教不了，在孔子看来什么样的人是"上知"，什么样的人是"下愚"呢？

生：自以为聪明的是上知，天生愚笨的人是下愚。

师：有道理，但是孔子不这样认为。

[PPT出示：孔子曾把人分为四种：（1）生而知之——"上知"；（2）学而知之——中人；（3）困而学之——中人；（4）困而不学——"下愚"]

师：孔子把人分成四种，第一种人天生就知道很多东西，不需要老师教。第二种人，通过老师教可以懂得很多知识。这两种人都是很不错的，天生就很聪明当然是好的，天生不聪明但是通过不断学习，使自己变得聪明，这也是好的。第三种人"困而学之"，就是陷入困境了，才去学习，这也不错哦，困而能学，也是好学生。"困而不学"就是下等人，吃了亏了，还不去学习，困了也不学，是下愚，是无法教的。孔子的"下愚"原来指的是这个。孔子认为生而知之和困而不学的，这两种人不好教。

说明：教师在词意和句意两方面引导学生深入讨论，"唯上知与下愚不移"这句话怎么理解，因为学生缺乏相应的背景知识，就不让学生自由讨论了，教师直接补充资料，在此基础上正确理解这句话的含义。

（回到上一张PPT）

师:回过头,我们一起来读一读 PPT 上的内容,加深一下印象。

(生齐读)

说明:一个话题讨论结束,回到出发点。

(出示 PPT)

孔子的教学原则和教学方法

孔子既重身教,也重言教。身教是无言之教,是榜样教育,注重潜移默化,比如,　①　。至于言教,孔子主张因材施教,比如,　②　。同时重视启发式教育,他说:"　　　　　"按照现代的话来说,就是要"以学生为主体,教师为主导",注重学生的发展。《论语》中有许多启发式教育的生动例子,比如,　③　,再如,　④　。孔子也以"举一反三"的能力评价学生,比如,　⑤　。对待学生,孔子一视同仁,不偏心,比如,　⑥　。

师:标序号的空我们先放一放,先看这一条横线上应该填什么。

生:不愤不启,不悱不发。举一隅不以三隅反,则不复也。

师:这句话是什么意思?

生:不到想求明白而不明白的时候,不去开导他;不到想说出来而不能的时候,不去启发他。举一方给他看而他不能联想到其他三方,就不再教他。

师:读得很准确。(生笑)这句话为什么可以说是"以学生为主体,教师为主导""注重学生的发展"呢?

生:孔子引导学生要自己思考到"愤""悱"的程度,这需要学生充分发挥主体作用,所以说是"以学生为主体";而这种程度是在老师的引导下进行的,到这种程度后,教师乘机启发他,所以教师是主导。

师:说得真好。如果学生"举一隅不以三隅反",孔子就不教了,这样做是不是太过分了?

生:是有些过分哦。(众笑)孔子想让学生多思考吧。

师:你的意思是说,学生能够多思考,举一反三,是需要的,但做不到举一反三,老师也要耐心教,是吗?

生:是啊。

师:我懂。(众笑)接下来,请大家从文中找出六章,分别归到幻灯片中 6 个序号里。

(学生阅读,思考,轻声讨论)

师:做好了吗? 有没有把握不定的?

生 1:第一个空。

生 2:17.19 章。

师:她认为 17.19 章可以填在第一个空,也就是这一章可以看出孔子注重身教,注重榜样教育,注重潜移默化,大家同意吗?

生(众):同意。

师:好,(随意叫起一位同学)那请你来说说吧,为什么?

生:孔子说:"天何言哉? 四时行焉,百物生焉,天何言哉?"他虽然没有把这些道理用言语说出,但他用自己的行为启发了学生。

师:孔子想要表达的就是:我不说话,你看我怎么做,你就知道怎么做人做事了。"天""四时""百物"只是比喻,是吗?

生:是的。

师:还有不能把握的空吗?

生1:第二个空。

生2:11.22章。

师:为什么11.22章可以说明孔子主张因材施教?

生:孔子对不同的学生问的同一个问题给出了不同的回复。因为子路性格直率,做事鲁莽,孔子要"退之";冉有做事是比较畏缩的,所以孔子要"进之"。

师:简单地说就是,学生性格不同,对他的教育方式也不同。那下面的几个空还有问题吗?

生:没有了。

师:好的,那我们来看,从第三个空格开始,分别是课文中的哪几章?

生:③1.15章;④3.8章;⑤5.9章;⑥16.13章。

说明:围绕这一张PPT展开的讨论,其过程以及处理方式与前半部分大致相同。

师:很好。把这几个空串联在一起,就可以构成一篇文章,题目是:孔子的教学原则和教学方法。现在我们分六组,将六个空格用自己的话准确清晰地表述出来,不只是翻译哦,看懂之后合上书用自己的话表述。

说明:在这里,小组是按座位就近来分的。一般而言,小组讨论作为课堂教学的一个环节的时候,就近组合比较方便。这六个小组的讨论,分,是分别讲述《论语》的故事;合,是完成一篇文章的雏形。

(分小组讨论,表述)

师:下面请第一组推荐一位同学来说说吧。

生:(17.19章)孔子和他的学生坐在一起,孔子说:"我不想再说些什么了。"子贡就说:"如果老师都不说,那么弟子们又传述些什么呢?"孔子说:"天又说了些什么呢?四时不是照样运行着,万物不是照样生长着。"孔子想要向弟子们传达的是:我不想说话,大家可以看我在做什么。

师:说得很好。如果最后一句改成"这个故事告诉我们:身教重于言教",更明确一些。下一组,推荐一位同学来说说。

生:(11.22章)有一天,孔子学生子路问孔子:"如果听到一件事情就去做,这样好吗?"孔子说:"你的父亲和你的兄弟都在,怎么听到了就去做呢?"后来又有一位学生名字叫冉有,问孔子同样的问题,孔子却说:"马上就去做。"在旁的公西华听了很是奇怪,就去问孔子为何两次回答会不同。孔子回答道,因为子路这个人鲁莽,所以要压一压他,冉有做事畏缩,所以要鼓励他。

生(齐):这个故事告诉我们要因材施教。(众笑)

师:其实这位同学说的真不错哦。

(其他表述略)

师:作业,请同学们课后完成"孔子的教学原则和教学方法",把今天所学所讨论的内容写下来。这可是做学术研究的初步,请大家认真做好。

说明:写下来既是对课堂教学的复习和整理,又是对课堂讨论的深化。这里的写,不是简单的重复,它必然需要考虑表述的严谨、条理的清晰,这是一次思维的锻炼。从写作本身来说,学生写作最大的困难是材料贫乏,写作是在做"无米之炊",这里的写作,"米"已解决,学生可以把精力用在思考和表述上,这也是解决写作教学问题的一个办法。

【评析】 对这个案例的理解,引述中的说明文字已做了解释,下面从整体着眼说说看法。

教学设计的方法、类型有很多,与其追随一些"时髦"的设计,不如去做好一些看似简单的原点性问题。比如,一节课,我们想做的事可能会很散,有时候散有散的好处,大多时候则需要有整体感,否则不利于学生集中注意力。怎样才能使散的教学内容有整体感呢?常做的方法就是设计核心事件,让课堂讨论围绕着核心事件。这虽简单,却是教学设计遇到的基本技术问题,是教学设计技术上的一个原点问题。《〈论语〉选读·诲人不倦》教学是很需要考虑这种基本技术的。

这个案例中有两个核心事件。教师在备课时先把这篇课文的十五章内容按"孔子的教育思想和教育精神"以及"孔子的教学原则和教学方法"整理归属好,然后在课堂上让学生根据课文内容填空就成了核心事件,完成的过程就是学生熟悉、理解、探究的过程。在讨论过程中,有词义解释,有内容理解,有传承,有评价,但都围绕着"填空"这个核心事件,那就散而不乱了。备课要考虑的事情说起来涉及方方面面,但最需要做的事就是把教学内容进行结构化处理,然后考虑在具体教学中如何呈现出来,有时考虑得太多,反而会陷入过分技术化的泥淖,从而失去教学应有的生动。

当然,也可以这样设计:只给出"从这篇课文中可以看出孔子有怎样的教育思想和教育精神"以及"从这篇课文中可以看出孔子有怎样的教学原则和教学方法"这样两个问题,然后让学生自主探究。这样教,对普通学生来说,有些难了。给出 PPT 的内容,让学生的思考有线索可循,方便学生读懂课文中相关的内容,围绕它,师生展开讨论,容易达成良好的效果。

也许你会觉得这样教看起来显得简单,但把教学变得简单是值得追求的,简单,朴素,落实,师生交流畅通,学生跟你学语文觉得有味道,教师踏进教室有激情,这样便好。

第四节 评点式教学方法设计

一、评点式教学的内涵和要求

(一)什么是评点

评点,就是圈点和批评,"圈点",是在需要评论的地方画圈或点点,做些符号;"批评",就是评论,评点是对作品思想内容、写作手法和语言特色等方面进行简短、精要地评论、指点。评点是一种传统的阅读和鉴赏方法,是由文本引发的个性解读,可以说评点是文本细读的中国方式。评点可以涉及作品的方方面面,形式灵活,操作简便,既能提高阅读鉴赏水平,又能激发积极思维。评点实质上是一种对话的方式,是读者与作品、与作者、与编者、与其他想象中的读者对话而形成的文字记录。

评点的形式可以有不同的分类,大致说来有眉评、旁批和总评,眉批着眼字句,旁批着眼语段,总评着眼全文,总评全文可以包括文本内容、艺术手法和心得体会。评点的文字一般比较简短,三言两语,点到为止,如果把评点的内容加以整合、深化,也可以形成比较长的文字,像读后感、小评论、读书笔记之类,可以看作是评点的延伸。

(二)什么是评点式教学

评点式教学就是借助评点这种方式,引导学生发现课文内涵,通过评点实践,提升阅读鉴赏水平的教学方法,是很有语文个性的一种教学方法。从教师方面看,评点式教学是课堂教学对评点方法的借助;从学生方面看,评点式教学充分体现了学生学习的主体性,让学生学会动手,学会动脑,学会表达,是学生主动学习、发现学习的过程。

(三)评点式教学的要求

在指导思想上,注意评点只是一种手段,其着眼点在于学生的发展,在于学生阅读、鉴赏以及思维能力的提升。学生要做好一条评点,需要经历注意、发现、评点这样的过程,因此,评点是主动探索发现知识的过程,练习评点,就是练习怎样探索发现。

评点的内容自然与传统评点无多大差异,但要考虑学校教育的要求,比如,赏析性的评点如何拟写得规范,符合考场答题的要求;根据教学目标,框定评点的范围;允许学生可以写出疑问,以疑问代替评点;等等。应该与学生说清楚,评点可以赞许,可以批评,可以和别的作品进行比较,可以由此及彼,展开联想,三言两语,随手批出即可。

评点式教学可以是:教师评点示范—在教师参与下学生尝试评点—学生独立评点—评点交流评价。教师评点示范很重要,评点这种形式本身不难理解,只要教师做出示范,学生很快就可以把握;教师示范的评点尽量包含更多类型,以便引导学生打开思路。在学生独立评点前,教师要扶一把,让学生适应评点,克服畏难情绪。在交流评价阶段,可以先按小组,推出若干条优秀评点,在这个基础上推出全班优秀评点若干条,有可能的话根据最后推出的若干条评点,通过整合,形成鉴赏短文。

评点教学法以学生的学习能动性为前提,建立在对课文学习的基础上,是学、思、用三者结合,否则无法进行。这两点可以合为一点考虑,学生对课文有比较充分的了解,也可以通过评点来增强学习的能动性。有一位教师采用评点法教《想北平》,先把教参的有关内容压缩成一段话印发给学生,然后在这段话引导下阅读,在此基础上进入评点式教学,取得了良好效果。印发的这段话是:

《想北平》通过对北京的描绘,写出了作者心中的属于他的北京,表现了他对故乡真挚的情感。第1小节交代作者对如何写北京的考虑。作者的为难真是表现了北京的丰富与博大,表现了作者与北京的关系,表达了对北京的无限眷恋和由衷的赞美。第2、3两小节正面描写作者对北京特殊的爱。反复写"说不出",可见对北京的深情;把对北京的爱喻为对母亲的爱,道出了作者对北京爱得真切和深沉。作者所表现的是"我"和北京,"我"中有"你","你"中有"我",融为一体,密不可分。第4、5、6三节,通过对比等方法写出北京的特点,以此表达对北京的喜爱。北京虽是大都市,却保住了乡野的幽静,让人和大自然保持着亲近。作者真正融进了北京的生活,体验细致入微,因此在述说时不禁"要落泪",禁不住深情呼唤:"真想念北平呀!"最后一小节虽然只有一句话,但包含的情感很复杂。这篇散文写于1936年,当时华北危急,北京危急,作者忧心如焚,所以越写越激动:"不再说了吧,要落泪了。""真想念北平呀"这一声呼唤,充满忧患,震人心弦。《想北平》的语言通俗、纯净而又简洁、亲切。作者曾说:"我的文章写得那样白,那样俗,好像毫不费力,实际上,那不定改了多少遍。"

有了这段话,学生便能够更好地理解课文,再组织评点式教学,就更得心应手。

二、评点式教学的案例及评析

下面是何欢兰老师《林黛玉进贾府》的评点式教学案例①,这个案例并不在于表现学生的评点行动,而在于评价学生的评点并引导学生评点走向深入,可以作为如何把评点式教学法做得更好的一种参照。

【教学目标】

1.了解贾府典型的社会环境,分析典型人物的典型性格。

2.掌握评点的主要方法,能熟练地运用评点法,并且写出个性化的评点。

【教学准备】

1.评点应该是在熟悉文本的基础上进行的,所以评点之前,授课内容不能忽视。

2.评点的方法是从脂评中获取,所以对脂评内容的精读、精选是本课的重点。

3.为了了解学生的评点现状,课前让学生参考脂评的示例,从环境、人物、写法等角度进行自主评点写作。

【教学过程】

(一)评点现状

进入高中之后,学生会写一些针对课外阅读材料的评点,但是,学生常常为写评点而评点,还没有真正掌握评点法,关于课文的评点,内容五花八门,主要呈现以下特点。

1.能从细处着手

评点(1):宝玉听了,登时发作起痴狂病来,摘下那玉……"登时发作"可见其任性妄为。

评点(2):黛玉纳罕道:"这些人个个皆敛声屏气,恭肃严整如此,这来者系谁,这样放诞无礼?""纳罕道",将疑惑只放心中,可见其细小谨慎。

评点(3):"荣禧堂"的匾是皇帝所赐,印是玉玺,足以见得荣国府得宠之盛。

从以上的评点来看,学生的评点能够从小处甚至细微处着手,这是正确的也是值得肯定的。无论是从用词,还是从物象的选取,都能从细处去解读文本,这说明学生对于文本解读的基本方法是清楚的。

2.有整体观,能全面地看问题

评点(1):第三回通过黛玉的行踪,详细、清晰地绘制出一幅荣国府的地图。

评点(2):围绕林黛玉进贾府这一中心事件,通过其见闻、感受来描写。

评点(3):对人物形象的刻画,注意通过不同的视角,逐层深入,正侧结合,使人物形象全方位地展现在读者面前。

评点(4):一般先有一个引子,然后是对真人的描写,通过他人的描写以及读者对人物的细致感受来写,让读者的体验更加深刻。

这样的评点虽然篇幅不大,但从这几则学生的评点来看,学生是能够从整体来把握结构的,并且能前后联系,比较分析,对于一个人物的多种描写手法能够进行综合考虑,对于评点能够从大处着眼。

---

① 何欢兰.跟脂砚斋学评点——《林黛玉进贾府》创新课例[J].中学语文教学参考,2016(19):32-35.

3.独特的、个性化的评点很稀缺

正房炕上横设一张炕桌,桌上着书籍茶具,靠东壁面西设着半旧的青缎背引枕。王夫人却坐在西边下首,亦是半旧的青缎靠背坐褥。

评点:"半旧的"方显世家之大气,太新则俗气。

从学生评点内容的选择来看,一般选取的是描写环境和人物的经典语句,对环境的评点主要选取能够表现贾府的"与别家不同"的典型来分析,比如环境宏伟的外观、讲究的布局、华贵的陈设。这都是社会环境的折射,是贾府地位的反映。但是只有一个学生能抓住"半旧的"来评点,这与脂评中"'半旧的'三字有神。可知前正室中,亦非家常之用度也。可笑近之小说中,不论何处则曰商彝、周鼎、绣帷、珠帘、孔雀屏、芙蓉褥等样字眼"是多么相似,这样的发现何其可贵。但是这样的学生只是凤毛麟角,从大多数学生的评点来看,评点语言中规中矩,多是教师上课所讲的内容,有不少还是上课的笔记,没有经过思考,只是课堂内容的简单再现,评点缺少个性和独特性。

(二)与脂评的距离

1.缺少深入的分析

这个人打扮与众姑娘不同,彩绣辉煌,恍若神妃仙子:头上戴着金丝八宝攒珠髻,绾着朝阳五凤挂珠钗;项上带着赤金盘螭璎珞圈;裙边系着豆绿宫绦,双衡比目玫瑰佩;身上穿着缕金百蝶穿花大红洋缎窄裉袄,外罩五彩刻丝石青银鼠褂;下着翡翠撒花洋绉裙。

评点(1):华服锦缎,极尽奢华,足见其地位之高。

评点(2):王熙凤把身上但凡能戴首饰的地方都戴上了,足见其贪婪、俗气。

评点(3):可见人物虚荣傲气之特点。

评点(4):凤姐穿着艳丽华贵,体现其张扬霸道的性格。

脂评:大凡能事者,多是尚奇好异,不肯泛泛同流。

评点(1)至评点(4)对王熙凤穿着打扮的评点集中于分析"表现了什么",从打扮来看人物的个性,这是比较显性的分析,只要稍稍用心就能解读出来。脂评不仅点明王熙凤是个"尚奇好异"之人,还指出"能事者"的共同特点"不肯泛泛同流"。学生的评点仅停留于表面的分析,缺少分析"为什么",就事论事,不能对人物的"典型性"进行概括。

2.缺少主体的激情参与

两弯似蹙非蹙罥烟眉,一双似喜非喜含情目。

评点(1):眉目传情极写黛玉美丽多情,且借宝玉之目,其间情愫由此而生。

评点(2):眉、目,淡、轻,美人眉。

评点(3):眉似笼烟,含一层迷蒙凄苦之愁。

脂评:奇眉妙眉,奇想妙想!奇目妙目,奇想妙想!

这三则学生评点对林黛玉的眉目特点做冷静观察和客观分析,一点都不像十六七岁的少年;相反从脂评的情不自禁可以看出脂砚斋更像个年轻人,他将自己的主观情感毫无保留地倾泻而出,强烈地表达了自己的阅读感受,这样的评点具有极强的感染力。评点不是站在一边冷静分析,而应是情感的积极投入,用自己的阅读经验对文本进行再次创作;评点不应仅仅是客观分析,更应该有个体主观情感的全力投入。

正如金圣叹所言,"读者之精神不生,将作者之意思尽没","读者之胸中有针有线,始信作者之腕下有经有纬"①，唯有读者的积极参与，才能使得文本展现真正内在的活力。

3.缺少多重对话

脂评（1）："好生奇怪，倒像在那里见过一般，何等眼熟到如此！"——正是，想必在灵河岸上三生石畔曾见过。

脂评（2）："一双丹凤三角眼，两弯柳叶吊梢眉。"——非如此眼，非如此眉，不得为熙凤，作者读过《麻衣相法》。

脂评（3）："怨不得老祖宗天天口头心头一时不忘。"——却是极淡之语，偏能恰投贾母之意。

上述三则脂评从不同的角度展开对话：第一则是脂砚斋与文中之人物对话，针对贾宝玉提出的"在那里见过"，回应他"灵河岸上三生石畔曾见过"；第二则是脂砚斋与作者对话，认为作者能将王熙凤刻画得如此深刻，恐怕作者读过《麻衣相法》；第三则是脂砚斋与读者对话，作为聪明的读者，你别被她所愚弄，她说这句话是为了迎合贾母。再反观学生的评点，大多是自己的一些感受，专注于自己的想法，忽略了从文中人物、作者、读者等角度去展开多重对话。因此，评点只是蜻蜓点水，只停留于表面。

评点者阅读文本时应当体会文本的妙处；要更深入体会作者当时的处境与心情、感受与体验，以把握其内在的精神、意义，进入作者的世界，展开与作者的对话；又要跳出文本，站在文本之外，作为其他读者的引领者，提醒其他读者要注意细节，当然，这些都要求评点者要有高于一般读者的独特看法。

（三）挑战脂砚斋

一语未了，只听后院中有人笑声，说："我来迟了，不曾迎接远客！"

评点（1）：未见其人，先闻其声；足见其泼辣。

脂评（1）：懦笔庸笔何能及此。

脂评（2）：另磨新墨，锐笔独出熙凤一人。

脂评（3）：第一笔，阿凤三魂六魄已被作者拘定了，后文焉得不活跳纸上？

两弯似蹙非蹙罥烟眉，一双似喜非喜含情目。态生两靥之愁，娇袭一身之病。泪光点点，娇喘微微。闲静时如姣花照水，行动处似弱柳扶风。心较比干多一窍，病如西子胜三分。

评点（1）：借宝玉一双俊眼，刻画出一个多愁善感、美丽多情却体弱多病的女子。

脂评（1）：又从宝玉目中细写一黛玉，直画一美人图。

脂评（2）：此十句定评，直抵一赋。

脂评（3）：不写衣裙妆饰，正是宝玉眼中不屑之物，故不曾看见。黛玉举止容貌，亦是宝玉眼中看，心中评；若不是宝玉，断不知黛玉终是何等品貌。

早见人又捧过漱盂来，黛玉也照样漱了口。盥手毕，又捧上茶来，这方是吃的茶。

评点（1）：迎合新习，方便众人，可见其心细腻。

脂评（1）：总写黛玉以后之事，故只以此一件小事略为一表也。

脂评（2）：余看至此，故想日前所闻王敦初尚公主，登厕时不知塞鼻用枣，敦辄取而啖之，必为宫人鄙诮多矣。黛玉不漱此茶，或饮一口，不为荣婢所诮乎？观此则知黛玉平生之心思过人。

---

① 林乾.金圣叹评点才子全集:第三卷[M].北京:光明日报出版社,1997;30,194.

这一环节是课堂练习,旨在将前面的理念付诸实践,针对以上三段选文,先让学生从不同的角度进行评点,再展示脂评的风采,让学生在自己的评点和脂评之间比较,肯定学生的闪光点,并在潜移默化中学习脂评的独特之处。

(四)超越脂砚斋——将评点向纵深挖掘

评点要深入文本,唯有通过"细读",方知"其一篇一节一句一字,实皆非儒生心之所构,目之所遇,手之所抢,笔之所触矣。是真所谓云质龙章,日姿月采,分外之绝笔矣"(同上)。因此,对于文本要"细细详察""精切读之",要看清毫芒,体验入微。对于作品的遣词、造句、修辞、构思以及结构上的抑扬、开阖、奇正、起伏、转折等,都要进行细致入微的剖析,从细小平常的现象入手,剖析人物的深层心理活动。将文本细读作为评点的根本,要了解文本的奥秘,必须对文本做一种"分解"式的细读、研究。唯有如此,才能对"文字之三昧"有真正理解。一个文本经过细微严格的剖析之后,如果各自为政,不成体系,不能将各个部分形成一个有机的整体,就像一堆未穿线的珍珠。脂评有诸多优点,但也不可否认,脂评的缺点也很明显:评点细碎不成系统。因此要引导学生将评点系统化,而系统化要找到抓手,比如文中对于各种"笑"、各种"忙"的描写,如果将它们放在一起比较研究,会发现很多有趣的现象,通过对这些现象的系统分析,对人物的性格就有了更深层的了解,从而实现从感性认识到理性认识的飞跃。

课后,布置学生研究文本对各种"笑"、各种"忙"的描写,以下精选学生的几则作业:

"黛玉连忙起身接见""黛玉忙站起来一一听了",此足可见其"步步留心,时时在意"。"熙凤忙拉了黛玉在左边第一张椅上坐了",王熙凤真有手段,要笑能笑,要哭有泪,待客殷勤,直叫贾母舒心,可谓精明强干的女强人;"一语未了,只听后院中有人笑声",未见其人,先闻其声,放肆之下是身份;"(熙凤)因笑道":假笑?真笑?心机不可测了……其余二十一处状"笑"大多极言待客之礼数周到,颇平淡。

忙、忙、忙,一个字,千种焦灼,读来令我焦灼,读来令我揪心;人生百态,尽收眼底;贾府千顷,俨然一个小小王国。偌大一个贾府,是清朝贵族的写照和缩影,也是人生百态之展现。试看如今之天下,又有多少人在这样忙着?

【评析】 我们先来关注课前的准备内容,何老师列出了三条。整个课是把学生的评点与《红楼梦》脂评做对照进行的,准备时对脂评内容的精读、精选是自然的事。另外两条就值得揣摩一番了。"评点应该是在熟悉文本的基础上进行的,所以评点之前,授课内容不能忽视。"可见何老师是在《林黛玉进贾府》授课后再组织学生评点的。何老师可能担心学生评点时摸不着头绪,产生不了有质量的评点,因此先上了课,再评点。这样做也无不可,但相对而言,学生复习巩固的成分多一点,自我发现的成分要少一点。作为一种训练,在学生不习惯自我发现、自我探索的前提下,先上课,再评点,也是不错的选择,但显得过于求稳妥。"课前让学生参考脂评的示例,从环境、人物、写法等角度进行自主评点写作。"可见评点行动不是在课堂讨论中进行的,是一次课前的预习练习,就评点这个行为本身看,师生的交互性要差些,起码师生即时交互的时间很少。如果把评点的行动移到课堂上来,组织方式又是另一番样子了。当然,何老师这节课的本意在评价、提升学生的评点,做上面这样评析,是希望读者能够明白,评点式教学还有别的操作方式。

课例前半部分主要是学生评点与脂评比较,落脚点在脂评比学生评点要高明,要求学生向脂评学习。这个设计的意图是很明显的,以脂评为参照,向脂评看齐。怎么向脂评看齐？于是何老师总结了脂评的三个特征：(1)能够深入分析；(2)主体激情参与；(3)实现多重对话。有了这三点总结，"看齐"就有了标尺。学生对照以上三条，进一步认真思考，一定会有更多高质量的评点产生。做出了脂评要比学生高明的结论，但对于学生的评点，何老师也不过多贬抑，肯定了学生评点能够从细处着手，能够整体、全面地看问题。这体现了何老师的教学艺术。但如果换一种做法，效果可能会更好些：先学习脂评，总结脂评的特征，然后让学生模仿脂评，进行评点实践，在此基础上对学生的评点做出评价。

课例后半部分主要是引导鼓励学生向脂评学习，并给出了超越脂评的方法，勉励学生超越脂评。超越脂评的方法，揣摩何老师的意思，可以总结为：联点成片。评点，往往着眼于一个个点，这些"点"的发现需要对课文深入挖掘，细致剖析；剖析之后，又将部分联成一个有机的整体，似线串珍珠，那就成"片"了。何老师的构想是合理的，这的确是一般评点的进一步，对脂评有超越之处。也就是说，这样引导学生是具有教学意义的，能够收到良好效果。

联系这个课前面所教的内容，我们可以大致理出何老师进行评点式教学的整体思路：《林黛玉进贾府》正常授课—课外让学生对《林黛玉进贾府》进行评点—与《红楼梦》脂评比较，找出学生评点的不足之处—总结脂评特征，学习脂评，把评点做得更好—指出方法，激励学生超越脂评。这样理出来看，我们容易发现这个课例有步步推进、逐层深入的特点，也容易发现它还有不少改善的空间，但从整体看，这样设计，学生评点水平的提高显得有迹可循。

练习与拓展

1. 你认为语文教学方法的选择与学生学习语文存在着怎样的关系？

2. 就本章所举的教学方法各设计一个教学片断，并说明这样设计的依据。

阅读下面文章，可以加深对本章内容的理解：

[1]张孔义.三十年语文教学方法研究述评[J].浙江教育学院学报,2006(6):7-15,52.

[2]陈华国,昌淑芳.语文教学方法的反思与重构[J].科教文汇,2006(1):33-34.

[3]游泽生.朗读教学的本质探析与设计原则[J].毕节学院学报,2011(11):98-101.

[4]成宁.语文教学中朗读教学的探讨与实践[J].教学与管理,2006(21):114-115.

[5]郭佳,张宇.我国有效课堂提问研究十年——基于对 2000—2009 年间 134 篇文献的分析[J].基础教育,2011(1):70-75.

[6]黄伟.中美课堂提问研究述评及比较[J].天津师范大学学报(基础教育版),2011(3):50-55.

[7]杨翼.评点式阅读:迈向阅读教学过程最优化[J].上海教育科研,2010(10):74-75.

[8]魏晋智.还学生一片耕耘的沃土——对"评点式阅读教学"课堂建构的探索[J].甘肃联合大学学报(自然科学版),2011(52):125-127.

[9]聂连飞.语文课堂数学运用讨论法应注意的问题[J].辽宁教育,2013(5):68-69.

[10]廖东泰.重新审视讲授法对高中语文课堂教学的价值[J].中国校外教育,2019(2):142-143.

第六章　语文教学方法设计(二)

提　示

　　本章除了合作学习外,主要从语文学习更加宽广的范围来讨论教学方法问题。合作学习跟上一章讨论的方法一样,可以作为课堂上具体的教学方法,而学习任务群、生活语文、整本书阅读则是语文学习的范畴问题,具体实施起来,是突破或部分突破课堂教学的非单篇课文的语文教学,是语文学习的拓展和深化。做好这些范畴的语文教学需要适宜的方法,但具体的方法并不是最重要的,重要的是在观念上对这些语文学习范畴的价值认同。

阅读准备

　　阅读本章之前,请思考下面两个问题:

　　一、在现实生活中,人们在什么情况下才需要合作? 或者说在什么情况下有比较强烈的合作意向? 由此出发来思考语文课堂的合作学习,你觉得可以提出哪些原则?

　　二、反思自己语文素养提升的过程,如果分为课堂内和课堂外两部分,你觉得哪部分更重要? 在这两个部分中,你觉得怎样的语文学习活动印象特别深刻?

第一节　基于小组合作学习的教学方法设计

一、小组合作学习的内涵与要求

　　有一位教师,在一个学年里采用了各种教学方法上课,学年结束,做了一个调查,看看学生最喜欢教师采用哪一种教学方法,结果是小组合作学习排在第一位,可见学生是很喜欢小组合作学习这种教学方法的。

　　第五章在介绍讨论法的时候提到小组讨论这种教学方法,它也是小组合作学习的一种,但小组合作学习的内涵要宽泛得多,这里所讨论的是日常课堂的小组合作,它大于小组合作讨论,小于小组合作学习。如果给日常课堂的小组合作教学方法下一个定义,那便是:在班级授课的教学环境下,把学生分成若干学习小组,通过交流讨论,实现教学目标的教学方法。

　　当我们决定要采用小组合作学习教学法的时候,首先要考虑到个体的独立学习是合作学习的前提。遇到一个问题,分析一个事物,每一个学习的个体深入思考了,有了自己的想法或结论,然后建立小组,各小组成员贡献自己的思考成果,大家相互碰撞,相互启发,相互学习,才能把学习推向深入。

从小组合作学习自身考虑,运用好小组合作教学法要注意以下几个问题:(1)小组成员有分工,合作更有效;(2)选择合适的教学内容开展合作学习,是合作学习教学法运用的关键;(3)有通过共同协作来提高效率的"集体性作业",是合作学习的基础;(4)教师的适度介入,是合作学习的保障。一个合作小组,有召集人,有记录员,有发言人,有质疑者,这样的小组开展活动容易很快进入状态。需要通过相互启发来拓展思路的"开放性问题",需要通过反复推敲、集思广益,才能准确把握"聚焦性问题",这些问题采用小组合作学习更适合。如果个人学习比小组学习更有效,学生就不会愿意通过合作来学习,需要小组成员共同协作才能提高效率的活动,学生才乐意参与。在小组合作学习过程中,教师不可"全身隐退",要相机点拨引导,调控督促,使小组学习紧张有序地进行;当小组合作学习中出现矛盾冲突时,教师要巧妙协调,并有意识地引导学生克服自我中心倾向,养成尊重他人意见、欣赏别人观点、学会倾听等习惯,从而提高与他人协调的合作能力。

小组合作学习离不开小组讨论,小组讨论的形式多种多样,是中心发言式还是自由发言式,是轮流发言式还是按组块代表发言式,都应该视情况而定。采用哪种形式都有利有弊,中心发言式的好处是容易使讨论集中,不足是其他组员容易产生依赖心理而惰于思考;自由发言式有利于畅所欲言、各抒己见,不足是在缺乏有效激发的情况下,容易冷场;轮流发言式好处是每一位学生都有发言的机会,不足是持续的时间可能会较长且话题容易分散。按组块代表发言中的"组块"是指小组为了更好地完成学习任务,把学习内容再分为若干部分,由小组成员组合完成。组块代表发言在时间上比较经济,但也不是每一个内容都适合再拆分。在实际操作中,教师把小组讨论的各种形式介绍给学生,由各小组自由选择比较好。

要让合作学习小组有成就感,评价与奖励是不可少的,比如最佳合作学习小组的评定,最佳合作小组成员的推选,这些都有利于推动学习小组建设。评价与奖励不宜太复杂,有时候,教师引导全班同学对表现出色的小组报以仪式感的掌声,也足以鼓舞学习小组成员更加努力。

有两点是在运用小组合作教学法时需要克服和避免的。一是学生消极参与合作学习。这可能是合作学习本身的不足造成的。对于学习缺乏动力或学习能力不太强的学生来说,小组合作学习可能会使他们产生依赖他人的心理,渐渐地懒得思考;对于学习主观愿望很强烈、学习能力比较强的学生来说,小组合作学习可能会使他们觉得是浪费时间,甚至借合作学习的时间,自己进行独立学习。这两种消极情况教师要注意及时发现并积极引导。二是教师把小组合作学习当作课堂点缀。深入理解小组合作学习,懂得合作学习的价值和意义,明白小组合作学习教学法只是一种手段,背后是学生学习主体的张扬、思维能力的提升、合作精神的培养,如此,就不会想着合作学习只是做做样子了。

二、小组合作学习的案例及评析

下面是郑逸农老师的《雷雨》教学实录①,这个案例主要是小组合作学习的成果展示,从

---

① 郑逸农.讨论 分享 提高[J].中学语文教学参考,2005(12):45-47.

中我们可以学习成果展示的操作方法。

（一）教师激趣

中国现代文学时期，公认的六大文学家是"鲁、郭、茅、巴、老、曹"，其中的"曹"就是曹禺。他是我国现当代最有影响的剧作家之一。1933年，还是大学四年级学生的曹禺，写出了震动文坛的处女作《雷雨》，经巴金推荐，发表在《文学季刊》上，一时引起轰动。此后，他又创作了《日出》《原野》《北京人》等高水准的剧作，成为我国现当代戏剧文学的一面旗帜。今天我们学习的是曹禺的成名作《雷雨》。一个大学还未毕业的学生，是如何成功地描写那个时代的人和事的呢？让我们一起来品味欣赏。

（二）学生讨论

你觉得本文最精彩的是哪些地方？请说说你的欣赏理解。

1. 学生发言

在课前书面准备的基础上，每个学生在小组内讨论交流，阐述自己的理解。之后每组选出一篇向全班介绍，并介绍本组的两三种点评意见，之后其他两三个小组及教师现场点评。

由于课内时间较紧，无法让每组的代表都参与全班交流，于是教师采用指定两个组学生主动发言的方式（其他组课后把交流内容贴在教室后墙上）进行。

第一组：何昭鲁组

我觉得最精彩的是鲁侍萍和周朴园讲梅侍萍时情节的三起三落。当听到鲁侍萍讲梅侍萍为周家少爷跳河的事，并被告之梅侍萍不是小姐，而是周公馆梅妈的女儿时，周朴园抬起头来问："你姓什么？"语气中透出紧张和怀疑。"我姓鲁，老爷。"眼看侍萍的身份将被暴露，但她一句话又把形势拉回原点，于是周朴园喘出一口气，悬着的心暂时放下。当得知梅侍萍和儿子还活着，周朴园再次怀疑鲁侍萍，他突然站起来问："你是谁？"语气更强烈，故事情节得到进一步发展。"我是这儿四凤的妈，老爷。"鲁侍萍又将形势落到起点，吊足了读者的胃口。而周的一个"哦"字，尽显他当时失望却又安心的矛盾。第三个回合将情节推向高潮。经过前两次"风险"后，周朴园的猜测变得委婉和犹豫。但在得知眼前的人就是梅侍萍时，又变得严厉了："你来干什么？""谁指使你来的？"完全没有了惊喜和思念，暴露了本质。三起三落很好地表现了周朴园的心理。

本组同学点评：

①能用三起三落来概括，很有高度。

②深入分析了人物的内心世界，很细腻，也比较深刻。

③从一些很容易被大家忽视的地方入手，分析出了新意。

其他组点评：

管宇组：分析得很精彩，三起三落总结得很好。但从周朴园这一角度分析又有些欠缺，除了纵向分析还应注意横向比较，分析一下鲁侍萍的内心变化。

宋倩组：分析得很透彻，很细腻，而且三起三落的总结较精彩。通过对话"看出"人物的内在感受，能自圆其说，确实不错。

教师点评：

颇有大家风范，和专业人士的赏析已没有明显区别。但语言不够流畅，后一半也不如前面细腻具体。其中"吊足了读者的胃口"如改为"吊足了周朴园的胃口,也吊足了读者的胃口",表达效果会更好。

第二组:管宇组

我觉得最精彩的是鲁大海冲进房内与周朴园对话的那一部分。这是全文矛盾冲突最为集中的一部分,也最能体现矛盾集合体的周朴园多层次的内心世界——对鲁侍萍既惊讶又得处处设防;对鲁大海既要予以打击又心存爱子之意;对周萍既害怕他知道身世又不得不让他与生母见面,同时又要处理好他与鲁大海暗藏的兄弟之情。

具体来看,由于周萍的出现,周朴园不可能与鲁侍萍表现得过于熟悉,他们只是老爷和仆人她妈的关系,所以对她的情绪关就转移到了儿子鲁大海身上。"你叫什么名字?""你有什么事吧?""那么,那三个代表呢?"对于工人的罢工,周朴园显得很沉着,处理起来不慌不忙,足见他的老谋深算。这样的人对他的敌人从来不会缺乏手段,但他没有这么做,反而"循循善诱":"对了,傻小子,没有经验只会胡喊是不成的。"面对手下仆人像往常一样,处理鲁大海这号人物的方式——"一齐打大海",他也说出了"不要打人"的话,可见他的爱子之意,给足了侍萍面子。但当鲁大海抖出他的老底,他却是"你胡说!""下去!"露出了他的本性。而对周萍,他说:"不要走,萍儿。"然后下意识地看了看鲁侍萍,似乎是说:"人你见到了,多看几眼就给我闭嘴。"他是深怕周萍知道身世。对于周萍对鲁大海说:"你是谁?敢在这儿胡说?""你混账!"周朴园则说:"没有你的事。""不许多说话。"毕竟兄弟反目也不是他所愿见到的。

本组同学点评:

①管宇同学选的片段比较有新意,把各种矛盾、个人心理分析得头头是道,不足之处是略显拖沓。

②边引边析,抽丝剥茧似的将精彩之处一一展现,很有条理,对人物的心理分析也恰到好处。但我觉得这一整段都是周朴园的本性,并无装出来的地方。

③把人物的心理冲突、人物性格很好地展现在读者面前,不足是有些地方的分析有点牵强,且过于烦琐。

其他小组点评:

汪琪瑶组:切入点很准,抓住了周朴园这一矛盾中心,环环相扣。但全面有余,深入透彻的亮点不够。引用部分恰到好处,但"爱子之意"略有牵强。

黄宣滕组:第一段分析得不错,很集中也很深刻,但从"具体来看"往下,就有"进入死海"的感觉:一望无际,波澜不惊。"引"的比"析"的多,肯定是评不出味道的。

教师点评:

选材非常典型,分析细腻而且深刻,可见已对课文读出了自己的理解,非常难得,虽然"引"与"析"的比例上还存在不足。

第三组:郑小窗组

我觉得本文最精彩的是周朴园与鲁侍萍对话时的一连串"哦"字。

这一连串"哦"字反映了周朴园的心理变化,有力地表现了人物性格,同时也很好地推动了情节的发展。第一个"哦"字,周朴园想起了过去的时光,微微有些吃惊。第二个"哦"字,周朴园有欲说还休的感觉,体现了周朴园内心对往事的伤痛。第三、四个"哦"字,引出了鲁侍萍的话。第五个"哦"字,有被揭伤疤的痛感。第六个"哦"字,周朴园对事情进一步确认、悔恨、害怕之感产生。第七个"哦"字，梅侍萍的幸存令他分外吃惊，矛盾的思想产生。第八个"哦"字，周朴园由激动转为平静。第九个"哦"字，重又激动起来。第十个"哦"字，怀疑侍萍的身份，感到极大的惊讶。第十一个"哦"字，确认了（眼前侍萍的）身份，又有一种如梦初醒的感觉。

本组同学点评：

①如此大篇幅之中，仅截取其中一个"哦"字，话题较集中。但没有边引边析，光写第几个"哦"字表现什么，不便于理解。

②对"哦"的分析比较具体深刻，但整段分析读来有些乏味，缺少连贯，对课文的引用太少，一连串的"哦"字分别指哪个，让人一头雾水。

③对"哦"字的分析，阿窗都是浅尝辄止，没有选几个典型的深入分析，因此较为平淡，缺少闪光点。

其他小组点评：

范灵芳组：通过一个"哦"字分析一个人的内心世界，很有特色，很精彩。

陈易馨组：如果能针对个别有特色的"哦"进行更细致的评析，效果会更好。

教师点评：

在选材上匠心独运，令人耳目一新，很能激发人们的阅读兴趣，可惜读进去之后就不一定有兴趣了，因为把"哦"字拉出了语言环境，难懂，也枯燥。

第四组：翁利平组

我觉得文中周萍的表现最"精彩"。周萍是在周家长大的，他难免沾上一些不良习气。"（忍不住）你是谁？敢在这儿胡说？"这些话最能充分体现周萍那种咄咄逼人的气势，以为自己是周家的少爷就有身份和地位了，并且还要高人一等。周萍的暴躁性格很快就能从口中"蹦出"："（怒）你混账！"这是随意侮辱别人的人格，他自己就是天。当周萍面对自己的母亲时居然脱口而出"你是谁？"这不仅刺痛了鲁侍萍的心，而且说明周萍根本不懂世事。文中几句话就栩栩如生地刻画出了周萍。

本组同学点评：

①能聚焦文章一重要人物，从他的语言方面来剖析性格，较其他同学一味地从周、鲁两人的矛盾来剖析，有独特之处。

②分析的人物比较新颖独特，但好像用"居然脱口而出"不够恰当，因为周萍不知道鲁侍萍是其生母。

其他小组点评：

夏玲意组：从语言方面分析，比较深刻地体现了周萍的性格特点。但文中引的话"你是谁"似乎不能体现他"不懂世事"，因为他不知道眼前的鲁侍萍是他生母。

毛伟组：角度比较新颖，有自己的独特见解和看法，但个别词语用得不甚恰当。老师的点评会很精妙，要注意学习和借鉴。

教师点评：

最大的优点是选材独特，有新意，不人云亦云；最大的不足是语言表达不够柔软，不够流畅，不是散文化的感性语言。

2.教师介绍

教师首先介绍自己的欣赏理解，再介绍专家的，之后让学生来点评。

①教师本人的

我觉得本文最精彩的有两处。一处是开头部分"夫妻"两人相认过程的描述,另一处是结尾部分母子两人"相认"时鲁侍萍的两处改口。

先说开头部分"夫妻"两人相认过程的描述。

这个过程被写得起伏跌宕,引人入胜。周朴园和鲁侍萍两人,周在明处,鲁在暗处,明处的周朴园不知道暗处的鲁侍萍就是三十年前的梅侍萍,因此把自己的狡诈和虚伪不经意间一一暴露给了鲁侍萍;而暗处的鲁侍萍知道眼前明处的人就是三十年前自私、冷酷的周朴园,于是强压自己的悲痛和愤怒,冷静、机智地和对方开始了一明一暗的捉迷藏"游戏"。开始时,周朴园霸气十足,冷冰冰地问眼前的鲁侍萍:"你不知道底下人不准随便进来么?""窗户谁叫打开的?"而看到鲁侍萍熟悉的关窗动作和走路姿态,周朴园开始改变态度,放下冷漠的霸气,主动地用礼貌语问对方:"你贵姓?"鲁侍萍回答说:"我姓鲁",周朴园刚升起的疑惑暂时消退。当听到对方无锡口音时,他的兴致又上来了,主动提起了三十年前无锡"一件很出名的事情":一家姓梅的姑娘贤惠、规矩却忽然自杀了。鲁侍萍听了,一边揭穿他的"贤惠""规矩"论调,一边拉住话题,忽紧忽松地往前牵引着,把周朴园的心吊得时起时伏,忽上忽下,使周朴园既想掩饰回避,又想急切知道;而鲁侍萍强压悲痛和愤怒,偏偏欲止又言,欲言又止,使得对方忽而"苦痛",忽而"汗涔涔",忽而"沉思",忽而"惊愕"。在经历了紧张惶怒的"忽然立起"的诘问"你是谁"和释然的"哦"到惊惑的"哦"之后,终于明白眼前这个老妇人就是三十年前的梅侍萍,于是强撑着的幕布终于松塌,鼓鼓的皮球终于泄气,无奈颓然地"徐徐立起",有气无力地低语:"哦,侍萍!是你?"整个过程充满了戏剧性。细腻、逼真,而又生动、曲折,耐人寻味。两人的性格也在相认过程中渐渐明晰丰富起来,周朴园的虚伪和狡诈,鲁侍萍的悲愤与机智,跃然纸上,栩栩如生。

再说结尾部分母子两人"相认"时鲁侍萍的两处改口。面对30年不见、虽日思夜想却又不能相认的儿子,鲁侍萍怎能不激动、不痛苦,她多想让对方叫她一声"妈"!但她亲眼看见自己这个大儿子野蛮地痛打自己的小儿子鲁大海,她的心里流血了,母亲的本能促使她上前,告诉对方:"你是萍,我是你妈妈,那是你弟弟,你怎么能打他!"但是,话刚要出口,感情的冲动马上被理性的认识所换取,于是马上顺势改口为:"凭什么打我的儿子?"温情的认称变为无情的训斥。中间的转换包含着鲁侍萍多少的痛苦与愤恨,巧妙的同音顺变又蕴藏着剧作者多少机灵与智慧!在周萍质问她是谁时,本能的母性回话语"我是你的"再次改口为"你打的这个人的妈",完全拉开了与对方的亲情距离,变为刚强威严的训斥。我们可以想象,母子两人,身有多近,可心有多远!

②专家的

陈瘦竹、沈蔚德的《曹禺剧作的语言艺术》之末段(选自《教参》):

在《雷雨》第二幕中,周朴园和鲁侍萍这一场同样是叙述往事,可是这一大段交代比第一幕中鲁贵和四凤那一场更有戏剧性。周朴园认为被他遗弃的侍萍早已投河自尽,因此装出一副伪君子的假面具,自作多情,借以掩饰30年前的罪恶。他现在当然不知道站在面前的这个女人就是被他遗弃的侍萍,而30年来含辛茹苦的鲁侍萍,却已认清站在面前的就是迫害她的周朴园。这是富于戏剧性的场面,每一句叙述往事的话都像利箭一样戳穿了周朴园的假面具。周朴园在初见鲁侍萍时随便问道:"你——你贵姓?"鲁侍萍答道:"我姓鲁。"当鲁侍萍谈到"梅姑娘""不是小姐,她是无锡周公馆梅妈的女儿,她叫侍萍"时,周朴园抬起头来问道:"你姓什么?"鲁侍萍回答:"我姓鲁,老爷。"当他听到侍萍还活着,那个小孩也活着,他忽然立即问道:"你是谁?"她回答道:"我是这儿四凤的妈,老爷。"最后她提起他的一件纺绸衬衣上绣着一朵梅花和一个萍字,他徐徐立起问道:"哦,你,你,你是——"她说:"我是从前侍候过老爷的下人。"他到此不得不承认,"哦,侍萍!(低声)是你?"在鲁侍萍自己叙述悲惨身世的过程中,周朴园先后四次问她是什么人,先是随便敷衍,继而惊惧,终而只得承认是侍萍。随着他的罪恶历史的逐步揭露,戏剧动作在一起一伏之中逐步发展。关于一个人的姓氏和身份的回答,在日常生活中本来是极平凡的事,但是在周朴园和鲁侍萍这一场中却极富动作性,因而又极富戏剧性。周朴园的几次问话,从"你——你贵姓?"和"你姓什么?"到"你是谁?"和"哦,你,你,你是——",以及他那每一次都有的不同的声音姿态表情,鲜明地显示了他的渐趋紧张的内心动作,我们从这里可以看到曹禺在运用语言时经过了反复的推敲。这段对话表现人物的思想感情,层次分明,回环起伏,由隐微至显露,终而达到波涛汹涌的高潮。

【评析】 我们按案例描述的顺序来做评析。

第一,看教师激趣。我们都知道要让学生乐于参与学习活动,事先的激趣往往不可少,但有的激趣却达不到应有的效果,成了静止的背景介绍,学生只是从中获得了一些简单的知识;也有的激趣流于肤浅,淡化了学生的学习追求,只注意到"趣"却忽略了"学"。由此看来,郑老师的激趣是值得好好分析的。表面看这个激趣也没有什么新奇的成分,但仔细揣摩,郑老师在介绍曹禺的过程中在三方面做了强化,从而形成了情感张力,引发学生的好奇心。这被强化的三方面是:曹禺的地位、《雷雨》的效应、曹禺写《雷雨》的年纪。"最有影响""大学四年级学生""震动文坛""轰动""高水准""旗帜""大学还未毕业的学生",短短的介绍文字,频繁使用这些具有冲击力的言辞,让学生觉得需要好好地去阅读、研究了。

第二,看小组合作学习内容的选择。学生讨论的内容是简单的,但这是承接"激趣"而来。从教师激趣看,《雷雨》是非常精彩的剧作,那精彩在什么地方呢? 这个讨论是自然而然的。教学要忌讳的是,激趣时满腔热情,充分激发了学生的阅读深究的期待,进入课堂教学主体时,却"顾左右而言他",这是一方面。另一方面,"你觉得本文最精彩的是哪些地方?"这是一个开放性的问题,需要学生集思广益才能做得更好,这样的问题用小组合作教学法是合适的。

第三,看小组合作学习的组织。"每个学生在小组内讨论交流,阐述自己的理解。之后每组选出一篇向全班介绍,并介绍本组的两三种点评意见。"这样有发言、有推选、有点评,保证了小组讨论交流的有效性。我们似乎可以想见每一个学习小组热烈、认真地去发现、探讨课文精彩之处的情形。但这里也有点遗憾,公开发表的小组合作学习教学案例,似乎都会回避对小组合作学习状态的描述,而这恰恰能看出学生的眼界、见地、思考力、合作效度以及探索的艰难,也就是说,对小组合作讨论的观察,可以看出学习是怎样发生的。郑老师也没有对此做出具体的描述,可能在于描述成果展示易,描述小组合作学习状态难。

第四,看学生学习成果展示。从学生的表现看,小组合作学习是很有成效的,学生对课文精彩之处的发现很有见地。成果展示不是展示了就完了,郑老师又加了两个环节,一是其他组点评,二是教师点评。这两个环节的增加,既是一种评价,也使对话空间扩大、延伸,课堂充满了交流的灵动。

第五,看"教师"与"专家"看法展示。交流了学生的看法后,郑老师把自己和"专家"拉了进来,"首先介绍自己的欣赏理解,再介绍专家的,之后让学生来点评"。学生对教师和专家看法的点评略去了,但我们可以想见郑老师这样设计的意图。学生小组学习交流、推选—学生成果展示、点评—教师思考成果展示、点评—专家思考成果展示、点评,既有步步推进、逐步深化的成分,也有让学生感觉到学生—教师—专家都是与文本、作者平等的对话者之意。

总之,这是一个精于设计的教学案例。

第二节 基于学习任务群的教学方法设计

一、学习任务群的内涵和教学实施

"学习任务群"是 2017 年颁布的语文新课标提出的一个核心概念,简单地说,学习任务群就是在一个真实任务笼罩下各个学习活动组合的群。在具有真实情境的学习任务驱动下,组织学习资源,开展融合阅读鉴赏、梳理探究、表达交流的多样学习活动,达成任务,这样的教学就是学习任务群教学。"任务群"统摄着零碎的学习内容和日常的教学活动。在日常的语文教学中,"文"是一个基础存在,而在学习任务群教学中,"群"是一个基础存在,那"群"和"文"是什么关系呢? 一是要从"群"出发,整体把握我们要完成的任务,从"群"走向"文";二是经过"文"的理解,再回到"群",以完成"群"任务为归宿。

下面结合"语文学习任务群教学基本模型"来做具体说明,如图 6-1 所示。

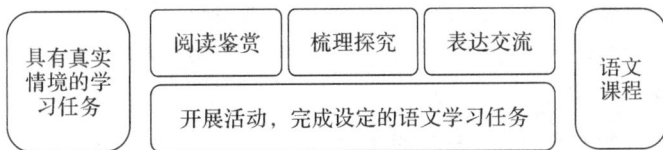

图 6-1 语文学习任务群教学基本模型

在这里,语文课程就是完成"具有真实情境的学习任务"的系列活动,在这个系列活动中,设计者要充分考虑学生阅读鉴赏、梳理探究、表达交流行为的发生。难把握的是什么叫"真实情境"。真实情境并非指客观事实的情境,而是指学生继续学习和今后生活中可能遇到的情境,这样的真实情境用"拟真实情境"表达应该更妥当一些。

举一个具体例子,我们用"拟真实情境的学习任务模型"来做说明,如图 6-2 所示。

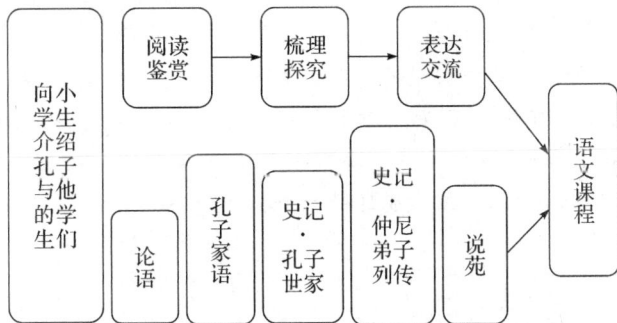

图 6-2 拟真实情境的学习任务模型

"向小学生介绍孔子与他的学生们",这个任务是一个"拟真实情境的学习任务",当然,学生也可以让它成为客观的真实。这个任务就是要高中生向小学生讲孔子与他的学生们的故事,要做好这件事,先要掌握一些资源,《论语》《孔子家语》《史记·孔子世家》《史记·仲尼弟子列传》《说苑》都是完成这个任务所需要的资源,这些资源如果把它们分为三组,《论语》《孔子家语》一组,《史记·孔子世家》《史记·仲尼弟子列传》一组,《说苑》一组,就可以设计三个融进阅读鉴赏和梳理探究的学习活动:在三组资源中通过阅读,整理出孔子与他的学生们的故事。读懂、整理好后,选择最感兴趣的写出来,讲给同学听,或找合适的小学生,讲给他(们)听,这便是表达交流了。显而易见,任务群的学习是深度学习。

任务群学习需要多篇文章的组合,是不是可以运用任务群学习的理念,进行单篇文章的学习呢?从本意出发,单篇文章的学习就没有了"群"这个概念了,深度学习也就大大减弱,但如果突出"任务性"来设计单篇文章教学,也是可行的。比如,要学习《语言的演变》,让学生带着"以《语言的演变》这篇课文为资源,准备一个课,向低年级同学介绍语言演变的规律"这个任务,这也可以看作任务群学习的理念在单篇文章教学中实现了。

提倡学习任务群教学,希望教学往哪个方向去?大致可以概括为三点:(1)从枯燥孤立的知识点教学到真实生活的主题情境教学;(2)从知识传输和被动学习的教学到富有挑战的学习任务教学;(3)从习题反复机械训练的教学到以解决真实问题为目的的教学。

二、学习任务群教学的案例及评析

下面是孙巧莲老师《项脊轩志》的学习任务群教学设计。① 这是立足于单篇课文的学习任务群设计,相对于多篇课文的任务群学习,更适合以一般学生为对象的教学。

(一)学习目标

1.阅读与鉴赏。借助工具书,自主积累语言知识,感受语言文字的独特魅力,增强对语言文字的敏感性,提高探究、发现的能力;品味语言,体验情感,感受作者的创作意图,提升文学欣赏能力。

2.表达与交流。结合文本阅读与自己的生活经验,发挥想象,尝试扩写或改写文学作品,加深对作品的理解,力求有自己的发现;与同学交流写作体会,对他人的写作进行综合点评,提出改进建议,积累、丰富、提升文学素养。

3.综合实践与探究。绘制归有光人物小报,制作文言知识小卡片,设计项脊轩景观布局图。

(二)学习任务

《项脊轩志》是明代文学家归有光的作品。归有光的远祖曾居住在江苏太仓的项脊泾,他把小屋命名为项脊轩,有纪念意义。该文是一篇借记物以叙事、抒情的散文。文章通过记叙作者青年时代的书斋,着重叙述与项脊轩有关的人事变迁,借"百年老屋"的几经兴废,回忆家庭琐事,抒发了物在人亡、三世变迁的感慨。

---

① 孙巧莲.百年老屋,三世情伤——《项脊轩志》的学习任务群设计[J].教育研究与评论(中学教育教学),2019(3):23-26.

时过境迁,如今文章千古流传,而归有光笔下的项脊轩却已消失。当地文化旅游部门准备重建归有光故居,现在请参与归有光故居重建计划,完成相应读写任务。任务框架见图6-3。

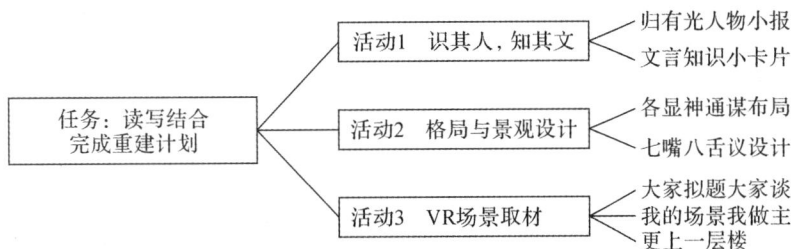

图6-3 任务框架

(三)学习活动

【活动1】识其人,知其文

1.具体内容

(1)上网搜索,自主查阅,搜集归有光的生平资料及代表作品,了解归有光一生的经历与创作历程,制作一份归有光的人物小报,展示分享。

(2)结合课文注释,查字典,梳理文言实虚词及文化常识,制作一份文言知识小卡片。

2.教学提示

归有光是文化名人,学习他的作品首先要对他这个人有所了解。知其人,才能更好地解其文。制作归有光人物小报,在锻炼学生动手能力的同时,可以让学生了解归有光坎坷的仕途经历,对科举功名的执着,也有助于对文本的深度解读。文言文阅读首先还是应该解决"言"的问题,在此基础上,才能实现对"文"的理解。这一部分基础知识的学习,应该由学生通过自读和查阅工具书,自己去梳理和归纳汉字、汉语现象,积累重要的实词、虚词,如"胜""先""凡""再""比""殆""手"等,文学常识如"归""来归""象笏""束发"等。

【活动2】格局与景观设计

1.具体内容

(1)立足文本,从细节处构想项脊轩的院落景观,小组合作共同设计一张项脊轩景观布局图,并用文字呈现规划说明。

(2)小组代表发言,用"图画+解说"的形式呈现学习成果。

(3)其他学习小组同学根据自己对文本的理解,点评设计图。通过图文对比,找到与课文不符的地方,提出异议,给出修改建议。

2.教学提示

创设任务情境,引导学生通过研读文本、细品文字、网络搜索、小组合作等多种形式展开学习,读写任务活动主要包括"项脊轩的格局与景观设计""设计规划说明""七嘴八舌议设计"三个环节。

项脊轩本身的格局,课文里有较清楚的介绍。学生通过对项脊轩院落景观的构成分析,实现对文本细节的理解和学习,个别地方需要教师引导补充。

【活动3】VR 场景取材

1.具体内容

项脊轩建好以后,内部摆设、外部规划也已经陆续完成。为了能让游客更好地走近归有光,亲身感受当年发生的故事,规划部门准备在项脊轩中装上 VR(虚拟现实)设备。现在请从课文中选择几个生活场景作为 VR 的素材。

(1)如果要进行场景取材,你认为哪几个生活场景可以进入其中?请给每一个场景拟一个标题。

(2)选择你认为最有必要选取的一个生活场景撰写拍摄镜头脚本。

(3)小组合作交流,互相点评,提出修改建议。

(4)在以上基础上,进行二次写作。

2.教学提示

此学习任务的设计在教学中起到承上启下的作用,从"景、物"转到"人、事、情",从课文第一自然段过渡到第二、三、四自然段对项脊轩生活情景的说明和描述。这个活动起于精读与揣摩,达于描述内容和分析理由的表达与交流。环节(1)主要考查学生对文章的提炼概括能力;环节(2)主要考查学生对人物情感的理解把握以及细节的描摹刻画,着眼于具体细节写作;环节(3)点评、交流、修改,引导学生品味、比较、甄别语言文字,读写共促;环节(4)是在环节(2)、环节(3)基础上的完善、提高。

(四)学习测评

1.运用记叙、抒情、议论等多种表达方式,撰写《重建项脊轩记》。

2.撰写"项脊轩"导游词,向游客介绍项脊轩,语言生动、形象,富有感染力。

以上两个活动可以任选其一完成。

学生可以参照学过的《岳阳楼记》《醉翁亭记》等"记"体文章,以追记的方式记叙重建的原因、过程、方案依据、意义和价值,将本文学习中对作者的了解、对文章的理解和评价以及文章在当代的意义和价值融合在一起,使读者有兴趣走进项脊轩,走近归有光。

导游词兼具应用性与文学性,其内容集知识性、趣味性、口语化于一体。写作顺序一般为:(1)问候欢迎,自我介绍;(2)总述景观,概括价值;(3)分述景观,突出重点。写作时可对本文中描述的几幅生活场景进行重点讲解,与项脊轩整体介绍相结合,以故事带动讲解,增强吸引力。

【评析】 在刊载的案例里,孙老师对自己的设计有比较充分的解释,这就好比上了课又做了说课。孙老师的解释很到位,另起炉灶进行评析实在没有必要,那我们就结合孙老师本人对这个教学案例的解释来做评析和补充吧。

孙老师认为:"《项脊轩志》是归有光的散文名篇,备受教材编者的青睐。人教版、苏教版、粤教版都选入此文,可见其有着广泛的认知基础。该文简洁生动,读起来朗朗上口,文中所体现的浓浓的亲情、爱情以及伤感之情,也易引起学生的情感共鸣。如何激发学生的积极性,让他们主动去挖掘情感?笔者把任务设计成以读促写、以写带读的读写结合模式。一方面,学生要在阅读文本的基础上,对相应场景进行还原式描写,形成文字段落;另一方面,对场景描写段落的点评,促使学生再次回归文本,纠正谬误,加深理解,形成更有见地的认知。"这段话孙老师说明了三点:第一,《项脊轩志》是有地位的,写的是精彩的,也就是说是值得教的。第二,怎么教呢?为了实现学生主动去学的目标,孙老师采用读写结合模式。

第三,用读写结合模式是有效果的。当然,这不是就"学习任务群教学"来说的,而跟"学习任务群教学"相关的是下面这段话。

孙老师说:"本设计是将单篇经典课文转换成学习任务群的尝试,试图改变过去教学中单篇精读、鉴赏的模式,以积极的语言实践为主线设计综合性读写任务,将阅读与鉴赏、表达与交流(写作)、探究与综合实践活动共同构成读写综合体。鉴于本文的文言性质,既需要有'言'的理解与梳理,又需要有对文章内容与情感的把握,还需要有片段写作、有针对性的驱动写作,故计划安排3个课时。"从这里可以看出,对于"学习任务群教学",孙老师做了如下两点思考:(1)单篇课文的教学是可以转换成学习任务群教学的。这无疑是积极的尝试。因为单篇课文的教学可能依然是语文教学的常态。(2)传统单篇课文的教学是以精读、鉴赏为主的,转换成学习任务群教学后,以积极的语言实践为主。这对学习任务群的把握是切中要害的,符合语文课程的特征。

如何创设学习任务群情境呢?孙老师解释:"任务群情境的创设应该符合这样几个要求:首先,有的放矢,具有针对性和目的性,是为了解决问题而创设的。其次,具有真实性,与日常生活中的语言实践活动相关,是为了应对现实中所接触到的实际问题而存在的。这也符合'语文课程是一门学习语言文字运用的综合性、实践性课程'的学科理念。"简单说,学习任务群创设要考虑针对性、真实性、实践性。而这个案例总的任务设计就是符合这三个特性的。孙老师说:"归有光是昆山文化名人。横穿昆山的震川路、位于昆山主城东部的震川中学,都能领略这位明代大家的流风余韵。如何架起桥梁打通古今,让今天的学生走近古代文化名人,在宽敞的教室中游览逼仄的项脊轩呢?笔者把总的任务情境,设定为归有光故居重建这样一个实践项目。"孙老师是苏州地区的教师,她所教的学生也是苏州地区的学生,昆山是属于苏州的一个县级市,那么孙老师与她的学生对归有光是有着一份特殊情感的,师生一起完成这样的任务,从而又学习了《项脊轩志》,这过程应该是充满动能的。

在上面这个总任务下,孙老师又设计了三个活动,组成一个"群":"识其人,知其文""格局与景观设计""VR场景取材"。孙老师解释:"活动1是强调自主阅读文本,查阅资料,完成基础的积累与落实。活动2是将文字表述转换为图片绘制,不仅可以锻炼学生的动手能力,还能加深学生对文章的理解、揣摩,是理解、鉴赏和运用的综合。活动3是侧重文字表达,行文要有自己的辨别判断,有充分的理由根据,能形成更准确、更高水平的文字表达。"其实,这三个学习活动有两个特征十分明显。一是充分体现在实践中学习。即使像活动1,很容易变成词句串讲的,孙老师以人物小报、知识卡片的形式,把静止的知识学习变为有趣的实践活动,可见她娴熟于教学设计。二是把阅读鉴赏、梳理探究、表达交流有机地融合在学习活动中,使语文核心素养在这个学习任务中可以触摸和感受。

最后,孙老师对自己的设计做总结:"经典文言文学习如何设计才能实现学习价值?还是课标里的那句话——以素养为导向,以实践活动为主线,'文本为我的学习而在,而不是我为文本学习',即考虑学生的实际需求、理解能力和接受方式,整合学习情境、学习内容、学习方法和学习资源设计学习任务,通过学习任务群的层层递进,使学生动脑、动手、动口、动笔,在实践活动和同伴启发中,进行积极的语言理解、运用与表达。"这段话可以看出,孙老师希望把经典文言文教出一个新天地,的确她也做到了,借助学习任务群教学的理念和操作方法,使《项脊轩志》教学别开生面。但有一点需要补充说明,经典文言文如何教才能实现学习价值,这应该有许多途径,且对文言文价值的认识,也有再认识的空间。也就是说,用学习任务群教学经典文言文是一种可以采用也应该采用的方式,但不是必需的方式。

第三节　基于生活语文的教学方法设计

一、"生活语文"的内涵和价值

语文能力有一个自然生长的过程,人们在生活、学习、工作过程中,要使用语言,在不断使用的过程中,语文能力得到发展,哪怕是不识字的"文盲",语文的某方面能力,比如说话的能力,也可以达到相当高的水准。这个过程是语文的习得过程,是不以语文为目的的、非自觉的过程。这种"语文"可以称之为"生活语文",虽然不以语文为目的,但有发生"语文"的事实。与"生活语文"相对的是"学校语文",学校语文是以语文知识为核心,以语文活动为形式,有目的、有组织的语文学习,它加速教育对象语文能力的发展,提升语文的品位,语文能力是一个学得的过程。生活语文与学校语文密切联系,前者是后者的基础,后者是前者的规范和提升;学校语文不能脱离生活语文,否则就失去了泉源,生活语文不能离开学校语文,否则免不了平庸、粗糙和肤浅。学校语文要充分发挥生活语文的强大的习得功能,使生活语文的无意识的、由语言天赋和语文潜能非自主推动的生活活动变为有意识的、自觉发挥语言天赋和语文潜能的语文活动,即使"生活语文"成为"语文生活",我们也可以设计一些活动来实现这一点。

过去,学校语文与生活语文联系不密切,学校语文有更多的学科化的"学究"气息,与生活语文相脱离,发现了这种脱离之后,又以生活语文的语文能力发展机制来否定学校语文,从一个片面走向了另一个片面。现在,越来越多的从事语文工作的人,意识到学校语文和生活语文不可偏废,各有功能。就课堂教学而言,学校语文加入更多的生活语文的因素,将会大大提高语文教学的生动性和吸引力。生活语文也有独立的设计价值,通过设计,生活语文可以从自发的学习进入自觉的学习,使生活语文成为语文生活。

生活中处处洋溢着语文,只要学生是个有心人,随时随地都可以学语文。但实际情况是,许多学生意识不到生活语文的存在,与生活语文很疏离,这就要求语文教师需要有生活语文的视野,精心设计生活语文学习活动,唤醒学生的生活语文意识。

二、基于生活语文的语文活动案例及评析

下面是包建新老师的"吾乡对联欣赏活动"生活语文活动案例[①],这是有别于"学校语文"的语文学习。

[背景说明]

热爱家乡的教育与语文学习有什么联系? 有一个天然的连接点,那便是对联。一个周末,我动员学生踏访家乡古迹,寻找品评对联,学生兴致很高,除了几个有事外,其他同学都

---

① 褚树荣.教室的革命[M].杭州:浙江教育出版社,2002.

参与了活动。我们分为四组,选择哪一组学生自愿报名。家乡临海城可以找到历史痕迹的地方很多,遍访将会花费很多时间,活动希望能在半天完成,因此划分了四个活动区域,每组一个区域。同学们事先知道我也要参加,纷纷打听我参加哪一组,我自然参加行程最长的一组:沿着古长城绕行大半个城市。结果,全班有三分之二的同学参加了这一组。我清晰记得当时带领学生游览的过程,清晰记得同学在游览过程中兴奋、欣喜的心情。

我们会停在某处古迹前,为一副对联中其中几个字是什么字费劲猜测,甚至争得不亦乐乎;我们会站在古人曾经站过的某处,放眼远望,感受某副对联描述的情景。有的对联,我也猜不出是什么字,有的字认得却不知道怎么读,不知道什么意思,这时候会有学生拿我来取笑;当我讲自己所知道的时,几十个学生围拢着倾听,你会感觉这是别样的课堂。我们也拍照片,聊天,聊古事,聊人生,聊山水,聊艺术……

这一届学生早已参加工作了,师生聚在一起,回忆往事,他们最先提起的总是那次游览的经历,教了那么多篇课文,却就这个成了学生永久的回忆,不免令人有些许心酸,也让人不由得沉思。

[活动目的]

每一座城市(包括一些乡镇)都有自己的名胜古迹,几乎每一处名胜古迹都撰有对联永传后世,成为当地所特有的人文景观。这些对联大多是感知当地自然景象、历史文化的窗口。对联的撰写多出于大方之家,言语形式往往新颖别致。踏访古迹,找寻对韵,自然是有趣而又高雅的活动,围绕着对联欣赏的目的,锻炼了身体,陶冶了情操,增进了对家乡的热爱,领略了多姿多彩的书法艺术。

[活动准备]

踏古迹就要走出校门,有四点必须充分考虑。一是"踏"的时间,如果课务调整不便,可安排在周末进行,这是一个有趣的活动,即使放在周末,学生也会乐于参加的。二是"踏"的地方,有的地方要门票,应考虑一个妥善解决的办法。三是"踏"的安全,活动之前安全问题要充分强调,不能笼统地提要求,要指出具体的注意事项。四是"踏"的组织,可以分为若干小组分头行动,每组推选一位小组长负责整个行动过程。当然,活动的目的是欣赏对联,要带上笔和笔记本,不能走马观花,不仅要记录下对联,还要从碑文等文字介绍中记录与此处名胜古迹的对联有关的内容。此外尚需借鉴地方志、有关对联书籍、城市旅游图等。

[活动过程]

活动过程应当早有计划,在计划活动过程中有一点应特别注意:不能让这次活动流于一般化的游历,要让这次活动成为一次人文教育。要做到这一点,教师应当讲清这一类对联对于认识当地历史,感受当地自然的意义,并要提出明确的要求。具体可以分为几个步骤。

(一)品对联

教师可用其他地方名胜古迹的对联做材料进行品评,增进学生了解这方面的知识,增加活动的兴趣。所举例子讲解时应有不同侧重。①鱼戏平湖穿远岫/雁鸣秋月写长天。此联所写是杭州西湖"平湖秋月"之景,上下联嵌"平湖""秋月"点明景点。上联写远处山峦倒映在水中,明净清晰,鱼儿在水中戏游,从倒映的山峦穿梭而过;下联写秋天,皓月当空,鸿雁排着整齐的队形,犹如写在天空中一般。对联与胜迹互相映衬,融为一体,不可分割。吴恭亨称:"山川祠庙,非借文人之题咏,即名胜亦黯然失色""江山之奇,借文字而益显"。

（《对联话》）对联是名胜古迹不可或缺的一部分。②搁笔题诗,两人千古/临江吞汉,三楚一楼。此联题于武汉黄鹤楼。从此联可窥视黄鹤楼的历史印迹。上联提到了两位与黄鹤楼有关的唐代诗人。据辛文房《唐才子传》记载,崔颢登此楼,曾作《登黄鹤楼》:"昔人已乘黄鹤去,此地空余黄鹤楼。黄鹤一去不复返,白云千载空悠悠。晴川历历汉阳树,芳草萋萋鹦鹉洲。日暮乡关何处是? 烟波江上使人愁。"后李白登此楼,本欲赋诗,因见崔颢此作,为之敛笔,说:"眼前有景道不得,崔颢题诗在上头。"下联点明黄鹤楼的地理位置,位于长江与汉水的交汇处,战国时属楚地。"三楚"即楚地,古分西楚、东楚、南楚,故名"三楚"。黄鹤楼有楚地第一楼之美誉,所以联曰"三楚一楼"。此联一经咀嚼,真是韵味无穷。③两间东倒西歪屋/一个南腔北调人。此为绍兴青藤书屋一名联,作者为徐渭。徐渭,二十岁成诸生,屡试不中,怀才不遇,撰此联以自嘲,屋之"东倒西歪",人之"南腔北调",于嬉笑之中见狂放不羁、追求自由自在的个性,由联及人,由人及联,令人畅怀又生嗟叹。

（二）明要求

活动组织方面的要求自当说明,但主要是要让学生每到一处胜迹能沉下心来对对联咀嚼品评。据此应当明确几点要求:①所到一处胜迹,遇对联则工工整整地抄录,如遇有些文字因书法艺术上的追求而不易辨认,则小组同学聚集一起反复琢磨。琢磨而不可得,则按原来的形体描摹下来。所抄录的对联下面要注明出自何处胜迹。②如遇写景名胜联,则顺对联撰写者对此处风景的观察角度再度感受,以品味到对联之妙方好。③联中可能会涉及地方历史、地理方面的知识,可就近向知情者讨教。④对联中涉及的历史人物、故事,于胜迹中其他文字的阅读求得了解,并做好笔记。以上要求说明后,教师可向学生提供几个对联欣赏的范例(范例见"活动附件")。并明确寻访胜迹结束后,每一副对联都要模仿范例,写一段欣赏文字。这样便于学生走到对联的境界之中去,给踏访以明确的方向。

（三）踏胜迹

把城市按空间划分几块,每组踏访一块,按照旅游图,给每组框定合理的路线,遇名人故居、老店、亭台、寺庙等驻足,遇对联则观、感、思、记、议。

（四）寻对韵

实际上,踏胜迹与寻对韵是同步进行的,如果踏访胜迹只看表象,没有按照所提的要求去做,韵也便无所寻了,此处只是为了说明的方便而分开来说。此外,对韵不仅包括对联所包含的音韵,也包括情韵、意韵。此处的"寻"也不再停留在观、感、思、记、议阶段,而要形成文字,写成赏析文章。具体可如此操作:①把所抄录的对联及摘录的有关对联内容的文字按小组整理好汇集,有因书法艺术原因而不能辨认的形体在汇集前予以确认。②汇集的材料按小组顺序打印出来,人手一份,便于不同组之间交流。③为每一副对联撰写欣赏文字。有的对联有关内容了解不充分,可根据地方志等有关材料查实。要保证每一联都有撰写者,撰写规格可依照范例,允许有所突破。④欣赏文字撰写好之后,由小组集体修改润色。如对联少学生多,可由几个学生组合撰写,先讨论,后由其中一个学生执笔,文成后由其他同学加工。如对联多,可由学生交换加工,力求所撰文字保证质量。⑤欣赏文章汇编成册,并集体讨论小册子的名称,如"吾乡对韵"等。教师可为这个小册子作个序言(也可由学生拟作),小册子成形后,学生人手一份。

[活动建议]

该活动课内安排3课时,第1课时为"品对联""明要求",以教师讲解说明为主。第2课时对联欣赏文字的撰写。第3课时修改、润色、补充,宜分小组进行。3课时安排视活动进程而定。中间环节自然在课外进行,教师在策划、组织、调控方面要多花心思,要保证此项活动有序、有效。做到"有序",则要强调组织纪律,选好小组长,合理安排路线;活动程序要紧凑。做到"有效",则要强调活动目的和要求,让学生走进对联。

该活动成果,可联系地方刊物、报纸,选发一部分。如质量符合要求,客观条件允许,可以开辟专栏连发,让学生领略活动的价值和意义,领略成就感,鼓舞志气,激发创作信心。

[活动附件]

一、对联欣赏范例[①]

杭州西湖苏公祠
华秋槎

泥上偶然留指爪

故乡无此好湖山

苏公祠在杭州西湖孤山中部。全联均集自苏轼诗词:上句见《和子由渑池怀旧》"人生到处知何似? 应似飞鸿踏雪泥。泥上偶然留指爪,鸿飞那复计东西"。下句见描写西湖的《六月廿七日望湖楼醉书五绝》"我本无家更安在? 故乡无此好湖山"。联语用苏氏口气,既感叹在杭时间的短暂,又赞西湖的美景。苏于北宋神宗及哲宗年代,先后两次被贬杭州,一任通判,一任知州。他寄情山水,为民排难解纷,颇有惠政。上联谓前后五年,在一生中,只不过是泥上留爪。下联谓家乡四川眉州虽风景如画,但与杭州比,也显得逊色了。

杭州黄龙洞鹤止亭
陈次平

月上新亭,把酒待招玄鹤至

风来古洞,倚松静听老龙吟

黄龙洞,又名无门洞、飞龙洞。在西湖北山栖霞岭北麓。相传南宋淳祐年间,江西黄龙山高僧慧开,曾来此结庵说法,因名。后山峭壁塑有龙头,龙嘴泻水如珠帘垂池。临池有鹤止亭,北宋诗人林逋养于孤山之鹤常飞止于此。民国三十七年(1948年)陈君撰联时,亭刚修葺,故联称新亭。旧传鹤千年化苍,又千年变黑,故称玄鹤,即仙鹤。上联吊古:写月亮升上鹤止亭,游客端起酒杯,期待能重招仙鹤飞来伴饮。下联写游客神态:趁有风从古洞吹来之时,人们身靠松树,静听老龙龙嘴泻水吟鸣之声。联语内容既切题意,又紧扣景观;既据景实写,又有神奇想象。风格豪放浪漫。

二、学生所采集到的地方对联

普度接引人人归善念	贤明点化个个得欢喜(普贤寺)
炉鼎巍峥三子界	佛法妙乐洁人心(普贤寺)
龙逮青山无意	顾依绿水有情(龙顾亭)
回望双峰两塔	斜看一水三江(龙顾亭)

---

① 苏渊雷.绝妙好联赏析辞典[M].上海:上海辞书出版社,1994.

有缘山色来禅寺　　　　　　无恨风光映白云(白云寺)

十里松山藏古寺　　　　　　百重云水绕青山(白云寺)

登楼尽览名城　　　　　　　品茗畅抒胸怀(平海楼)

西来山色连天姥　　　　　　东去潮声掠海门(望江亭)

两岸青山竞秀色　　　　　　一江春水胜潮声(挹秀亭)

万众一心聚沙为塔　　　　　乡亲群集跨水成虹(望江门)

近寺钟声连海月　　　　　　远峰塔影动江波(松鹤亭)

峰头两塔古　　　　　　　　崖上一亭幽(道翁亭)

风送香气小住为佳　　　　　月点谈心静观自得(半勾亭)

四面荷花三面柳　　　　　　一城山色半城湖(半勾亭)

怀古起新愁,难平义愤牢骚,愤顶红霞凝碧血

抚今追旧恨,借得胥涛种浪,潮头白马慰忠魂(杨节愍公祠)

怀古寓神游,何须风马云车,塔影斜阳双打桨

抚今消旧恨,无复胥涛种浪,江心月明静沉珠(杨节愍公祠)

虔诚敬佛佛犹在　　　　　　助人为乐乐长春(中斗宫)

自凭双塔贯江凤　　　　　　可拥三台衔日月(中斗宫)

祥云烟气集梵宇　　　　　　慧日烛光照大千(龙兴寺)

大肚包容了却人间多少事　　满脸喜笑拂开天下古今愁(龙兴寺)

九霄云气三台近　　　　　　百里江声一鸟远(三元宫)

石压笋斜出　　　　　　　　谷阴花后开(郑广文祠)

三绝诗书画　　　　　　　　一官归去来(郑广文祠)

椒海七年教启化　　　　　　沧州三绝画诗书(郑广文祠)

三、学生撰写的对联欣赏两则

郑广文祠

高一(11)班　毛林建

椒海七年教启化,

沧州三绝画诗书。

　　郑广文祠,为纪念"台州教育之祖"郑虔而修建,现位于临海城关八仙岩前。郑虔,字若齐,曾担任广文馆首任博士,人称"广文先生"。唐至德二年(757年),因受安史之乱无辜受牵连,被贬至台州任司户,直至去世。当时台州远在边陲,民风朴陋,文人稀见,远落后于中原地区,郑虔见此情景,毅然担起教化之责。先后七年间,大兴文教,选民间俊秀弟子,升帐设馆,教以正学,使台州逐渐成为文明之都。其上联"椒海七年教启化"便是就此事而言。椒海这里指当时的台州。下联中的"沧州"指郑虔的一幅沧州山水图,此图上题诗一首献于唐玄宗,唐玄宗看完此图后,即亲自题上"郑虔三绝",因此其诗书画有"三绝"之说。这副对联表达了台州人对其为台州教育所作的贡献的无限感激及对其才华的仰慕。

三元宫

高一(11)班　余　燕

九霄云气三台近
百里江声一鸟远

三元宫,位于巾山上,为纪念先辈杨节愍所建,杨节愍,原名张镇毅,明清时代台州人,年轻时投笔从戎,为抗清民族运动立下汗马功劳,这副对联明写三元宫之景观,实则描述杨节愍的不朽伟绩,写景观之妙则更突出杨节愍品节之高,如"九霄云气"大有脱俗之感,"百里江声"却有雄壮之意,写明了三元宫临灵江气势,更写出了杨节愍的高风亮节源远流长。至于"三台近""一鸟远"更深一层描绘了杨节愍的非凡影响力。"三台"乃是为杨所修建的公祠,"近"传神地表达了后人对杨的奠念之情;"一鸟"来喻杨,则是出神入化地表现杨在战场上有如鸟儿在空中驰骋自如,如鱼得水,可见杨当年之神勇,"远"则恰如其分地点出杨之迹远扬,也体现了杨在人们心目中的崇高地位。

【评析】　学生有一种状况是值得语文教师深思的,不少学生,游览胜迹,踏足自然,往往兴之所至,感受空洞;记游文章则言之无物,肤浅表面,只叙过程,难见血肉;情感世界单薄,见名人故居,乃是破屋几间,遇寺庙,却也大同小异,进亭阁,只是小憩去处。生活语文的贫乏使语文学习失去了源头活水。怎么办? 语文教学要积极介入。这个案例就是教师主动介入生活语文的实例。

这个案例介入生活语文有两个节点。第一个节点是对联。对联,可谓是大雅与大俗的统一。说它大俗,逢年过节,从城市到乡村,从巍峨楼宇到破旧小屋,从豪门大户到闾巷草房……家家户户写之贴之,文学之中,最为通俗;说它大雅,对联之道,看似简单,易于上手,实则博大精深,俗手难为,一语点染,浑然天成。它高可入象牙之塔,低可就陇亩田间;是阳春白雪,文人赏玩不已,也是下里巴人,文墨不通者也可品读一二。对联只有汉语才有,汉语能对,是因其音节、语素、文字三位一体,因此对联可谓最为民族的。对联一般与书法联姻,对联加书法,是民族艺术独创。语文教学怎可视而不见? 第二个节点是胜迹。每一个城市都有属于这个城市的胜迹,对联与胜迹往往相得益彰,对联或描绘胜迹的自然景致,或隐含历史踪迹,或抒发书写者之胸臆,或传达某种哲理……循对联而思前人观景之角度,觅历史人物的踪影,体会撰写者丰富的思想感情,或观眼前景色,阅读前人古事,感受身边环境,而揣摩对联表达之妙、言辞抓取之功,都是语文素养的提升,而这个提升,不是教给,而是游玩所得,生活本身就是语文。

生活语文并不比学校语文低下,学校语文应该更多吸纳生活语文的营养。这样的活动多了,学生自然会相信生活处处是语文,只要做生活的有心人,语文学习随时随地都可发生。

踏胜迹,赏对联,这样的生活语文学习活动,有趣有味,从学生写的对联欣赏看,也有所得,而且比起课堂教学,所得也许更多。可以进入生活语文教学设计的资源很多,大街上的条幅标语、灯箱广告,在商场、超市购物时看到的产品说明,打开电脑,网络上的各种语言,走在老街,城市原居民的方言土语……都是有待开发的生活语文资源。

第四节　推进整本书阅读的教学方法设计

一、整本书阅读的重要性与教学策略

2017 年的高中语文课程标准把整本书阅读写入，义务教育的整本书阅读早已成为事实，整本书阅读成了中学语文教学的重要内容。整本书阅读我们应搞清楚三个问题：为什么要阅读整本书，阅读哪些整本书，怎样组织、推进阅读整本书。

为什么要让学生读整本书？一直以来，语文教材都是由短篇文章组成，语文教学也主要是短文单篇文章教学，这不利于学生分析、综合的思维能力培养，不利于学生更深入更开阔地思考问题。要让学生有大格局思维，更有深度地学习，更有宽阔的视野，语文教学不能只停留在单篇的短文教学。于是，从篇的数量出发，群文阅读教学得以强调；从篇的长短出发，整本书阅读教学便被极力提倡。

应该让学生阅读哪些整本书？这个问题既简单也复杂，说简单，按教材所推荐的书目阅读便是，说复杂，哪些整本书要去读从某种程度上说是难以规定的。首先要分清楚自由阅读和推荐书目阅读。即使没有整本书阅读的要求，不少学生也会自己选择一些书来阅读，这是具有良好阅读潜能的学生，这种自由阅读是很可贵的，我们所要做的是保护。其次要认识到阅读是一场精神相遇，遇到一本书具有一定的偶然性，但遇到需要一种氛围，一个书香家庭，孩子容易有这样的"遇到"。因此营造氛围有时比推荐书目更重要。再次，我们要有推荐书目和选择什么书来读的要求，一则帮助那些找不到适合阅读书目的学生，二则对整本书的选择要有明确规则。当然，从教学角度看，自由阅读难以形成教学线索，具有教学意义的整本书阅读是指包含在语文课程中的，作为一种正式的语文学习活动的整本书阅读。

作为一种正式的语文学习活动的整本书阅读，教师应怎样组织、推进呢？

第一，从态度层面看。教师首先要善于读书，教师读起来才能带动学生读起来，教师读进去才能指导学生读进去。师生共读一本书是不错的选择，教师把自己放在与学生同一个起点、同一种阅读者的身份，与学生阅读、讨论，做一个学生阅读的同伴者，同步推进整本书阅读，这样会更好地带动学生形成良好的阅读氛围。当然，教师也少不了从阅读者的身份跳出来，指导、督促学生阅读。

第二，从方法层面看。读什么书，在有选择的前提下，跟学生商量，各人摆出理由——这本身就是阅读讨论。要指导学生口、手、心并用，阅读与思考结合，要让学生了解在阅读遇到困难时解决的办法。阅读动能可以考虑内部激发和外部控制。内部激发，就是介绍书中最精彩的内容，引发学生阅读愿望；外部控制，就是通过一些督促手段，保证学生能够持续阅读。阅读推进过程可以是：导读—推进—主题讨论。当然方法不一而足，但无论采用什么方法，让学生读，促进学生读，这是根本。

第三，从教学的课堂形态看。可以设置整本书阅读的导读课、赏读课、议读课或讨论课等。导读课的主要目标是让学生感觉到某本书值得读，以教师或有相关阅读经验的学生介绍为主，名家推荐、精彩段落、全书内容、所处地位等内容介绍都会引发学生的阅读愿望。

赏读课一般在阅读持续一段时间后进行,主要目标是让学生知道如何欣赏所读的书,让学生知道它好在哪里。赏读课像平时教节选课文一样,但最好以学生发现为主。议读课或讨论课,主要目标是让学生分享阅读感受、阅读发现。议读课最好让学生自己组织,教师可以作为一个阅读者参与其中。

二、推进文学类整本书阅读的案例及评析

下面是郑超老师用分享式阅读教学推进《红楼梦》整本书阅读的案例①,相对而言,分享式阅读比较适合文学类整本书阅读。

《红楼梦》整本书的分享阅读之旅,分三段旅程。

(一)分享激趣,阅读入门

本段旅程是《红楼梦》整本书阅读的起始。阅读方式是师生集体分享共读。

具体操作如下:(1)"有能力的阅读者"选择合适的版本,截取书中相对完整的故事片段印发下去。(2)师生共读,教师示范阅读,分享个体阅读体会与经验。

分享阅读目的:创建一种轻松、和谐、友好的阅读生态,激发学生的阅读兴趣、阅读潜能,进而帮助学生寻找到《红楼梦》整本书阅读的门径。

分享截取的是"一个娇杏(侥幸)的甄贾(真假)故事"。这是第一、二回中出现的一个相对独立却颇有意味的小故事。其中的小丫头"娇杏"只是"因为在人群中多看了几眼"而改变了自己的人生,一路从一个小丫头变成官老爷的妾,再到有儿子的妾,再到扶正为夫人,她的名字似乎早已预示了她的命运。人物的名字充满隐喻,预示了人物的命运走向,这是《红楼梦》写作的一个独特标记。而这个明显有揶揄中国古典小说中"私订终身后花园,落难书生中状元"套路的小故事,却是书中难得的大团圆结局,娇杏这个小丫头无"命"却有"运",她的结局似乎好过了书中其他的所有女子,特别是她和曾经的"小姐"甄英莲(真应怜)之间的对比,让人唏嘘。另外,娇杏这个人物的有趣之处,还在于她是连接甄士隐和贾雨村这两位人生的一条纽带。甄家的败落和贾雨村的上升,折射了很多那个社会的信息。最后,甄士隐与书中神魔部分关键场景"太虚幻境"的牵扯,贾雨村与书中现实部分核心"贾府"的关联,甄士隐去(真事隐去),贾雨村言(假语村言),如果解读下去,都能打开一片新的阅读天地来,这些都可以成为《红楼梦》整本书阅读的全新打开方式。

集体分享共读过程中,有选择地朗读其中的片段,通过语音的轻重缓急、停顿变化,以及"节点"处片言只语的点拨,引导学生梳理情节线索,共同探究人物的精神世界,尝试着从人物分析入手,让作品里的精彩故事真正摇曳生姿起来。

(二)独立初读,分享共进

本段旅程当是《红楼梦》整本书阅读的主体部分。阅读方式是以学生读者独立阅读为主,辅以各种形式的阅读回应、阅读分享。

具体操作如下:(1)学生读者根据"有能力的阅读者"留下的各种提示形成全书框架的整体印象。(2)学生读者进行全书的独立阅读。(3)定期通过教室板报、微信公众号、微信群等平台进行阅读回应、分享。这个过程中要拓展分享的对象,可以是师生交流、生生交流,还可以是网络中"阅读同伴"的交流;分享的时空也可以拓展,而不仅限于课堂、教室。

---

① 郑超.用分享式阅读教学推进《红楼梦》整本阅读[J].教学月刊·中学版(语文教学),2019(6):32-35.

分享阅读目的:学生根据引导自主初步阅读,形成全书框架的整体印象,了解作者曹雪芹"写了什么";将这个过程中积累的经验共享,聚合经验。

在这段旅程中,教师除了规划阅读路线、实时指点之外,还邀请出四位"地接导游",他们都是书中的人物,第一位是第二回中"演说荣国府"的冷子兴,第二位是"抛父进京都"入贾府的林黛玉,第三位是"游幻境指迷十二钗"的贾宝玉,第四位是在第六回"一进荣国府"、第三十九回二进荣国府游大观园的刘姥姥。

四位"地接导游"的出场,首要目的是帮助学生理清书中的人物关系。《红楼梦》中的人物关系庞杂,民国初年(1912年)兰上星白编了一部《红楼梦人物谱》,共收721人,又收《红楼梦》所述及的古代帝王23人,古人115人,后妃18人,列女22人,仙女24人,神佛47人,故事人物13人,共262人,每人略考其生平及传说。以上合计,共收983人。我们的阅读虽不至于要观照到以上所有人物,但书中荣宁两府的重要角色,特别是红楼十二钗正册、副册、又副册的相关人物,她们在书中的身份地位,与其他人物的关系,没有"导游"或"导览",将会成为阅读的一大现实困境。那四位"地接导游"其实是作者曹雪芹特意的安排,这也是这位高明作者天衣无缝、不露声色的阅读指引。可是,即使是这样尽职的指引者,没有"有能力的阅读者"的引荐,恐怕也会被没有什么阅读经验的学生读者轻易地错过。

引入"地接导游"的第二个目的是帮助学生架构起全书的情节框架。除冷子兴之外,另外三位人物,宝黛二人不仅是全书的主角,还是贯穿全书的线索性人物,刘姥姥与贾府的三次交集,则是贾府由盛转衰的几大重要节点。其实除去那四位"地接导游",作者曹雪芹还贴心地设置了"指示牌"——回目标题。然而学生读者的阅读现实是:打开书就从正文的第一个字开始读起,从没有阅读目录、回目的习惯。因此,通过阅读目录进行内容检索,在一定的时间之内抓出一本书的重点的略读或预读这些检视阅读的读书方法,当由"有能力的阅读者"手把手地去示范。

本段旅程还设置了两个特别的活动环节:其一是由"有能力的阅读者"按照人物检索的方式编写人物相关情节的精彩提示,类似于播放进度条上的重要节点提醒,可以帮助初次阅读者快速找到相关情节。其二是人物或者故事相关的话题衍生探讨,这些探讨利用微信公众号平台发布,或在班级后墙的"阅读角"张贴,模仿豆瓣读书的发帖、跟帖模式,以"便利贴"方式留言分享呈现。这些经验分享在达到一定的积累之后,就将其成果化。

(三)定向分享,再读提升

本段旅程是《红楼梦》整本书阅读的高阶阶段,阅读方式是互文阅读和定向分享阅读。这个阶段的阅读是《红楼梦》整本书反复重读、终生阅读的开始。

具体操作如下:

1.引导学生通过阅读经验的分享与积累,努力使自己达到分析阅读的第三阶段:像是沟通知识一样地评论《红楼梦》,进而结合自身的阅读体验,努力去触碰作者想要呈现却又刻意隐藏的主题。

2.教师有选择地引入特殊的"有能力的阅读者",就是对《红楼梦》的主题进行了探索、思考的文学家、评论家,截取其相关评论文字,然后进行互文阅读、定向分享阅读。

分享阅读目的:引领着同学阅读分析"大家"的观点,然后将其纳入自己的思考中来,接着再一次地回到作品,重新探索、寻觅,形成一个螺旋式上升的阅读循环圈。

引入特殊的"有能力的阅读者"为鲁迅、蒋勋、毕飞宇。

鲁迅先生在《中国小说史略》中将《红楼梦》定义为"清之人情小说",并且在描述各家对小说主题的不同解读时说道:"经学家看见《易》,道学家看见淫,才子看见缠绵,革命家看见排满,流言家看见宫闱秘事。"①

美学大家蒋勋先生说:"《红楼梦》是可以阅读一辈子的书。我是把它当'佛经'来读的。因为处处都是慈悲,也处处都是觉悟。""我们不只是在读《红楼梦》,我们在阅读自己的一生。""《红楼梦》的作者引领我们去看各种不同形式的生命,高贵的、卑贱的、残酷的、富有的、贫穷的、美的、丑的。"②

作家毕飞宇说:"你不读《红楼梦》,你就不会懂得中国的宗亲,你就无法了解那个巨大的、隐形的、神秘的中国,你就无法懂得中国的社会为什么会是'人情社会',你就没法认识'人情社会'的温暖和'人情社会'的邪恶。"他说,"我记得自己在大学时候,第一次对《红楼梦》感兴趣,是阅读了周汝昌解读《红楼梦》的书,因为我自己只看到曹雪芹写了什么,而看不到他的未尽之意,而周汝昌的解读让我着迷,看完他的书,再回头阅读《红楼梦》,有种拨云见日的感觉,后来迷上了各种版本的《红楼梦》解读著作,蒋勋、刘心武、张爱玲,每读一本,对照原文,都能给我新的启发。""有另外一部《红楼梦》就藏在《红楼梦》这本书中。"③

当然,以上这些定向分享阅读的全过程中,我们所追求的阅读的氛围同样是轻松自由的,"客观、真实、常态"是分享式阅读所追求的体验氛围。而居于中间地位的"有能力的阅读者",他的阅读习惯、阅读品位也将以一种示范式、引领式的方式,不动声色地、友好地渗入每一个层次的阅读训练当中,潜移默化地激发着学生的阅读潜能,进而助其形成和积累起适合自己的阅读整本书的经验。

【评析】　为什么选择用分享式阅读的方式带领学生阅读《红楼梦》,郑超老师这样说:"在高中推进《红楼梦》整本书阅读的时候,曾遭遇不小的阻力,绝大多数的高中学生反应'读不下去',询问下来,原因有书厚如砖,人物关系庞杂,首尾莫名的神魔色彩,书中夹杂的大量古诗词……'死活读不下去'的阅读体验,让高中生在此类经典的整本书阅读中基本停留在未起步状态,如果没有外部助力,单枪匹马的学生阅读者很难在这条阅读的路上走下去。"许多高中生的阅读经验与经典是有距离的,这个距离依靠学生自身可能很难解决,如此看来,用分享式阅读的方式,大家一起阅读,共同走进经典,是缩短学生阅读经验与经典距离、提升学生阅读能力的一种值得提倡的方法。

整本书的分享式阅读教学,前提是师生共同阅读,要义是分享。有能力分享的肯定需要走在前面,能够做到这一点的首先是老师,因此,开始的分享往往是老师的阅读分享。随着阅读的推进,会有一些学生成了"有能力的分享者",教师通过观察、交流、批改作业等方式了解这一类学生,然后让他们来分享。到学生能做分享的时候,可以说阅读已经往深处推进了。这个整本书阅读的推进过程可以表述为:师生在共同阅读的基础上,由教师分享阅读引导带动学生进入阅读状态,进一步师生共同分享阅读,把教师分享的阅读经验和学生分享的阅读经验融合在一起,共同使整本书阅读走向深处。这样从无到有,出浅入深,很符合学生的认知规律。

①　鲁迅.鲁迅全集第8卷·集外集拾遗补编[M].北京:人民文学出版社,2005:179.
②　蒋勋.蒋勋说红楼梦[M].北京:中信出版社,2017:4.
③　毕飞宇.小说课[M].北京:人民文学出版社,2017:47.

要让分享式阅读能够顺利实行，一要创建一种轻松、和谐、友好的阅读生态，去激发学生的阅读兴趣、潜能，并助其寻找到名著整本书阅读的门径；二要将师生在阅读过程中积累的经验共享，聚合经验，最终引导学生形成和积累起适合自己的整本书阅读的经验。

三、推进学术类整本书阅读的案例及评析

下面是朱林鹏老师推进学术类整本书《乡土中国》阅读的案例[①]，相对而言，这个案例中所采用的方法，比较适合学术类整本书阅读。

一、借助阅读打卡，推进《乡土中国》阅读

将"打卡"形式借鉴到学术类整本书的阅读过程中来，在阅读初期，能够有效帮助学生养成良好的阅读习惯。具体操作如下：

1. 班内打卡。可将全班同学分成若干个阅读小组，设定小组长，由本组成员商量制订打卡规则及奖惩机制。比如有小组成员约定在阅读《乡土中国》前，上交 21 元现金至组长。每位组员每天需阅读完成至少 5 页的阅读量，并上报组长处登记，组长定期上报汇总至课代表。科学研究证明，21 天能够有效帮助形成一个习惯。学生成功坚持阅读 21 天后即可拿回全部现金，若失败，则需由该组员用这笔钱为整组同学购买零食或小礼物。在此过程中，同伴间的相互监督与鼓励，能够帮助同学度过阅读初期的畏难心理，同时也能构建起阅读讨论交流的良好氛围。

2. 假期打卡。同学在校的阅读时间有限，假期在家的阅读时间更为宽裕，但教师如何知晓学生在家的阅读进度一直是个难题。在信息技术发达的今天，教师可以借助现有的打卡软件，解决这一难题。比如利用微信小程序"班级群小管家"，面向全体学生发布打卡任务，制订打卡规则。学生可按照《乡土中国》的章节定时上传照片及阅读笔记，该小程序能帮助教师快速统计学生的阅读进程，并及时督促提醒阅读进度滞后的学生。教师在收到阅读笔记后，可以进行打分评价，也能与学生实时交流，探讨阅读感受。

二、共绘思维导图，明晰《乡土中国》脉络

学生在绘制思维导图时，可以用关键词串联起对章节内容的理解，用图示对书中思维进行形象化、结构化的处理。这在某种意义上能够帮助学生简化书中内容，更为高效地理解、掌握书中理论。具体操作如下：

1. 教师示范，明晰要点。先由教师讲解绘制思维导图的注意点，主要有：(1)思维导图中的关键词应短小精悍，目的是让自己借由一个词回忆起一块内容，因而词本身不可过于冗长；(2)思维导图的关键在于"作笔记"而非"记笔记"，是对原书内容理解后的再创造，而非简单的机械记忆；(3)注重思维导图的可视化，绘图可手绘，也可借助"百度脑图"或"MindMaster"等电脑软件进行绘制，提升思维导图的可用性。再由教师出示个人绘制的《乡土中国》第一章导图做范例，可以围绕"基层""土气""时空""熟人社会""生人社会"等关键词来绘制。同时，在读完整本书之后，也可借助思维导图来对整本书目录进行再重组（如图 6-4 所示），以求梳理出更为清晰的书籍框架。

---

① 朱林鹏.如何缩短学生与学术类整本书的距离——以《乡土中国》的阅读教学为例[J].教学月刊·中学版（语文教学），2019(9)：27-29.

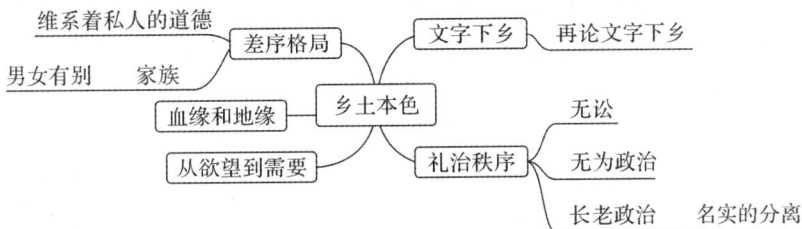

图 6-4　《乡土中国》目录重组思维导图

2.学生实践,组内评选。在听完教师讲解后,全体学生可就第一章内容绘制思维导图,并分享至小组内,由组员评选出其中的优秀思维导图。评价思维导图优劣的关键点有:关键词是否简明扼要;结构是否逻辑清晰;图示是否形象直观等。再将优秀思维导图置于班内展示,起到榜样示范的作用。

3.代表讲解,分析导图。在完成思维导图后,可邀请部分学生结合个人的思维导图,分享个人阅读感受,同时讲解绘制缘由,讲解的过程也是带领学生一同理解书中内容的过程。

三、开设微信公众号,分享阅读成果

教师可以将学生的优秀文章通过微信公众号发布,实现与学生更为紧密的互动交流,打破过往教学中时空的限制;同时也能扩大作品的展示面,学生因此更受鼓舞,从而有更强烈的阅读和写作的热情。具体操作如下:

1.建立公众号。教师指导课代表建立班级微信公众号,熟悉相关流程,由课代表进行日常打理,教师只需作稿件的最后审核,不要试图一手包办,以培养学生独立自主的能力,减轻教师个人工作负担。

2.教师征稿。可由教师指定主题,要求学生撰写文章,以便对作品进行横向比较。例如在《乡土中国》一书中,教师可以提供以下主题供学生参考:"《乡土中国》的现实意义""《乡土中国》家庭观念之我见""浅析《乡土中国》中的差序格局"等。在学生上交文章后,由教师择优选取,并让学生将优秀作品打成电子稿上交。与此同时,也可采用学生自由投稿、编辑约稿等多种方式来汇集稿件。

3.编辑排版。可从学生中挑选出两位编辑,协助课代表开展文章的校对、编辑、排版工作。排版时,除去文章本身,也可加入学生照片、座右铭、配乐等,让文章的呈现形式更为丰富多元。

4.分享交流。在完成稿件编辑和推送之后,可以将其分享至班级群或家长群,并开放留言、点赞功能,让学生的作品能够得到更多的反馈,实现双向互动。同时,也可加入投票、打赏等公众号常用功能,比如可将文章打赏所得作为稿酬奖励给该学生,以此来调动学生的创作积极性。

【评析】　学术类整本书往往带有以下特征:概念繁多、专业性强、研究切口小而深、语言平实少修辞。这对高中学生的阅读、理解能力提出了更高的要求。在初中三年的语文学习过程中,虽然学生阅读过较多名著作品,但从 2017 年初中语文部编教材要求学生必读的12 本名著体裁来看,初中必读名著几乎全部属于小说、诗歌、散文一类的文学类整本书。这也就意味着除了极少数学生曾自发阅读过学术类整本书,大多数高中生是缺乏此类书籍的阅读经验的。同时,在"碎片化阅读"盛行的当下,学生更愿意追捧带有消遣性质的书籍,而不愿接触如此艰深晦涩的学术著作。由此可见，如何缩短学生与学术类整本书的距离，让学生愿意读并能持之以恒地读完此类书籍，是我们需要着手解决的现实问题。朱老师设计的推进阅读《乡土中国》的方法，对阅读学术类整本书有普遍的借鉴意义。

"打卡"是当下人们流行的一种自我监督的方式，更多地运用在"运动""出勤"等领域。从表面上看，"打卡"是借助外界来督促自我；从更深层的心理机制来看，"打卡"是一种迫于个人公开承诺的负担进行自我督促和激励的方式，目的是借由"他律"最终实现"自律"。打卡虽然能起到一定的督促作用，但在具体实施过程中仍需注意以下两点：(1)制订打卡规则时，需给予一定的弹性。比如，允许学生因为个人原因请假补卡若干次，让学生不至于因为一次没有打卡而失去把阅读坚持下去的信心。(2)在打卡初期，教师需要更多的督促、鼓励学生。学生一旦形成良好的阅读习惯，就能够更自然地坚持下去。

学术类整本书注重概念诠释、逻辑推理，相较于文学类整本书而言，框架更为明晰，更适合用思维导图的形式来分析书中内容。当然，思维导图归根结底只是一项辅助工具，不可为了绘制导图而绘制，过分注重形式的美观与新潮，而忽视了思维导图背后最为重要的逻辑梳理。

在读完一本书后，学生需要有所思考和表达。教师要做的就是尽己所能为学生提供一个更为宽阔的表达平台。在自媒体如此发达的今天，充分利用媒体的传播价值，就显得尤为重要。班级"微信公众号"的开设就是一种可以参照的分享方式。

在学术类整本书阅读教学的过程中，要想让学生更有兴趣、更为有效地读好整本书，除了发挥书籍内容本身的吸引力之外，教师也应考虑借助更多的"外力"，让整本书阅读更为高效有序地进行下去。

练习与拓展

结合本章内容，选择其中某个方面设计一个教学方案，然后写一段文字说明为什么这样设计。

阅读下面文章可以加深对本章内容的理解：

[1]金爱晶,等.合作体验学习法[J].中小学教师培训,2008(7):49-51.

[2]葛秋芬,等.合作学习研究的综述[J].社会心理科学,2011(4):9-11,58.

[3]蔡可.语文学习任务群的整体框架及相互关系[J].语文建设,2018(25):9-12.

[4]陈兴才.语文"学习任务群"解疑[J].教育研究与评论(中学教育教学),2019(3):7-12.

[5]姚勇文.推进整本书阅读到底难在哪里？——谈如何推进整本书阅读任务群的落实[J].语文月刊,2019(5):30-32.

[6]包建新.《论语》阅读的 N 种打开方式——兼论整本书阅读教学[J].教学月刊,2019(6):28-32.

第七章　文言文教学设计

提　示

　　文言文,可以分解为"言"和"文",文言文教学的普遍做法是先言后文,公开发表的案例又常废言重文,两种把"言"与"文"割裂开来的教学都不尽妥当,文言文教学应"言""文"一体,本章把这一点作为文言文教学设计基本认识,而"依文习言"是"言""文"一体最恰当的形式。文言文毕竟是用文言写的文,因此,怎么教"文言"是需要好好琢磨的问题。

阅读准备

　　一、回忆你读中学时,你的老师是怎样教文言文的,给你留下什么样的印象,分析为什么会留下这个印象。

　　二、如果你将带领学生阅读《史记》,有两种版本供你选择,文言版本和翻译精良的白话版本,你会选择哪一种版本? 为什么?

第一节　依文习言:文言文教学设计的基点

一、"依文习言"的内涵与操作方法

　　先说"言"和"文"。文言文教学方法的问题实质上是教学内容选择的问题。文言文教什么? 对这个问题的不同回答就形成了不同的教学方法。"文言文"三字,其含义我们不做学术上探讨,单从字面上去理解,文言文就是用文言这种语言形式写成的文章。"文言"与"白话"相对,在词汇和语法上有别于现代汉语。那么文言文教学因"言"与"文"的关系的不同处理,就形成了不同的教法。第一种,文言文教学就是"言"的教学,这样教最直接的理由是,解决了"言"就可以应付考试了。第二种,文言文首先是文,而文言也是汉语,古今汉语一脉相承,不能把文言文当作外语来教,因此,文言文教学是"文"的教学。以上两种把"言"和"文"割裂开来,片面强化一方面,因而追求"言""文"统一的教学就被广泛注意。追求"言""文"统一的文言文教学大致也分两种,一种是"言"加"文"的教学,先释"言",再赏"文",这是第三种文言文教学方法。严格地说,这样教,"言""文"也是割裂的,释"言"时能注意到"文",赏"文"时能注意到"言",那情况会好得多。第四种,"言""文"融合的教学。怎

么才算融合,有各种表达,"以文带言""依文习言""因文会言""因言悟文"等都是"言""文"融合的表达方式。其中"依文习言"应该算是最合理(或者说表达最恰当)的方法。

再说"依"和"习"。我们不妨以树类比,"依"的是"文",意思是说,"文"是树根,但教学重心又不在树根,"依"只是表明"文"有很重要的地位;"习"的是"言",意思是说,"言"是树叶,是我们所关注的,是用力所在,是教学要指向的真正目标。把以上解释综合起来,"文"是根,"言"是叶,探循其"根"以习其"叶",就是"依文习言"。换一种说法,"依文习言"就是从文言文的"文"出发,寻求"文"与"言"的联结,以"文"之脉络落实"言"的教学。

"以文带言","文"是主体,"言"是附庸,这不符合文言文教学的实际,"因文会言"和"因言悟文"都是很有价值的做法,但实际教学的涵盖面是很狭窄的,一篇文言文,往往只有拎出一部分才能做到,不能代表普遍教法。

有两点需要补充说明,第一,前文所说的"言"是明确的,指文言词汇及用法、不同于现代汉语的文言语法;"文"笼统地说是指文章,这个文章可能用"文本"更合适些,它包括文章、文学、文化三个层面。第二,虽然我们把"依文习言"作为文言文教学设计的基点,但不等于说文言文教学只能这样教。各种教法都有其合理性,即使是教"言",采用串讲的方式,在一定的情境下也不是不可采用。

现在,我们可以来说"依文习言"怎么操作了,还是用具体的例子来说明吧。

有一位教师教《廉颇蔺相如列传》,让学生"连滚带爬"通读全文后,抓住课文通过矛盾来推动情节、完成人物形象刻画的特点,理出予璧—勿予、夺璧—保璧、杀蔺—保蔺、击缶—不击、辱蔺—回避这样五对矛盾,然后大致从矛盾发生、发展、解决办法、解决效果四方面找到相应语句,落实这些语句中重要词句,有注释的强调补充一下,没注释的大家一起讨论,遇到疑难的地方,回到"文"所营造的情境去斟酌。这可以说是"依文习言"的典型例子。

钱梦龙先生《愚公移山》教学,是文言文教学的经典案例,看看钱先生是怎样"依文习言"教文言文的。虽然钱先生本意不是为了体现"依文习言"来教的,他是为了体现"导读法"教学主张的,但换一个角度看,完全可以作为"依文习言"的范例。有一个教文言倒装句的片段。老师问在对待移山这件事上有两个人讲的话差不多,你们看是谁啊?学生答是愚公妻和智叟。老师进一步引导说,两人的态度究竟是不是一样?学生一时答不上来,老师提示:智叟讲的这个句子是怎样组织的?学生看出是倒装。老师追问,为什么要倒装?学生回答:强调愚公不聪明。老师最后归纳总结:对,把"甚矣"提前,强调愚公不聪明到了极点,这句话愚公的妻子是不讲的。这个片段所教的"言"是:文言倒装句和倒装的目的是强调,在文中强调"甚矣"有讽刺意味。但钱先生不是干巴巴地解释,而是在讨论对移山这件事的不同人物的不同态度中完成文言倒装句教学的,"文"味"言"识相映成趣,相得益彰。

把握"依文习言"教学的两个特征,可以把它做得更到位一些。

(1)"言"求具体,"文"求大略。"言"求具体是因为要学生积累和把握;"文"求大略不是说只是对文粗糙地把握,而是不枝蔓、不延伸、不求证,学生感觉到"文"的味道,注意力就集中到"言"上面。

(2)"言"融进描述"文"的线索中。整个课,"文"是绘画的素底,这个素底干净、延展,"言"是素底上面的线条、色彩。学生学习文言文,既是"言"的积累,又是"文"的赏鉴,更是"言""文"之间的思考。

二、"依文习言"教学案例及评析

下面是包建新老师《石钟山记》教学案例①,是"依文习言"实际操作的普通形式。

师:今天我们一起学习《石钟山记》。这篇课文大家预先看过吗?

生:(齐声)没有。

师:那我们从学习的第一步做起,先要把文章看一遍。看一遍也不够,我们要看或者读几遍。大家先把文章看一下,第一遍看的时候做两件事即可:第一,弄清本文的大意,有些字词怎么解释大家可以先不必拘泥;第二,把不会读的字圈出来。

(学生默读课文,教师观察学生的阅读进度)

师:大家都读好了,除了课文注解注明的以外,还有没有什么字不能确定它的读音?

(学生说了几个字后,教师把这些字词加上其他不易读准的字词一起写在黑板上:

彭蠡 郦元 钟磬 李渤 桴止响腾 铿然 硿硿焉 栖鹘 磔磔 鹳鹤 噌吰
石穴罅 涵淡澎湃 当中流 窾坎镗鞳 汝识之乎 无射 臆断

上面这些字词有的让学生读准字音,有的在读准字音的基础上让学生对照注解说说是什么意思,有的教师做补充)

师:现在我们准备齐读课文,在齐读前,大家先自由朗读两遍,看看自己能否流畅地读下来。

(学生自由朗读。声音渐弱)

师:现在我们齐读课文。石钟山记,苏轼,预备起……

(学生大声朗读)

师:读了几遍后我想问大家几个问题,看看大家是否在读中已经体会到了。这是什么体裁的文章?

生:游记。

师:这篇游记写了什么?

生:(部分)石钟山。

师:写了石钟山什么?

生:石钟山命名的原因。

师:关于石钟山的命名,从课文看,有三家说法,是哪三家?

生:郦元、李渤、苏轼。

师:郦元在《水经》里说,"彭蠡之口有石钟山焉",其中的"焉"怎么理解?(讨论中确定:兼词,相当于"于此")他认为石钟山命名的原因是什么?

生:郦元以为下临深潭,微风鼓浪,水石相搏,声如洪钟。

师:这种说法人们常常怀疑它。人们怀疑的依据是什么?

生:今以钟磬置水中,虽大风浪不能鸣也,而况石乎!

师:这几句话需要弄清"今""以""虽""而况"几个词的意思。(讨论中确定:今——如果,以——把,虽——即使,而况——何况)

师:石钟山命名第二家说法是什么?

---

① 包建新.包建新与本真教育[M].北京:北京师范大学出版社,2014:170-175.

生：李渤认为是石钟山上的石头相互敲击而发出如钟鸣的声音。

师：李渤是怎么得出这个结论的？

生：得双石于潭上，扣而聆之，南声函胡，北音清越，桴止响腾，余韵徐歇。

师：这几句话大家对照注释，说说按照白话应该怎么说？

（生阅读，并试着翻译）

师：我强调两处。"得双石于潭上"这句话在句式上有什么特点？（讨论确定是状语后置句）"扣而聆之"中"而"是什么用法？（讨论确定表修饰）

师：李渤的说法苏轼感到怀疑，他为什么怀疑？

生：石之铿然有声者，所在皆是也，而此独以钟名，何哉？

师："石之铿然有声者"句式上有什么特点？（讨论确定是定语后置句）"所在"直接解释是"在的地方"，可以理解为"到处"。

师：那苏轼的看法是怎样的呢？大家能否根据课文概括地说说苏轼的看法？

生：苏轼看法与郦元差不多。"郦元之所见闻，殆与余同，而言之不详"，第二段中具体的描写也可以看出这一点。

师：苏轼是怎么得出这个结论的？

生：通过实地考察。

师：大家对照注释阅读第二段，找出你不能理解或存有疑虑的地方，然后我们进行讨论。

（学生阅读，老师巡视，察看进度）

师：大家基本上做好了，圈出了不少问题。现在我们前后四位同学为一个小组，各人把问题放在小组中讨论，看看小组中其他同学能不能帮助你解决问题。小组把解决不了的问题集中起来，等一下我们进一步探讨。

（学生分组讨论。讨论结束后，各小组汇报组内不能解决的问题，教师把这些问题一一写在黑板上：

适　临汝　因得观　硿硿焉　余固笑而不信也　徐而察之　微波入焉　与向之噌吰者相应　因笑谓迈曰

师生一起讨论这些词的解释）

师：作者为什么要详细描写考察的经过呢？

生1：作者为了表达比别人更大胆，更具有探索精神。

师：你为什么这样说？

生1：文章最后一段说，"士大夫终不肯以小舟夜泊绝壁之下"，苏轼也是士大夫，说这话好像告诉读者，苏轼比其他士大夫更优秀。（生笑）

师：我觉得他说的很有道理，这话表明苏轼的确有这种心理。苏轼亲自游访石钟山，身临其境，不怕困难，根据自己所看到的得出结论；他敢于怀疑，敢于对古人的说法进行批判，自己去探究事实，这种实证的态度和敢于怀疑的精神是值得他人学习的。（转向生1）你刚才说到的这句话中，"夜"怎么理解？

生1：在夜里，是名词用作状语吧？

师："吧"，还有些不确定，你说的没错。刚才的问题还有没有别的看法？

生2：苏轼想表明，他得出的石钟山命名的原因是确凿可信的。

师：苏轼是做了实地认真考察的，以苏轼的理解力，他这样做而得出的结论应该是可以让人信服的，大家同意吗？

（学生表示同意）

师：但是，苏轼的结论有人依然表示怀疑。后代有人提出，石钟山是因形得名，山内空空，从内看去，犹如覆钟，所以叫石钟山。

（学生议论纷纷，认为苏轼这篇文章没有什么意义）

师：既然大家关注这一点，我们等一下就来讨论这个问题。现在我们看看对刚才的问题还有没有不同的意见。

生3：苏轼详细描写了考察的经过，目的是为了得出"事不目见耳闻，而臆断其有无，可乎？"这个富有哲理性的观点。

师：这是关键所在。你能说说这句话的意思吗？

生3：事情没有亲眼看到亲耳听到，而凭主观判断它有还是没有，可以吗？

师：大家还有没有不同看法？（学生表示没有）苏轼以为自己找到了石钟山命名的真正原因，于是嘲笑李渤，你认为哪些字眼可以看出嘲笑的态度？

生：笑。

师：除了这个字以外呢？

生：乃。

师："乃"怎么可以看出嘲笑的态度呢？

生："而陋者乃以斧斤考击而求之"，这个"陋者"指的就是李渤，"乃"是"竟"的意思，说李渤竟然这样做，嘲笑的态度溢于言表。

师：这位同学对语言的感觉很敏锐。那李渤该不该被嘲笑呢？（学生都说不应该）为什么？

生：苏轼自己也说错了，还嘲笑别人，太不应该了。

师：这是情绪化的判断，能否从课文里找到依据，李渤是不该被嘲笑的呢？

生：文章第一段写到，"至唐李渤始访其遗踪"，说明李渤也是经过实地考察的，苏轼本人也承认这一点。通过实地考察得出结论也可能是错误的，苏轼自己不也是错的吗？但这种精神是可敬的，李渤与苏轼同样可敬，所以不应该被嘲笑。

师：这位同学思维很严密。李渤的确不应该被嘲笑。那么，苏轼的结论是错误的——当然也不能那样武断，以形命名说也未必是定论——而李渤不该被嘲笑但苏轼却嘲笑了他，那这篇文章的意义在哪里呢？

生：可以为石钟山这个风景点又增加一个故事，让游玩的人更多。（生大笑）

师：我觉得说的也有道理哦，的确可以为石钟山这个自然风景增添人文色彩。但这是从功利角度看问题，如果换一个角度，从文学角度看问题呢？大家能否读出它的价值？

（生沉默）

师：我们再来读一读吧，看看能不能有新的发现。（学生自由朗读）有没有发现？说说你的看法。

生1：这篇文章从怀疑石钟山命名写起，然后实地考察，最后得出哲理，很自然。

师：你是不是想说，文章写得如行云流水？

生1：对，就这个意思。

生2：这篇文章别的不看，单看"事不目见耳闻，而臆断其有无，可乎？"就很有意思，这句话多么富有哲理啊！而且用反问句来表达，感情色彩强烈。

师：你的感受中的感情色彩也很强烈。（生笑）

生3：第二段描写很精彩，有比喻、比拟，尤其是作者写声音，用了很多写声音的词，让读者有身临其境的感觉。

生4：苏轼想象力很丰富，听到水石相击的声音，想到周景王的无射钟、魏庄子的歌钟，很浪漫，又给人感觉见多识广。

生5：写实地考察一段很精彩，作者的情感跌宕起伏。先是"固笑"，十分淡定，也有些不屑；后来是"心动"，心里很害怕；最后是"笑谓迈曰"，十分得意。

生6：我补充一点。这跌宕起伏的情感与考察的历程相映衬，"固笑"是因为"寺僧使小童持斧，于乱石间择其一二扣之"这样的做法是受李渤的影响，作者对李渤的看法持怀疑态度，因此"固笑"；"心动"表现了考察的艰难，考察是需要付出艰辛的，"心动"暗含了这样的道理；"笑谓迈曰"是考察有了成果之后的喜悦与得意。因此，文章第二段写得既形象感人，又暗含着理趣。

师：苏轼的这篇文章，后人正是从文学的角度欣赏其艺术魅力的，而不是作为地理学的文章来肯定其价值。刚才大家的讨论充分揭示出了它的文学价值，显示了同学们的思考力和欣赏水平。苏轼的散文，文、情、理相映成趣，《石钟山记》也体现了这个特点。最后，我们再一起朗读一下课文，感受苏轼散文的趣味。

（在学生的朗读声中结束本课）

【评析】 这是一节课前学生并不知道要上什么内容的情况下所教的课，因此，总体看有点滞涩，也许实录中感觉不明显，如果在现场，可能就会明显感觉到了。在没有预习的情况下教一篇文言文，那是比较麻烦的，尤其是在开公开课的情况下。这个案例的处理方式是，先让学生读进去。学生没有预先阅读课文，那计划中无论教什么以及想采用的教学方法，都应该先放弃，让学生充分阅读课文是第一要务。实际课堂变化多端，教师应该根据变化组织教学，因此教学常常是流动不居的。

为了实现"充分阅读"，在正式进入文本前，让学生读了四遍课文。第一遍是默读，了解课文大致内容，读准字音；第二、三遍自由朗读，读顺课文，自由朗读的好处是可以随停随续；第四遍是齐读，有了前面反复读做基础，齐读才有效果。

设计的总体思路：从三家对石钟山命名原因出发，理出相关语句，然后解释落实这些语句所涉及的文言知识。石钟山命名的原因是文章行文总体思路，也是课堂推进的基本思路，这个思路成了整个课堂的骨架，散乱的文言讲解依附在这个骨架上，使文言文教学不变成零碎的教与学。课文第二段的教学，先集中解释学生提出的词语理解问题，然后讨论作者详细描写考察经过的原因，虽然这个讨论可以完全跳过文言词语解释，但在关键之处，还是要意识到这是在进行文言文教学，不能像现代文一样只关注讨论本身而忽略文言的落实。

执教者在谈到这次《石钟山记》教学理念时说："在文言文怎么教的问题上，我一直认为重'言'而轻'文'的教法甚是不妥，后来似乎有些矫枉过正，有'文'而无'言'，也不妥，因为两者把'言'与'文'割裂开来。文言文首先是'文'，文言文教学应先着眼于'文'；文言文的基本特点是用文言写的，这就决定了文言文的教学与现代白话文教学有很大不同，不同之处主要在于文言词汇需要一一解释明白;两者兼而考虑,文言文教学应依文解言。《石钟山记》的教学是我这个想法的体现。"提炼这段话内容,文言文教学应该着眼于"文",着力于"言",这还是有指导意义的。

有听课者对这个课做了实、活、新三个字的评价。"实"表现在文字的落实和教学过程的平实;"活"表现在从文章出发落实字词,也表现在方法使用灵活,讲解、讨论、问答等穿插使用;"新"主要表现在不停留在石钟山命名这个问题上,而深入揭示这篇文章的文学价值,让学生从科学视角和文学视角来欣赏这篇文章。这个评价在实录中可以找到一一对应,也是有道理的。

第二节　善于推断:教活文言解释的基本方法

一、文言解释"呆"的教法与"活"的教法

文言文教学强调"依文习言"的教学方法,但独立的文言解释教学还是免不了,文言解释的教学最怕教得呆板,但有时候呆板的教学也不是完全没有必要,教师采用呆板的文言解释教学也不一定就有问题,只有教呆板了还不以为是呆板,才成了问题。从这个认识出发,我们有必要先说一说呆板的文言解释教学法。

一种被人们鄙视的文言解释教学法是串讲,串讲就是讲解词句,串通文意,本来是讲解文言文的一种方式,曾经一段时间,现代文教学也广泛采用。不少人写文章宣扬自己鲜活的文言文教学法,总喜欢先批评一下串讲的落后和不堪。最呆的串讲是把文言注释再说一遍,除此之外,串讲也不见得一无是处。如果在学生自己对照注释学习课文的基础上,教师又能够预估到学生的问题会在哪里,讲到学生的心坎里,讲出学生注意不到的地方,这样的串讲还是很有吸引力的。

一种比较流行的呆板方法是:集中类型解释。比如学了某册的教材后,把这一册文言文中的通假字全部理出来,让学生记忆。尽管也有必要,但还是显得呆,呆就呆在通过记忆让学生掌握通假字,对于学期考试之类会有一定效果,学生能不能在记忆之外发现通假字呢? 则要看造化了。如果把通假字理出来,从中寻找规律,提高通假字的识别能力,这样教就又另当别论了。

文言解释要努力教活,"依文习言"就是把"言"的解释教活的方法,这是文言文教学基本做法,如果单独来讨论教活文言解释的方法,那自然是推断之法了。从思维看,推断包含着丰富的联想和想象,从现实看,高考文言文语段都是学生不曾阅读过的,遇到不懂的词句,没有推断能力,凭着记忆去答题,那将会是错误百出的。下面我们结合具体例子说明推断法。

在《廉颇蔺相如列传》中"负"这个词共有五种意义,这些意义在文言文中十分常见,需要学生掌握。这五种意义的代表性例句是:

1.秦贪,负其强。(依仗,凭借)

2.臣诚恐见欺于王而负赵。(辜负,对不起)

3.相如度秦王虽斋,决负约不偿城。(违背)

4.均之二策,宁许以负秦曲。(使……承担)

5.廉颇闻之,肉袒负荆。(背着)

怎么教?一般做法是依次来询问学生"负"是什么意思,当学生回答错误时,教师给予纠正。这样教无可厚非,但我们可以进一步思考。学生掌握了这五个"负"的解释,在换一个语境下,能否准确判断"负"应当做怎样的解释?不妨设想最糟糕的情形:学生明白了"负"的五种解释,但在新语境下不知道是五种解释中的哪一种。当然这种情形不太会出现,学生凭借所知的五种解释,通过"意合"可以推定在新语境中"负"应当做什么理解。但这种推定不是老师给予的,是学生聪明才智的表现,换句话说,教师没有在激发学生的聪明才智上有所作为,在培养学生的迁移能力上缺乏功夫。教五个"负"的含义,还需要考虑到下面三点:

1."负"的解释有五种可能。

2.为什么会有这些可能?

3.这些可能在语言中是怎么确定的?

考虑到这三点来设计教学,上面五个句子的教学应当提这样几个问题:

1.在这五个句子中"负"分别做怎样的理解?

2.这些意义有什么联系?它们中哪一个是"负"的基本义?

3.这些解释为什么是妥当的?

三个问题中重点是2、3两个问题,第2个问题中的两个小问题是从意义间的联系推断各种解释的可能性,避免学生随意理解词语的意义;第3个问题是从语境角度推断各种解释的合理性(五个"负"的含义都可以从词语的搭配上确定解释是适当的),培养学生随文解义的意识。这样可以总结出文言词语含义推断的一个原则:跟基本义保持联系,跟语境相切合。

说到底,文言词语教学在重记忆的基础上还要让学生会推断;词义推断的讨论应成为教学的一个重要内容。那么,如何推断?总的说来,有必要引进训诂学的部分知识。下面介绍一些推断的方法,供参考。

1.通过造字法推断

汉字属表意文字,虽然随着字体的演变很多难以从字形上推断意义,但依然有不少词语能够从字形上找到与意义的丝丝缕缕的联系。如"长篇累牍","牍"的意义可以从"片"这个形旁来推断;《促织》中"径造庐访成"的"造",根据字形,大致确定跟"走"有关,再根据句意,基本可以确定为"到"。

2.通过句法来推断

《烛之武退秦师》中的"夜,缒而出","缒"根据字形可见与绳索之类有关,再从句法看,"出"是动词,而"缒"后以"而"连接"出",可见"缒"也是动词,这样基本可以确定"缒"字的含义。

3.通过基本义来推断

《鸿门宴》中的"沛公已去,间至军中","间"从字形看可以理解为阳光照进门里,意思为"缝隙","间至军中"的"间"就可以理解为"小路"。

4.通过互文来推断

《劝学》中"不积跬步,无以至千里;不积小流,无以成江海","跬步"的理解大致可以通过相对应的"小流"来推定。

5.通过事理来推断

《劝学》中"顺风而呼,声非加疾也,而闻者彰","疾"容易解释为"快",但如果稍微注意一下事理,就会发现错误,声音的速度是不能加快的。况且从"彰"字看,也不能解释为快。解释为"强",各方面看就显得妥帖了。

6.通过语境来推断

《鸿门宴》中有两句"请以剑舞",但两句意思不一样,一处的"请",应解释为"请求",因为它是范增对项庄说的话,而舞剑是项庄的行为;另一处应解释为"请允许我",因为它是项庄自己与项羽说的话。

二、文言推断教学案例及评析

一般来说,教学设计或教学实录是以课为单位的,而体现文言推断教学的往往在某个环节上,因此,我们选取片段来加以评析。

片段一:《鸿门宴》教学片段①

师:在学习《廉颇蔺相如列传》时,积累了一个实词"谢",还记得例句与含义吗?

生1:"辞谢""谢罪"中的"谢"都是"道歉,认错"的意思。

师:回答准确。那么"谢"的常用义是——

生(众):感谢。

师:刚才复习"谢"字的"道歉,认错"义怎么来的?

生(众):根据上下文语境推断的。

师:不错,学习古文离不开从语境的需要准确推断词义的方法。今天学习的选文中共有几处含"谢"字的句子?

生2:共有五处。分别是"谢项王""谢曰""哙拜谢""留谢""入谢"。

师:说说在文中的含义。

生2:"谢曰"的"谢"字是"道歉","哙拜谢"的"谢"是"感谢",另外三处说不好。

生3:"谢项王"的"谢"是"感谢"的意思吧。就是项伯叫刘邦早点去感谢项羽的不杀之恩。

生4:我不同意这个解释,因为此时项羽并没有说不杀他,谈不上感谢。

生5:是"道歉、认错"吧,因为项伯的意思是叫刘邦早点向项羽认错,他再求情,或许能保住刘邦的命。

师:这个解释合乎语境需要吗?

生(众):合情合理。

师:还有"入谢""留谢"中的"谢"字呢?

生6:可能都是"辞别"吧,因为宴会上气氛十分紧张,刘邦想溜走又不敢向项羽告别,所以命令张良留下来替他向项羽辞别,为自己逃离争取时间。张良遵从刘邦的命令回到宴会后向项羽替刘邦辞别。

师:分析得有道理,文本知识的前后勾连运用不错。那么从对话的语境看,哪些人物的

---

① 谭梦诗.有效设问:文本研习课突破的节点[J].中学语文教学,2011(7):21-26.

对话中省去了"谢"字？省略的原因是什么？

生7："张良曰"中"张良"后省略"谢"字，因为项伯私下冒死前来救他逃走，按理应该感谢。此处省略：一是张良此时担忧刘邦的安危而急于陈述自己不能逃走的原因；二是从后文看他曾经救过项伯，认为此时项伯来救他是应该的。

师：大家同意他的分析吗？

（众生点头）

师：这种从文本内容前后勾连来揣摩人物的心理的分析方法，值得肯定。还有哪里省略"谢"字？

生1："樊哙覆其盾于地""樊哙曰"两句中的"樊哙"后省略"谢"字，一是从前文樊哙面对赐酒时是"哙拜谢"，看出面对别人的赏赐是以礼回敬。而当赐给他"生彘肩"时，本来因为心生不满而闯帐救主，又面对有刁难之意的场面，更激发心中的怒气，故而不谢而吃彘肩以示愤怒。面临又一次强人所难之意的赐酒，此时的樊哙再也难以抑制心中的怒火乘机将项羽指责一番，更无称谢之心。

（众生鼓掌）

师：分析得有条不紊，值得表扬。从中看出樊哙怎样的性格？

生8：豪爽、忠勇、果敢、机智。

师：你能联系文本具体分析一下吗？

生8：当听说宴会中形势危急马上说："与之同命。"随后"带剑"闯入并"瞋目视项王"，可见其忠勇、果断。宴会中豪吃、豪饮，见其豪爽。借机一番慷慨陈词，字字千金，句句在理，咄咄逼人，足见其机智、勇敢。

师：这段话暗含的"机智"，能解释一下吗？

生8：第一，智在气势逼人，置生死于不顾。第二，智在隐射之力，虽是陈述天下反秦的原因，实为影射项羽无义。第三，智在替主表功，刘邦先入城却秋毫无犯，所做的"备他盗出入"等是在等项王。第四，智在替人分忧，若杀有功之人，与亡秦无异，直击项羽若杀刘邦必将带来的后果。看起来像替项羽的前途着想，实则替主保命。

师：分析入情入理，层层清楚。可以看出作者对这个人物有怎样的情感态度？

生9：对忠、勇、义、智的欣赏与颂扬。

师：这种将作者的褒贬隐藏在人物的言谈举止中的叙事方法叫——

生10："春秋笔法"。

师：说的好。"寓褒贬于曲折的文笔之中，不直接表明自己的态度"，是《史记》叙事惯用手法。项羽的话中有省略"谢"字的地方吗？

⋯⋯⋯⋯⋯⋯

【评析】 这样上课，据谭老师在《有效设问：文本研习课突破的节点》一文中所说，其目的是设问勾连知识进而调动学生智力背景组织课堂。设问体现三个思维层次：(1)以旧带新，即问题设置从联想旧知识入手诱发学生对新知识的认识与思考；(2)前后勾连，即文本内容前后知识与语境的联动比较、辨析；(3)问浅思深，即问题贴近学生的智力背景有话可说，设问由浅入深：由词语理解到分析人物性格再到体会叙事手法。这是从如何问来思考教学。把思考集中到只有文言文教学才会发生的方法上来，我们就会发现，这个片段在文言推断的运用上，堪称典范。

谭老师围绕着"谢"字的理解形成了文言推断法的四个环节。第一,回顾旧知,明确语境推断法。旧知是上一课学的有关"谢"字的理解,这是语境推断的启动。从师生问答来看,语境推断法是谭老师带领学生经常运用的。第二,给出新句子,尝试推断含义。每一个句子都不复杂,但即使不复杂的句子,要确定其中某个词的准确含义也非易事,这是需要讨论的前提。第三,师生讨论,合理推断含义。讨论开来,才会发现学生其实是很有思考能力的,从学生的回答看,表现不俗。第四,找省略,转换方式加深语境推断法的运用。这是最有创意的环节。找省略了"谢"字的句子,实质上是根据语境弄清"谢"的含义,不有推断之表而有推断之实。这样教文言,学生的思维参与进来了,是活的教法,是提升学生解词能力的教法。

片段二:《赤壁赋》教学片段①

师:"顺流而东也"的"东"和"东望武昌"的"东",意思是一样的吗?

生:不一样。

师:怎么不一样?"东望"的"东"是什么意思?

生:向东。

师:"顺流而东"的"东"呢?

生:向东进军。

师:很好。前一个"东"是名词作状语,怎么知道是名词作状语呢?"东"是修饰"望"的。后一个"东"是用"而"连接的,顺着江流向东进军,名词作动词。这里还有两个反问句,"此非曹孟德之诗乎?"这个比较简单,还有一个句子:"此非孟德之困于周郎者乎?"全班一起合作把它翻译一下。

生1:这地方不是曹操困住周瑜的地方?

师:我们请这位男同学来说说。男同学可能对这段历史更感兴趣,更熟悉。

生2:这难道不是曹操被周瑜包围困住的地方吗?

师:同意不同意?请注意,他把这句翻译成了被动句,"于"表被动。不过你这个翻译还不够准确。赤壁之战,大家都熟悉,仅仅是周瑜把曹操包围了吗?最后的结果是什么?(生答"打败了曹操")对,打败了曹军。我们添两个字:"这地方难道不是曹操被周瑜包围击败的地方吗?"我们把第一层读一下。

(生齐读)

【评析】 这个片段有两处运用推断法,一处是教"东"的含义和用法,一处是教一个句子的准确翻译。按一般教法,"顺流而东也"的"东"和"东望武昌"的"东",具体是什么含义和用法,学生能够准确说出就够了,曹老师在这里却要认真起来,从句法上推定这两个"东"含义和用法为什么会不一样。曹老师应当不希望学生仅仅记住这两处"东"的不同理解,还要学生懂得做不同理解的道理在哪里。"此非孟德之困于周郎者乎?"这句话按字字落实的原则翻译,准确度在一般上也就够了,但曹老师还是要引导学生根据历史知识,把这个句子翻译得更到位。善于运用推断法,才能让学生学得更扎实。

---

① 曹勇军.《赤壁赋》教学实录及反思[J].语文教学通讯,2017(28):29-35.

片段三:《指南录后序》教学片段①

(教师请学生读课文,当学生读到"至京口,得间奔(bēn)真州"时,有部分学生低语"奔(bèn)真州")

师:刚才有个字的读音出现了分歧,就是"奔"字。大家觉得,这个字到底是读"bēn"还是"bèn"?(板书)

(学生七嘴八舌议论,有的说读"bēn",有的说读"bèn")

师:对于一个多音字,确定其读音时应该与它的词义对应起来。这句话的意思是什么呢?

生1:"到京口,找机会逃往真州。"课文注解上有。

师:课本中,"奔真州"的解释是"逃往真州"。按照这个解释,"奔"字该读成什么音合适呢?

生1:bēn。在《古汉语常用字典》中,"逃亡,出走,流亡"义项中的读音,就读"bēn"。

师:看来有理有据,且有权威来证明。大家同意他的意见吗?

生2:我不同意。我觉得这里应该读"bèn"。

师:为什么?你有什么依据呢?能说来让我们大家听听吗?

生2:在《古汉语常用字典》中,"奔"有一个意思是"投奔",读音是"bèn",我觉得用这个义项来解释这句话中的"奔"也完全讲得通。

师:嗯,你也是言之有据。现在有了两种不同的"依据"了,其他同学怎么看呢?

生3:我觉得两种解释都可以,两种读法都可以,因为都解释得通。

(部分同学点头赞成。但仍有学生不服气,有的在议论,有的在翻工具书)

生4:我觉得应该读"bèn"。根据课文注解中的解释,"奔"是"逃往",而不是词典中所说的"逃亡"。我觉得这两个词语的意思是不一样的。

(众人包括教师均未曾注意这一区别,大家都专注地听)

师(鼓励):哦,"逃往"与"逃亡",说得真好! 那你能不能具体说说区别在哪里?

生4:我觉得"逃往"相当于"投奔"的意思,是有目的而去的,甚至可以说目的性非常明确。而"逃亡"则显得漫无目的,慌不择路,一心想着怎样脱身,保住性命就行。

生5(插话):我觉得应该读"bēn"。文天祥当时不就是急于逃命吗?还有什么比顺利"逃亡"更重要的呢?

师:看来你的理解是,此时的文天祥"惶惶然如丧家之犬"?

生5:是的。从当时的环境来看,文天祥找到机会逃走是非常偶然侥幸的。以人之常情来说,能逃走就是万幸。而且,他根本也没有时间去考虑自己到底该逃到哪里。(有同学点头)

生6:我觉得,对于文天祥我们不能以平常人的心态去看待。

师:文天祥确实和普通人不太一样。不过,你得说出你的理由,要不然大家不会信服。

生6:从前文来看,文天祥被驱往大都的时候,他说"分当引决",但是"隐忍以行",心中的打算是"将以有为也"。所以,我们可以知道文天祥无时无刻不在准备着逃走,也必然会想到应该逃到哪里去这个问题,所以,文天祥的逃跑其实是有周密的计划的,不是偶然的行为。

_____

① 姜建芳.于细微处见精神——《指南录后序》教学实录片段[J].中学语文教学,2008(8):20-21.

生5：不可能，你说他逃跑是有"周密的计划"的，你有什么依据？

（生6语顿，一时无法回应）

师：我想维护一下前面同学的看法。首先，我完全同意文天祥得到那一个"间"逃脱出来，纯属偶然，是一种侥幸，完全可能也是出乎他自己意料的。可是，一旦从"北营"脱身，该前往哪里合适，我相信，他是一直在盘算的，或者说，这是在他"计划"当中的。大家说对不对呢？（生频频点头）

生7：我也认为这个字应该读"bèn"。在文天祥逃走以后，课文中有这样一句话："即具以北虚实告东西二阃，约以连兵大举。"在这句话中有个"即"，意思就是"马上，立刻"。从这里也可以知道去真州，是他深思熟虑后的选择。

师：嗯，你读得很仔细，很好！

生8：我也同意。我觉得读"bèn"，这样才更符合文天祥在我心中的形象。（其他同学笑）

师：哦，还能不能从前文再找点依据呢？（学生迅速翻书）

生9：课文第一段说，元军兵临城下，朝廷上下束手无策之际，文天祥决定出使北营，是为了"更欲一觇北，归而求救国之策"。可见，在这样纷乱的关头，文天祥的头脑是非常清醒的。所以，我觉得这个字应该读"bèn"，因为，这是时刻想着要"中兴"的文天祥，是怀着使命"逃往真州"的文天祥！

（同学鼓掌）

师：刚才我们做了一件很小但很有意义的事情。一个"奔"字，我们起初只是想确定它的读音。结果呢，通过讨论，我们不但把握了"奔"字的词义，更重要的，通过品味这一个词语，认识了文天祥的高尚品格。这是一种非常重要的读书方法，希望大家关注它。

【评析】 这是一个很精彩的教学片段，"奔"究竟应该读什么，讨论没有完全明确的结果，但结果已经不重要了，重要的是学生在讨论过程中思维能力、推断能力得到了提升。

从案例看，姜老师培养的学生，有两个习惯特别令人赞赏。一是使用工具书的习惯。遇到难解的字词，学生不待提醒就自动查阅字典，努力在字典的解释中找到解决问题的办法，看似简单，实为难得。二是在文本中寻找依据的习惯。一个词怎么理解，上下文很重要，学生联系上下文的相关语句解决问题的意识和能力在这个案例中有充分的体现。有了这两点，课堂气氛想不活跃也难。当然，这应当是姜老师长期培养的结果。

从案例描述看，这个片段的产生并非预设的结果，教学当然需要非预设状态，但非预设的教学往往具有预设的成分，或者叫"前预设"更恰当一些，完全处于非预设状态，往往难以形成良好的教学过程。而这个非预设的教学片段，讨论过程如行云流水一般，颇见姜老师的教学功底以及她与学生心照不宣的和谐。

精彩之处还在于一个常见字的读音，竟能引出这样一番讨论。"奔"读什么，联系到"奔"的含义是什么，整个句子的含义是什么；这样解决不了问题，再从语境出发去分析解答；内部语境（上下文）解决不了，那就从外部语境（文天祥当时所处的情境等）寻找蛛丝马迹去解决。这样，一个字的读音，不仅搅动了词句，还搅动了篇章，"奔"字的读音在其次，学生对于把握一个词的推断路径已经充分习染了。

第三节 文言声气：文言文教学韵味的追求

一、"文言声气"的内涵与表现"文言声气"的教学方法

声气，便是"声"和"气"。"声"指声音，也指声韵。从读诗文看，声音，偏向于阅读者用读的声音体悟诗文内涵；声韵，偏向于文本，更多的是指诗文本身所蕴含的声音方面的潜在倾向。"气"指语气，也指气势，同样的，语气偏向于阅读者的表现，气势偏向于诗文本身的特质。当我们把声气在阅读范畴内进行考虑的时候，强调的是用阅读者的声音、语气去逼近诗文的声韵、气势。

文言有文言的声气，白话有白话的声气，两者有相通之处，但文言和白话，语词的聚合方式有异，声气也有不同。且同为文言，各种文体声气有异，同一种文体不同作者，气质不同，声气也有异。注重声气，贵在体察。

清代桐城派代表人物刘大櫆在前人基础上提出"因声求气"说，他所说的"气"大致就是作品的神韵、气势，作品的神韵、气势是作者精神内涵的外化；"声"大致就是作品的声韵。"因声求气"就是通过揣摩作品声韵，把握作品神韵、气势。怎样来"因声求气"？刘大櫆的办法是：诵读。读到什么程度？读到"烂熟"。他在《论文偶记》中说："烂熟后，我之神气即古人之神气，古人之音节都在我喉吻间。"这是前人为我们提供的方法。据此，课堂上表现文言声气的办法就是诵读了。

就诵读两字而言，不免有些笼统，我们不妨具体化地提几点教学要求。第一，通过作者生平以及写某个作品的具体情境了解，让学生体会作者心情，体察作品情境，把自己的心理状态调整到与作者、作品同频道的状态，入情入境去朗读。第二，讨论作品具体句子的停顿、重音、节奏、语速、语调，揣摩怎样的状态能够贴近作品声韵。第三，把握诗文的基调，有的轻快，有的凝重，有的高亢，有的低沉，有的舒缓，有的急速，需要揣摩。当然同一篇诗文，大致有个总体基调，在此基础上也有变化，要区分对待。第四，文言虚词对于表情达意有独特的效果，相对于现代白话，文言文的虚词是十分丰富且使用频繁的，文言虚词往往很能体现诗文神韵。

二、表现"文言声气"的文言文教学案例及评析

优秀的文言作品往往气韵生动，情蕴于中。教学时，如何感受文言文的声气，周选杰老师的《醉翁亭记》诵读课教学案例①，为我们提供了很好的范例。

上课了，首先是作品及背景介绍。我这里不加叙述是因为限于篇幅，但我要说这对激发诵读兴趣和解读课文是至关重要的。

教师范读课文，要求学生特别关注语调。（我读得舒缓、自足，对"也"字的处理总体是适当拉长，而不是当作一般语气词读成轻声，我自信读出了那种回环往复而又卷舒自然的诗般的情调）读后叫学生也吟咏一番，还不妨去掉"也"字试试。（学生比较吟味）然后问：你们从"也"字中读到了什么？

---

① 周选杰.诵读:形式与内容的统一——《醉翁亭记》教学实录[J].中学语文教学,2005(1):20-22.

生1：试着去掉"也"字读文章，就如话讲到一半，嘴巴却僵住，由于意识的强制性，硬生生把"也"字咽到肚里，肚子里却憋了好大的一团气，极胀，极难受。不知不觉中"也"字又被重新读出，有一吐为快的舒畅感。

生2：以往读古文，只觉被折磨得气喘吁吁，很不舒服，可是这篇文章读起来却很通畅，尤其是句末这个"也"字，让人觉得文气舒缓从容，十分有味道。读这篇文章觉得不是自己在读，而是很自然地觉得自己就是作者，在吟哦赞叹风光景色和悠然自得的生活。

生3："也"反复使用，是不是使文章形成一种类似于押韵的形式，更富有节奏感？（我首肯）

生4："也"字会让你不知不觉地变得气定神闲，似乎也融入了作者的那种意境中去。读这篇文章，总体上要用缓慢的语速，要读得抑扬顿挫一些，给人以回味的余地。例如"野芳发而幽香……山间之四时也"，把这个"也"读得延长稍微向上扬一些，便可把作者对四时美景的喜爱和沉醉表现出来。（该生读，努力表现，获得掌声）

生5：欧阳修纵情于山水之间，充分地领略山林情趣和人间欢乐，字里行间透出一种闲适、豁达。

生6：可我觉得"也"字中有些许官场失意、被贬滁州的惆怅。（我首肯，示意下面再讨论这个问题）

教师总结：同学们说得非常好。"也"字使文气舒缓，自然流畅，有一气呵成之感。它增强了文章的抒情色彩，每句以"也"字收尾，有诗歌回环往复、一唱三叹的韵味，充分流露出欧阳修被贬滁州、以顺处逆、纵情山水的悠闲与愉悦。读这些"也"字，正如刚才同学说的，总体上要适当拉长，并且上扬。同学们请试着诵读全文，体会此番心情。（学生摇头晃脑地读，自得其乐。再叫一名朗读好的学生范读全文）

课堂上我还明确了文章的抒情氛围是由"也"字与对散结合的句式及"而"字妙用等共同营造的。这里略去。下面我试图重点通过对文章四句话的诵读来实现文本的意义。我们读的第一句话是："环滁皆山也。"

教师："环滁／皆／山也！"（我把"也"字的315调值读得很足，并且上扬，充满了欣喜之情）

同学们笑，都说不好。我叫他们学我读的样子再品味，他们说，老师，不就是滁州城的四面都是山吗，干吗读得如此一惊一诧呢？我叫他们与"醉翁之意不在酒，在乎山水之间也"这句话联系在一起考虑考虑，有几个同学听出了欢欣之情。我反复读，问，一个爱山乐水又纵情山水的人见到如此好山好水难道不兴奋？许多同学恍然大悟。我还讲了欧阳修改动文章开头的典故，叫他们吟味两种开头的优劣。（讨论过程略）

教师：同学们，请听一听一个学者的观点："环滁皆山也，这劈头而起的一句足以惊呆那些习惯于按照陈套来写文章的人们。他二话不说，开头就是突如其来的一句，可以说是一句由衷的欢呼：多么好的绵绵不绝的山峰，环绕着滁州城！""环滁而起的山势的突兀不凡，恰好衬托了文势的突兀不凡。"[①]不论是从情感上还是文势上都应当这样读！同学们，若不领会文人加失意者对山水的敏锐感觉和痴迷，更何况他是"纵情"，你是读不出欧阳修早晚四季徜徉在山水美景中的愉悦和沉醉的！（同学们至此很信服了，各自品味着读，个个意兴盎然）

"山水之乐"部分我们主要还讨论了醉翁的出场——"剥笋法"，及朝暮四时之景，这些

---

①　谢冕.流向远方的水［M］.成都：四川人民出版社,1997:155.

句子的"也"字的抒情色彩都很浓郁,限于篇幅,略去不谈。我们读的第二句话是:"(至于)负者歌于途,行者休于树,前者呼,后者应,伛偻提携,往来而不绝者,滁人游也。"

生1:"……滁人游也。"应是:"……是滁人在游赏山水啊!"世道太平,百姓安乐。这是欧阳修对自己政绩的肯定,心情一好就泄露了自得之情。

通过努力,学生的理解程度只能到这里了。我不得不把学生引向对这句话本身的关注:歌;休;前呼后应;扶老提携;往来不绝。这是怎样的精神面貌、社会风情、生活节奏啊!想象、诵读后再思考:(1)这样的生活离百姓有多远?老残面对大明湖不是发出"如此佳境,为何没有游人"的感叹吗?(2)这样的"牧歌式"的生活画卷,不论放在哪个朝代都是不会过时的,哪怕是现在。这是为什么呢?

生2:在好心情的驱使下,文人写出来的文字美一些,这是可以理解的。

生3:能够游山玩水的都是些富贵者,可见"滁人"是特指的。

教师:如此怎样解释"负者歌于途"?(该生语塞)

生1:还是说明他辖治下的百姓生活富足安乐,这比大明湖的美丽景色没人游玩的现实强多了,"也"字充分流露了他的自得之情,还有成就感。

教师:最好把"自得"改成"欣慰"。应该说有一定的现实基础,说明民风淳朴,吏治良好;但这句话所描绘的是怎样的一幅生活画卷啊!欧阳修到滁州还是第二年,就有如此水平?

生4:关键是欧阳修对这样的生活充满了热爱和希望,在这种心情驱使下,他把看到的理想化了。

教师:好!——"热爱与希望",热爱什么?希望什么?

生4:热爱安乐的生活;希望他的老百姓过上安乐的生活!

教师:有什么比老百姓的安乐使人感到更快乐的呢!欧阳修把老百姓的快乐当作了自己的最大的快乐,"与民同乐"才是"大乐",这才是一个政治家的胸襟和抱负啊!此时此景,只有身兼大文豪与政治家的欧阳修才能画出这幅生活画卷!——浪漫笔法中寄寓了政治抱负。读这句话节奏要舒缓,一定要动情的、深情的。这个"也"是全文承载感情最重最深的一个"也"字,拉长,上扬,但又不能过高,因为它有现实折射的影子。(学生一起动情地、深情地读)

下面,我们要去触摸欧阳修的情感潜流——"乐"中的悲凉了。我们读的第三句话是:"苍颜白发,颓然乎其间者,太守醉也。"这个教学片段里我们讨论了"欧阳修为什么39岁自称'苍颜白发'的'翁'?不会喝酒——'饮少辄醉',为什么要自称'醉翁'?"等问题("醉中遗万物,岂复记吾年"),遗憾的是我只能向你们展示一些结果性的东西了。

生1:"太守醉也。"——"沉醉"在"山水之乐"与该段"滁人游乐""宴酣之乐"之中。读时用降调,舒缓、甜蜜的。(我指出"甜蜜"有待商榷)

生2:应该与下文"然而禽鸟知山林之乐,而不知人之乐;人知从太守游而乐,而不知太守之乐其乐也"联系在一起,这句话中有不为人知的苦闷。"苍颜白发,颓然乎其间者,太守醉也。"——有对自己无奈纵情山水、不为人知的自我解嘲。"也"是微叹。(该生读)

生1反驳:欧阳修胸襟宽阔,"与民同乐""不知太守之乐其乐也"——完全可以理解成欧阳修对"秘密"的独自甜蜜享受。(此观点获得部分同学的支持)

生3:还有对自己历尽沧桑、命运坎坷的悲叹,"苍颜白发"是心理上的年龄。用降调,

"也"相当于"唉"字——"……太守/醉也。"

生4:真的酒喝"醉"了,与李白的"佯狂"同,宣泄郁闷与不满,是长期抑郁后的激愤。用升调,上扬——"……太守/醉也!"

教师:看来,"苍颜白发,颓然乎其间者,太守醉也。"——真是百感交集啊! 能够从大热闹("众宾欢也")中读出心的寂寥是难能可贵,且十分重要的。同学们请关注这条情感潜流从哪里出来,会流到哪里。

我们读的第四句话是:"醉能同其乐,醒能述以文者,太守也。太守谓谁? 庐陵欧阳修也。"我们讨论的问题是:为什么前面有几次都说是"太守"而最后却要点明是"欧阳修"自己? 怎么读?

生1:同柳宗元的《小石潭记》一样,最后要交代人物,可能是"传统"笔法。

生2:前面用不关己的第三者角度来叙述,是因为不好意思说,否则有自我标榜(与民同乐)之嫌。

生3:逆境中却还能"与民同乐"的自豪,自信,优越感,"也"用上升调读。(示读)

生4:深深的自哀,是前面"苍颜白发,颓然乎其间者,太守醉也"的延续与深化。渐缓,用降调。(示读)

生5:压抑后的反弹张扬,是对长期积郁的瞬间宣泄。上升调,较强烈的。(示读)

教师明确:全文以"乐"字串之,从"庐陵欧阳修也"读出"自信""自豪"是正确的。但你们"以第三者的角度写"也给了我以启示:当作别人来写,可以冷静地叙述,感情内敛,也就是说欧阳修一直是克制着自己的情感的。前面几次提到太守可都未点破,堆云积雪,蓄势已久,"庐陵欧阳修也",它是全文情感潜流的外溢。若是陶渊明,他就不会把自己的名字写上了,陶渊明是与山水融为一体的,他把自己"丢"了,可欧阳修是"寄情"山水,他忘不了现实,忘不了抱负,忘不了自己是欧阳修。"庐陵/欧阳/修/也!"(上扬,较强烈)——有愤懑的宣泄,有自我的肯定。欧阳修终于在文思激扬与"佯狂"中完成了人格的自我塑造。(生情绪高昂,大声诵读)

现在我们又回过头来诵读全文了,看着他们一个个摇头晃脑地、自足地沉浸在审美境界里,我亦"乐""也"!

[案例说明及教学效果自评]

《醉翁亭记》教了四课时,案例描述中省略了揣摩、吟味、诵读的过程记录,这不仅是由于限于篇幅,更主要的是这种描述是十分困难的,因为任何一种形态的声音背后都是心灵的活动,笔者注重的是在此之前对他们情感、认识的引导的努力的描述。但我要说,各种形式适时的读绝对是课堂教学的主块内容,舒缓和谐、反复咏叹的诵读是课堂的主旋律。

效果显著的有:(1)学生自始至终读得兴味盎然,等授课结束时,大部分学生能够成诵。保持长久盎然兴味的原因不仅是开头导语激发了兴趣,还在于时刻让学生读出了新的内容来,这种成功的感觉是保持长久兴味的最深层的动力。(2)学生从诵读中所得绝不亚于一般的课堂讲解,有的甚至更为直接和深刻。这主要是因为声音是心灵跳动的脉搏。

【评析】 怎一个"读"字了得! 这是一个在实际教学中持续四个课时的案例,四个课时,就在于一个"读",读出作品的神韵、声气,读出学生的热情,读出学生与作品、与作者的情感共振,在这里,"读"绝不是一种点缀,而是贯穿到底的方法,"读"可谓被周老师发挥到淋漓尽致了。

"读"的效果在这个案例中是如何实现的呢？

（1）教师范读以感染学生。周老师在范读课文时，要求学生特别关注语调。他自己对读这篇文章的处理是：读得舒缓、自足，对"也"字的处理总体是适当拉长，而不是当作一般语气词读成轻声；读出了那种回环往复而又卷舒自然的诗般的情调。这样用心去处理范读，效果可以想见。可以说，范读是这四节课的真正起点，如果范读不成功，这四节课可能就会奔拉下来。周老师在备课时，如何范读一定是做足了功课。当然，这个做足功课也指其他方面的努力。

（2）学生比较吟咏，体会诵读效果。比较的内容就是去掉"也"诵读和原文诵读的不同，学生体会到了这篇文章一个简单的文言虚词"也"所传达出来的神韵。周老师介绍实际教学还有如下内容：文章的抒情氛围是由"也"字与对散结合的句式及"而"字妙用等共同营造的。具体（尤其是后两者）没有描述出来，我们可以想见，学生也是能够体会到的。

（3）抓住关键句子，师生共同品味。主要是抓住了四个句子。为了清晰起见，我们不妨用表7-1概括一下。

表 7-1　语句诵读体会

语句	诵读	心情
环滁皆山也！	"也"字的315调值读得很足，并且上扬。	欣喜。
负者歌于途，行者休于树，前者呼，后者应，伛偻提携，往来而不绝者，滁人游也。	读这句话节奏要舒缓，一定要动情的、深情的。"也"字拉长，上扬，但又不能过高。	热爱安乐的生活；希望他的老百姓过上安乐的生活。
苍颜白发，颓然乎其间者，太守醉也。	降调、升调交叉使用。	百感交集。
醉能同其乐，醒能述以文者，太守也。太守谓谁？庐陵欧阳修也。	上扬，较强烈。	有愤懑的宣泄，有自我的肯定。

这样通过讨论品味，以如何诵读为表，以揣摩作者心情为里，逐步走进文本深处，师生共同触摸到了《醉翁亭记》的神韵。

（4）"读"为明线，作品声韵为暗线，两者结合。这一点在表7-1中可以明显看出，而两者结合是自始至终的，这样，"读"就不至于浮在表面，而是注入了作品的精气神，更注入了欧阳修的精神气质、心境思想。

周老师的这个课例至少给了我们三点启示：

（1）表现文言声气的课堂是能够实现的。文言声气，说起来有点虚，操作起来线索不明显，因此真正做得好的案例不多，但是周老师做到了，周老师从虚词、从句子、从语言特色出发，使表现文言声气的方法有路径可循。这说明"因声求气"之法依然有很强的可操作性，这一传统的教学方法依然具有生命力。

（2）"因声求气"的关键在于"声"与"气"紧密对接。这里的"声"具体就是师生诵读《醉翁亭记》，"气"就是欧阳修的心情、心境，作品的声韵、神韵，两者融合，才是佳境。两者之中,作品的品味、把握,又是关键中的关键。如果周老师没有对作品有深入的理解,也不可能上出诵读课的味道的。当然,不紧密对接也就不叫"因声求气"了,不紧密对接,诵读只是一种孤立的存在,那种为诵读而诵读的教法,我们应该抛弃。

(3)要处理好文本的情感共性与诵读的个性创造之间的关系。诵读,是吟诵者与文本之间高层次的对话,是心灵与心灵的碰撞,它允许个性创造,但是无论怎么创造,都必须尊重文本,顺应文本中的情感流向。这个案例,周老师鼓励并引导学生在尊重文本的前提下大胆进行语调的个性创造,如对"太守醉也"的语调把握,学生有不同见解,有的学生说:"(作者)'沉醉'在'山水之乐'与该段'滁人游乐''宴酣之乐'之中。读时用降调,舒缓、甜蜜的。"有的学生说:此处"有对自己历尽沧桑、命运坎坷的悲叹,'苍颜白发'是心理上的年龄。用降调,'也'相当于'唉'字。"有的学生说:"宣泄郁闷与不满,是长期抑郁后的激愤。用升调,上扬。"教师一再提醒学生关注文本的情感潜流,而学生对语调的不同处理,只要言之成理,教师都应加以肯定。

第四节　文言文教学的辅助方法

前面三节,我们从不同角度说明了文言文教学设计的重要问题,但这只是一个大框架,文言文怎么教,所涉内容是十分丰富的,这些内容我们大致可以分为两种,一种是具有文言文教学个性的,某种程度上是文言文教学所特有的;另一种是教学的共性,它们放在其他教学领域也是可行的。自然,我们要强调的是前者。从文言文教学个性出发,我们介绍两种文言文教学的辅助方法。

一、删减注释教文言

我们先看一位学生学习文言文的体会:

学习文言文要比学习现代文容易,只要不怕枯燥之味,其实认真学起来了也就不乏味了。学习文言文我的体会就是抓翻译,翻译主要要做到的是文言词语的落实,因此只要能做到文言词语基本能够解释了,文言文学习的问题就基本解决了。有些看来不是文言词语解释的题目不会做,其实也还是文言词语解释的问题。像信息筛选题,文言词语能解释清楚,四个答案的正误就很容易判断。那么如何落实文言词语的解释呢?我认为要充分利用课文的注释。一般而言,学到文言文,我都会把课文下面的注释认真地看过去,然后给重要句子的翻译和重要词语的解释用线画起来,特别要注意的地方就把它圈起来,这些词句记住了,考试就好办了。当然,复习的时候要把这些重点再记一遍,直接看注释就够了。

从学生的经验总结看,文言文教学我们似乎在培养学生的两种能力:记忆能力和阅读注解的能力。对词语意义的记忆是有必要的,但我们首先要培养学生文言文的阅读能力;至于阅读注解,有人说,"我们不能把读解白话注解的能力误认为是具有阅读浅易文言文的能力",这话可谓一针见血。学生的经验介绍反映了文言文教学的错位。如何改变文言文教学只关注注释的状况,把教学转移到文言文阅读上来?目前有效的做法恐怕是"无注释教学"了。

无注释教学也不是完全不要注释,而是大量删减文言课文的注释,把学生的注意力集中到对文言文本身的感知上来(这"感知"既包括对文言词语的感知,也包括对文言文内涵、声律、韵味、意境的品味),从而真正提高文言文的阅读水平。

无注释教学怎么教? 以下意见可以参考。

1.把删减注释后的文言文呈现给学生

或用多媒体,或印发讲义。学生合上课本,课堂上仅使用教师提供的课文。

2.学生阅读文章,找出不懂之处

浅易的文言文高中学生基本能看懂,需要解释的只是个别地方。

3.集中学生的疑难处

可以先分小组讨论,前后桌四人一个小组,小组长汇集本小组的疑难之处,然后由小组长一一汇报。

4.学生疑难处讨论

在讨论的过程中引导学生猜想、推断,同时感受文言特点。以"古之学者必有师。师者,所以传道受业解惑也"这句话为例。

"学者"是什么意思,学生容易误解成指学术上有一定成就的人,这样理解为什么是错误的? 从句子本身意思看,古代学术上有成就的人一定有他的老师,这是从尊师角度说的,可下面的文字很容易看出,本文是针对着求学者来说的,因此"学者"应理解为求学的人。

"所以"是不是表结果的"所以"? 如果"所以"表结果,前文或后文一定有表达原因的句子,实际上是没有,可见"所以"表结果是不正确的。"所以"是什么意思呢? 是表凭借或手段,这从"师"与"传道受业解惑"的关系中可以推测出来。

"传道受业解惑"应该怎么理解? 通过讨论、推断,体会文言词汇以单音词为主的特点,"传道受业解惑"的理解过程实际上是把单音词组成双音词而已。

——如果有注解,学生一看注解就明白了,不需要讨论,上面的解释看起来似乎烦琐,不如看一下注解来得方便。但这个明白只是"知其然"的明白,不是"知其所以然"的明白。仅仅是"知其然",靠记忆就够了;要"知其所以然",就得靠对言语的体察和言语的智慧了。仅教学生"知其然",无论形式上怎么变换,都是"灌输";教学生"知其所以然",哪怕是教师讲解为主,也是对学生聪明才智的激发。

5.诵读

文言文教学应当给学生充裕的时间读课文。诵读可分两步,第一步是读得口齿熟,第二步讲究些读法。

无注释教学是文言文教学设计的一种方式,并不是文言文教学都应当如此。在现行的语文教材的编法下,相对浅易的、容量较小的文言文更适合无注释教学。无注释教学强调把学生的注意力集中到文言文本身上来,强调"推断",不是但凡学生不懂的地方都来推断一番,有的词语这样解释就是这样解释,记忆还是必要的。

二、让学生写点文言语段

不是说鼓励学生写文言文,而是通过写文言语段这种手段,加深对文言文学习的体验。先说为什么要让学生写点文言语段。

文言文该学还是不该学? 普遍的看法是,中学生学点文言文是必要的,但也有一些不同的声音。在这里,我们无意去讨论这个问题,说应让学生写点文言语段当然是以文言文应该学为前提的。如果文言文应该学这个前提是正确的话,让学生写点文言语段就是必要的。

从现代文教学看,这样的认识应当会得到认同的:写作能够加深对文章的理解。写过小说的人去读小说与没写过小说的人对一篇小说的理解是不一样的。这个认识可以加在文言文学习上。

写文言语段是文言的运用过程。我们知道,只有在运用中才会对所运用的对象产生更为深刻的感受和认识,也只有在运用中才能更好地把握学习的对象。而在中学教育里,学生学了不少文言文,但恐怕没有写过一篇文言文作文,语文教师一般是不会布置学生写文言作文的。文言文只需要读,与语言运用无关。离开运用想学好文言文几乎是不可能的,离开运用学文言文是缺乏生活情趣的,离开运用学文言文只会学到文言文的皮毛,难得文言文的精髓。虽然我们没有必要让学生满口"之乎者也",也没有必要用文言写作来代替白话写作;但一条显而易见的事实是只有真正地拥有文言,才能更好地学好文言。

进行文言写作,这不是倒退吗? 前辈发起白话运动,是因为文言远离了生活,是因为书面语脱离了实际,脱离了大众,现在把文言写作引入课堂岂不是走回到早已证明是行不通的路子上去了? 其实不是。进行文言写作是手段,文言写作一方面是为了促进学生对文言文精气神的感受,更重要的一面是写文言语段实际上是为了学好白话文。

朱光潜在《从我怎样学国文说起》这篇文章中说过一段话,很能引发我们的深思:"白话的定义很难下,如果它指大多数人日常所用的语言,它的字和辞都太贫乏,决不够用。较好的白话文都不免要在文言里面借字借词,与日常流行的话语究竟有别。这就是说,白话没有和文言严密分家的可能。"国人似乎有一种特别的心结:文言和白话是对立的。正因为如此,才有学不学文言文的讨论,心底里才会不问情由地压着写文言文是没有必要的结论。朱光潜的话使我们明白写点文言其实也是在学白话;不写文言,白话还表达不好。杜常善在《语言粗俗贫乏与语文教育理论》一文中则是十分激进地指出:"中国人不学老祖宗代代相传的土生土长的文言,语言怎能不贫乏? 文言是书面语言,文雅、纯净,不学它语言怎能不粗俗? ……现代人写作不须夹用文言,不须用文言词语,不须用文言句式,岂不是自取灭亡! ……"似乎觉得偏激,但冷静想想,不无道理。

说了这些,无非想说明,写点文言语段是必要的,文言文在整个中学阶段占有很大的比例,我们应当提倡学生通过文言的运用学习文言。

再说怎样让学生写文言语段,这是教学设计的问题了。下面几种方案可以作为仿照和参考。

(一)把白话变成文言

这好像是翻译的工作,但毕竟写文言语段是一种手段,权且把它作为文言写作的一种方式,尤其是初始阶段或文言基础比较薄弱的学生,这种方法可以作为真正的文言写作的过渡。至于方法本身其实很容易理解,无须再作解释,但选什么白话更好值得讨论一番。随便拿一段白话让学生把它变成文言,这似乎不太现实;同时,就像把有些文言语段翻译成白话是一种破坏一样,有些白话变成文言语段也是对白话所具有的美感的破坏。最好的做法是,找一段文言语段,把它翻译成白话,然后拿这段白话,让学生用文言语段来表达。也可以进一步延续,给出文言原文,让学生拿自己的文言语段表达与原文比较,从而体味文言的气息与质地。

(二)文言词语连缀

选择几个文言词语(当然最好是这些词语在现代社会中还具有生命力),让学生用一段话把这几个文言词语串连起来用连贯的话表达一个完整的意思。这个设计是让学生在实践中丰富词汇,增强语言表现力。

(三)写文言小片断

之所以说写小片断,是因为我们没有必要用文言代替白话写作,让学生用文言表达只是学习的手段。因此小片断的题目要尽量有趣、实在,适合表达一个完整的意思就行。同时为了使学生有表达的感觉,题目可以给人有历史感。比如"我与孔子的对话""张飞画像"等。

(四)写文言小评论

一篇文言文教完后,让学生就所学文章写评论。自然是一两百字即可。教师可以出一些题目,给学生明示方向。比如教了《鸿门宴》后,让学生用文言写"我看项羽"。

(五)给文言文补白

好文章总是留下许多空白,让读者去填补,读者填补的过程就是与原文对话的过程。用文言的形式给文言文补白是一举两得的事情,既加深了对课文的理解,又实现了用文言表达的本身意图。还是以《鸿门宴》为例,刘邦向项羽请罪前心里是怎么想的,在项羽的宴席中心里又是怎么想的,这些都是"空白"。补白,就是把这些"空白"描述出来。既然是给文言文补白,用文言来写也是合情合理的。

(六)给文言文续尾

这也是无须解释的方法。要说明的是,适合写续尾的文章只是一部分,要根据文章的特点来做这个活动。

最后强调一点,我们提倡的是写文言语段,而不是写文言篇章,如果学生有兴趣写文言篇章自然另当别论,但教学没有必要要求写文言篇章。

练习与拓展

1.设计一个"依文习言"的文言文教学方案并把它付诸实践。

2.在中学语文教材中搜集10个容易引起误解的文言词语,分析它们在特定语境中的准确解释,总结用什么方法可以帮助获得正解。

阅读下面文章可以加深对本章内容的理解:

[1]钱梦龙.文言文教学改革刍议[J].中学语文教学,1997(4):25-27.

[2]包建新.回到原点:文言文教学为什么?[J]教学月刊(中学版),2005(11):42-44.

[3]孙争艳."言"与"文"的握手——例谈文言文教学的几种方式[J].中国校外教育,2012(8):38,90.

[4]方海峰.以文带言 文言并重——对高中文言文教学方法的思考[J].语文教学通讯·D刊(学术刊),2016(8):28-29.

[5]张心科.重回"言"本位:文言文教学的问题与对策[J].语文教学通讯,2019(6):9-15.

[6]张宗方.诵读:文言文教学的津梁[J].中学语文教学参考,2019(Z2):53-55.

第八章　写作教学设计

提　示

写作教学是中学语文教学中最为头疼的问题,一方面,教师努力去教依然收效甚微,致使教师都怀疑自己的教学是否有必要;另一方面,学生怕写,怎么写才能更好,似乎无迹可寻。为什么会这样? 如果把语文能力比作冰山,那么,相对于其他学科,这座冰山沉在水下的部分更多,而写作是一种综合性极强的能力,表象、情感、意愿、观念、态度、表达、技法等同时参与,一个人在写作时,常常分不清哪些因素在写作行为中起主导作用,也就是说,写作这座冰山恐怕大部分沉在水中,露出水面的(表达、技法之类)只是一小部分,而写作教学似乎只能在这一小部分上做文章,于是教学之于写作实践近乎隔靴搔痒,写作教学尚需不断开发。如果写作教学能够抓住露出水面的那部分,搅动沉在水下的大部分,写作教学的效率将会大大提高。本章的主要立意即在此。

阅读准备

自己写几篇不同类型的文章,比如描述类、抒情类、论说类等,然后反思自己的写作过程,分析形成"这一篇"文章,哪些因素在起作用,哪些因素起了决定作用。

第一节　写作能力的构成及写作教学的着力点

一、写作能力的构成

写作能力的构成我们可以用表 8-1 来表示。

表 8-1　写作能力的构成

谁来写	方法层面	立意、结构、体式、章法、语法、技巧……	写给谁看
	思维层面	回忆、安排、推断、归类、归纳、评估……	
	情感层面	动机、兴趣、爱好……喜、怒、哀、乐……	
	生活层面	事实、数据、表象、观念、态度、常识……	

先看中间两列的四个层面,处于最底层的生活层面是写作的基础,失去了这个基础,写

作便成了无源之水,这个层面反映到文章中就是写作内容,写作首先是内容问题,其他问题都由此生发。生活层面的内容从哪里来?从现实的生活中来,从这个意义上说,对于进入写作情景的人来说,生活即是写作,也从书本上来;从这个意义上说,阅读即是写作。往上是情感层面,情感层面是生活层面投入作者的心灵所产生的反映,它是写作激情的来源。情感层面包含两方面内容:一是情感取向,也即是受动机、兴趣、爱好等的影响而带来的对生活的偏好,一个人的世界有多大,以他所能感受到的世界为限,停留在生活,形成了一个人的个性,投射到写作,形成了写作个性的最重要的组成部分;二是情感反应,就是对生活层面内容的喜怒哀乐感受。对生活、对阅读缺乏激情,即使拥有丰富的语言(其实也不可能真正地拥有),写作也是异常艰涩之事。再往上是思维层面,一个人面对纷繁复杂的世界需要合理的思维予以整理,经过了思维整理的世界才会有条理地保存在大脑中,它与写作的构思、文章的结构密切联系。最上层是方法层面,即文章怎么写的层面,这个层面历来为写作教学所重视,可以说,中学写作教学的体系基本上是在这个层面上建立起来的。

这四个层面跟写作的关系可以这样描述:越往下,对写作的影响越大,越往上,对写作的影响越轻微。虽然方法对写作内容有调节、美化的作用,但写什么总是左右着怎么写的形成。写作教学从方法层面构建,只是触及写作最为肤浅的层次,虽然有不少教师努力从思维层面构建写作教学,但实际写作究竟运用了什么思维,实在难以完全抽绎。情感层面、生活层面对写作影响巨大,但因其复杂性,对此只停留在观念上,未能形成令人信服的操作方案。于是写作能不能教这个问题摆在了我们面前。

再看谁来写和写给谁看这两个因素。按照现代写作学的概念,谁来写即是写作主体,写给谁看是写作受体。从教学角度看,对写作主体的关注最核心的内容是写作能量问题,写作能量并非是自足的,在闲暇时间人们找点读物阅读是很自然的,但闲暇时提起笔来写写文章就很少见了,因而写作教学应该把激发写作能量纳入教学范围。而写作能量又受情感层面的内容左右,如何激发写作能量又变成了一个复杂的问题。写作受体就是读者,读者意识影响写作内容的选择,表达方式、写作技巧也受此制约,既然写作受体制约着写什么和怎么写,写作教学也应该把它纳入教学范围。

为了更清楚地说明问题,我们有必要从写作能力的构成出发描述写作教学的着力点。

二、写作教学的着力点

我们可以用图 8-1 表示写作教学的着力点。

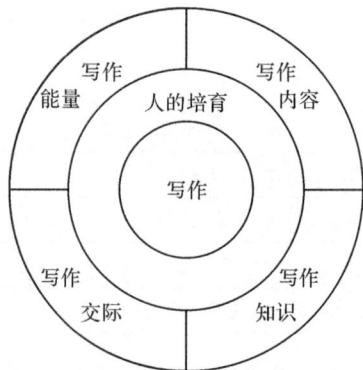

图 8-1 写作教学的着力点

这三个同心圆描述的是写作教学对写作能力作用的状态。外层的写作内容即是生活层面,虽然难以驾驭,但它理应成为写作教学的着力点之一;写作能量是在写作主体的写作欲望和对生活的激情共同作用下形成的完成写作的力量,写作教学不能忽视这个力量;写作交际是指写作者以文章为中介与他人或与自己的交流,写作者意识到这种交流的存在才会形成更适当的表达;写作知识包括思维层面和方法层面的有关知识,这个知识不是在文章业已形成之后总结出来的知识,这些知识相对于写作行为,可以称之为"后置性知识",而写作教学需要的是在写作行为发生之前直接影响文章形成的"前置性知识"。写作教学通过对这四个方面的共同作用,促进写作能力的提高,而且也只有这四个方面的共同作用,才能比较完整地作用于写作能力结构。

但是,这四个方面作用于写作能力不可能是直接的,在实际写作时,写作能力是难以具体分析的混沌的综合体,这四个方面共同作用于"人",促进人之为"人"的提升和完善,然后通过提升和完善后的整个人的生命力量促进这个"综合体"的整体提高。写作能力的提高总是相伴着人的提升而存在,在这里,我们不可能抽绎出具体的写作教学对写作能力提高的意义,吸收了写作的具体指导也只有融进"综合体"才能产生效力。因此说写作不能教是可以理解的,或许我们可以用另外一个词表达,那便是"培育",写作不是可教的,写作只能培育。我们即使不对一个人的写作能力施加影响,这个"综合体"却始终存在,我们通过这四方面影响"人"进而影响写作能力,促进这个"综合体"成长,这个过程用"培育"是最为恰当的。——只是为了方便,我们继续用"教学"一词。

如何培育?我们认为"生活化"是适切的途径。

第二节　写作生活化教学整体设计

就普遍而言,写作教学的着眼点在于如何审题、如何扣题、如何谋篇等技术问题上,同时,这些技术上的问题往往也是教学的出发点和最终归宿,写作过程是指导—写作—批改—讲评,整个过程追求作文在形式上如何达到要求。这样的写作教学我们称之为"形式化教学"。写作生活化教学认为学生写作水平的提高主要不是依靠写作的技术性因素,而是依靠生活。当一个人的语言发展到一定程度,生活的广度和深度,以及对生活的敏感度决定了他的写作水平。据此,中学的写作教学从目标的表述、命题、写作过程、写作评价等方面都需要转身,让写作回归生活的本来状态,让写作成为学生此在的生活。

一、写作教学形式化及其不足

在实际的写作教学中,写作教学严重地脱离了生活的倾向,一味追求作文形式上的价值。具体表现在以下几方面。

(1)写作目标语言化。比如:扣住题意、中心明确、内容具体、层次清楚、语句通顺、卷面干净等。目标表述均从语言出发,而不是从生活出发,于是作文教学不去深入地思考作文的内容、思想以及作文产生的根源,这样便丢失了作文的"灵魂",而只留下作文语言的"躯壳"。在这种目标指引下,作文教学产生了围绕题目的种种做法,在"扣住题意"的指导中,有的教师提出,"作文也像解应用题",分析已知条件,根据一定的方法,把写作方向"解"出来,于是作文就有了模式,有了可以分几步来写的框框,从而催生了背离生活的虚假作文,只见语言,不见"人",只见形式,不见生活,忘却了生活是写作之源,写作教学陷入了片面化。

(2)写作过程限时化。写作在规定的时间当堂完成,这是写作课的一个基本做法。我们知道,文章虽可以是一挥而就的,但大多都需要长时间的思索,几天,甚至是几年,才能使一篇文章酝酿成熟,这是写作作为生活内容的客观实际,而我们每每要学生在一个小时以内完成一篇文章的写作。可想而知,这样限时写出的文章,必然是学生已经操作熟烂了的言语的再次排列,写作就成了一种结果的检验,而不是促进水平提高,促进人的发展的手段。

(3)写作指向命题化。高考作文大致经历了四个阶段,第一阶段是命题作文,作文按照题目去写;第二阶段是给材料作文,通过分析材料,确定文章中心,然后进行写作;第三阶段是话题作文,在一定的话题范围下进行写作;第四阶段是多元阶段,命题采用各种各样的形式。虽然在命题方式上不断进步,不断走向开放,但总要求并没有改变:要求学生在规定的指向中写作。作为结果的测试,这是无可非议的,但在给定题目、做出限制的情况下让学生写作,成了写作教学的基本做法,这就成了问题。学生只是根据要求,根据命题,搜肠刮肚地去寻找生活。真实的写作一般是对生活有所领悟、有所触发,形成话题,然后表达成文,而我们的写作教学恰恰来了个反方向。难怪学生觉得写作是一件苦事,咬笔头,敲笔杆,苦思冥想,却写不出东西,万一审题不慎,还要"满盘皆输"。老师面对这种现象,却总是以"生活积累不够"来搪塞,既然病根是"生活积累不够",为什么不直接从生活积累起步呢?

(4)写作评价单向化。学生作文写好后,统一由老师来批改,批改好后再由教师向学生做讲评,这是写作教学的又一种基本做法。由老师来指出学生作文的成败得失,固然有意义,但细细考究起来,这种做法其实显得消极。首先,长期这样做的结果是学生的作文会成为对老师的迎合,而不是使学生自己发展自己。学生相对老师,即使"矮"点,也应该是并列对等的,这样才真正有利于提高学生的写作素质,毕竟,写作更讲究个体经验。其次,长期这样做的结果会使学生丧失读者意识。教师不是一个真正意义上的读者,只是作文的评判者,而写作既为表现自我,也为在自我表现中能对别人(读者)有所启发或感悟。失去了后者,只让学生拥有作文的评判者,写作容易流入文字游戏,人云亦云。写作教学,教师要成为学生的读者,同时要让学生的作文拥有更多的真实的读者。读者缺失是到目前为止写作教学效率不高的一个重要原因。

(5)写作指导技术化。作文指导的基本做法是:传授写作技巧、技法,然后让学生运用这些方法来写文章,依葫芦画瓢。这种做法也许会奏一时之效,但我们在教学中经常会发现,有的学生原来写作水平不错,但随着年级的提高,写作水平总是停留在那个档次,相对于其他同学,写作水平显得降低了。为什么会出现这种情况?大多是因为在学习写作的过程中受了太多的技术指导而缺乏发现生活的锐利的眼光。而写作是充满个体灵性的活动,以缺乏灵性的技术代替学生的创造性活动,最终扼杀了学生的创造精神,动笔写时,只留下技巧和技法,却没有表达的冲动,写作水平又如何能提高?

写作教学形式化的做法,实质上是把作文考试的一套做法完全移植到写作教学,把过程性的活动变成了一次次结果的检测,从根本上脱离了写作源于生活的基本原则,不利于写作的持续发展。学生在离开自己生活的情况下学习写作,致使富有生命激情的写作活动变成了缺乏生机、缺乏活泼情趣的枯燥的写作劳动,这是写作教学效率低下的根本原因。

二、写作教学生活化的追求

(一)目标表述生活化

表面上看这只是表述问题,实际上目标表述的改变意味着教学观念的改变,意味着教学行为的改变,因为目标是整个教学过程的指归。相对于目标表述语言化,我们提出目标表述生活化,把以能力为内容在教学行为上容易引导至技法训练的目标表述改变为以生活为内容在教学行为上引导师生共同与生活展开对话的目标表述。下面是我们为中学写作教学设计的一组目标,在大目标下分列每次写作教学的具体目标。

1.开启你的爱心:(1)体察万物——用爱心抒写生命;(2)物我对话——托物和拟人;(3)此中有真意——生命的升华。

2.品味家庭生活:(1)一笑一颦总关情——父母亲人;(2)一窗一几亦流连——家庭环境;(3)冷暖酸甜我自知——苦乐家庭事;(4)为伊消得人憔悴——透视家庭伦理。

3.感受校园生活:(1)一扇待开启的门——走近教师;(2)同桌的你——走近同学;(3)风景这边独好——观察学习环境;(4)给我一双慧眼——观察学习活动。

4.体验社会生活:(1)没有调查就没有发言权——了解社会现状;(2)众人拾柴火焰高——参与社会活动;(3)指点江山,激扬文字——评说社会热点。

5.课本阅读:(1)村村皆画本,处处有诗材——文海拾贝;(2)言近而旨远,辞浅而义深——言语品味;(3)倾国宜通体,谁来独赏眉——整体感悟。

6.名著阅读:(1)读其文,观其人——了解和亲近大师;(2)走进缤纷的世界——阅读名著;(3)一杯浓浓的清茶——揣摩体悟。

7.流行阅读:(1)自古英雄出少年——武侠小说的阅读;(2)梦也依依,情也依依——言情小说的阅读;(3)挡不住的韩风——解读韩寒现象;(4)我很丑,但我很温柔——流行阅读。

8.亲近自然:(1)倾听大地的呼吸——人与植物;(2)关爱自然的精灵——人与动物;(3)呵护自然的生命——人与环境。

9.鉴赏艺术:(1)寻觅我们的文化院落——走进古迹;(2)聆听历史深处的回响——重读经典;(3)真美啊,请停留一下——身临画境;(4)开放在琴弦上的花朵——静听天籁。

10.认识自我:(1)我的心中下着雨——自我的烦恼;(2)唱一首歌给自己——自我的肯定;(3)掌声响起来——自我的挑战;(4)找寻心中的阳光——自我的展望。

11.丰富自我:(1)倾听风铃声——学会关心他人;(2)星星眨着明亮的眼睛——感受自然节律;(3)美丽的音符在跳动——触摸身边的文化;(4)指点江山——天下事,事事关心。

12.回归语言:(1)从祖先心灵中飞来的语言——感悟神奇的文字;(2)横看成岭侧成峰——旧词别解作新注;(3)汲古采今,铸就新我——个性写真词典的编撰;(4)阳春白雪美,下里巴人亦可爱——方言俚语的解读。

对目标的解释(包括子目标)也充分生活化,以免在目标转变成教学行为时产生异化,从而保证写作指导能够顺着生活写作的方向进行。

(二)写作过程生活化

就是在时间和空间上给学生思考、腾挪的自由。这是写作生活的真实状态。打破那种在时间上——一个小时左右、在空间上——固定在教室,完成一篇文章的做法,几乎每一次写作都是一个活动系列,使每一次写作成为学生生活的强烈的印记,成为学生生活的一个组成部分。比如前面所说到的"品味家庭生活"中的"一笑一颦总关情——父母亲人"的写作,按照传统的做法,出一个类似"父亲""父辈"之类的题目,在教师稍作指导后,学生通过回忆当堂完成作文;按照写作过程生活化的做法是:

(1)找一张父母亲的老照片,询问父母在什么时候什么情境下照的,让他们讲讲那个时候发生的与父母亲有关的故事。

(2)询问父母亲的长辈和兄弟姊妹,了解在他们心目中父母亲的情况。

(3)给父母亲写一封信,表达自己对为某种原因而给父母亲造成伤害的愧疚。

(4)写作。对象是父母亲,可以记述事件,可以表达情怀,可以议论观点。题目根据自己的体验确定。

这一系列的过程也可以根据实际情况增删调整。这样的一次写作,不仅仅是完成一篇作文,更是通过写作让学生与父母展开心灵的对话,写作水平随着生活内容的加深、学生人格的成长而不断提高。大而言之,写作,不仅仅培养学生的写作技术性能力,更重要的是要培养立足于生活的、具有主体的价值判断能力的人,具有把握自身、洞察人类发展能力的人。写作过程生活化的追求就是写作教学从"目中无人"到充满人文、人性的关怀,充满鲜活的生活气息。写作过程生活化根据不同的教学目标可以有如下几种类型。

1.活动—写作型

上面所举的例子就属于这种类型。活动的目的是让学生更加深入地了解写作对象,获取更为深入的人生体验,延长写作者的情感触须,使自己的心灵变得丰富而厚实,使写作与心灵同步成长。但我们反对为写作而设计生活的做法,比如有的教师教如何观察,先让学生做一个游戏活动,同时布置观察任务,然后把观察到的游戏活动写下来。这是为写作而生活的做法,表面上热热闹闹,实际上并没有增加学生对生活的理解。我们不能独立于学生作为主体的心灵之外从外到内增加学生的生活内容,而是要尊重学生的生活,通过活动增进学生对生活内涵的体察和感悟,从而实现写作和生命质量的提升。

2.调查—写作型

学生生活是有局限的,其实每一个人的生活都是有局限的。人的认识以他所感觉到的世界为限,要让学生笔下具有充实而丰富的内容,靠知识性的指导,靠提要求,哪怕这种要求是十分合理的,也是达不到的。调查是学生走向社会、拓宽自己的感觉世界的重要途径。调查不仅仅为了了解事物,更在于丰富生活。让学生走向社会、贴近社会,以社会万象来激活学生写作的内驱力,这样的写作会让学生远离套话、假话、空话,从公共话语中脱离出来,走向充满个性的创造活动。

3.阅读—写作型

书籍虽然不能等同于实际的生活,但书籍中所记录的内容是人类生活的结晶,阅读其实也是走进生活。另一方面,从阅读走向写作是写作生活本身的一个重要内容。离开了阅读而进行的写作,往往是学生已有的话语储存又一次进行排列罢了,对话语储存本身毫无益处,而写作水平的提高离不开话语储存的丰富。因此,从写作角度看,阅读既是写作生活的组成部分,又是丰富学生话语储存的手段。有些文章的写作只要把自己的内心表达出来即可,这一类文章的写作也许给学生一个合适的命题是可以操作的,但大部分文章的写作,在完成的过程中都需要进行一番阅读,否则就难以保证质量,哪怕写像"勤奋"这样一个简单的话题,在阅读相同话题的文章的基础上更能写出新意,学生学习写作更是如此。

4.休闲—写作型

休闲是现代人生活的一种时尚,学生生活虽然比较紧张,但正因为如此,学会休闲应当成为学生生活的一个内容,而且休闲方式最能表现一个人的情操。旅游、散步、钓鱼、游戏等休闲方式都可以成为写作的内容。这种类型的写作,无须教师去有意组织,可以通过学生交流,在交流中碰撞、对话、摩擦,形成写作的个人话题。

写作过程生活化的类型还有很多,但无论怎样设计,理念只有一个:写作伴随着学生人格的成熟而成熟,伴随着生活的丰富而提高。叶圣陶先生一再强调学生作文要"写出诚实的自己的话"。曹文轩先生在《我的作文观》中,针对当前中学生作文中大量背离生活实际的现象,疾呼学生作文要"回归自我"。生活化作文的目的就在于此,指导学生生活化作文的意义也在于此。

(三)写作内容生活化

其实,写作目标生活化对写作内容已经作了规定,写作目标是生活的,写作内容便是生活的。过程生活化也保证了写作内容的生活化。但是,我们反对在时间和空间都有严格限制的情况下让学生进行写作,并不意味着否定学生写作可以在课堂上完成,也不否定学生写作可以限时完成,否则就走向了另一个极端。有许多内容的写作是可以在统一的时空下完成的,只是表面看起来相同,而观念却截然不同。写作内容生活化考虑的是在统一时空进行写作的前提下,如何使写作源于生活的观念得以体现。首先应当承认每一个人的生活都不一样,每一个人组织语言的习惯也各不相同,所以话题也不能一律强求,方法也不宜要求统一,关键是要让学生写出自己的生活。怎样使这个目的实现? 日本芦田惠之助曾提出"随意选题"说,其要义是自我选定应写的内容。这是相对于给予既定的题目让学生作文的教学方式而提出的。随意选题使写作内容与题目紧密相连,使学生生活与作文训练紧密联系。因此随意选题是实现学生写作内容生活化的重要手段。写作内容生活化的研究部分建立在芦田惠之助的"随意选题"说的基础上,但对其适用的范围和具体操作,我们提出了自己的看法。适用范围前文做了说明,它适合部分情境下的作文,即使是在统一时空下的写作,随意选题也只是生活化写作的部分内容。

随意选题作文的操作过程:

(1)学生自由讨论最近对什么东西最感兴趣。这是随意选题作文的起点,这个起点是以学生的生活为切入口,而不是写作的能力目标。

(2)讨论对最感兴趣的东西如果用文字的形式表达出来,愿意取一个什么样的题目。

(3)学生根据自己所选的题目进行写作。

(4)师生共同处理学生的作文。这个过程强调思维的内省和反思,强调学生的切己体察。

(四)写作评价生活化

写作评价生活化的要求是培养学生的读者意识。让学生的作文拥有真正的读者,拥有更多的读者,是评价生活化的基本内容,也是写作评价的基本生活状态。如何实现写作评价生活化? 我们总结了如下几条。

1.展示——打破狭隘的交流空间

具体做法是:在作文后,教师把每位学生的作文展示于教室,学生(教师也在一定情况下参与)可以任意取看,自由评说,互相交流意见。通过展示学生作文,让学生表现自我和对作品的反馈期待得到对应的满足,如果这种心理在交流中得到满足,会极大地刺激学生的创作欲望,成为学生写作的一种重要的动力。尊重每个学生的每一篇文章,让每一篇文章都有更多的人参与交流,这是以展示方式进行作文评价的目的。展示是一种方式,也是一种生活。

2.互改——学生以读者身份介入作文评价

让学生以自己的眼光去评判别人的作文,在评价别人的作文时,重新审视自己的作文,从而培养写作的读者意识。在互改过程中强调两方面的合作:一是学生与学生之间的合作,在教师引导下可以通过同桌改、分小组改、班级张贴共同改等方式相互启发、共同进步;二是教师与学生的合作,对学生而言,老师在批改作文时作为一位读者并在需要的时候给予合作比处处找语病的审阅者更有帮助,因为写作的真正目的在于交流。

3.通信——直接交流作文得失

具体做法是:评改学生作为读者给作者写信,表达对文章的看法。而作者也可以作声辩,通过传递信息,培养学生的读者意识,这种成就是双方的,无论是评改者还是写作者,对于读者的态度都会有直接的体验。

4.学生作文结集

生活真实情况是,写作往往是为了发表,发表文章使自己的心灵释放有了归宿。如何体现这种生活的真实,最好的办法是在刊物上发表学生的文章,但这是有限的,一种简便的做法是给学生作文结集,可以一学期一集,也可以一学年一集;可以个人结集,也可以集体结集。这样,学生写作便有了投稿的体验,这是每一位作者所拥有的生活体验,这种生活体验应当让学生也拥有。

评价生活化的做法还可以直接渗透于写作过程中。比如在节日时,寄给老师、父母、好友的贺卡,自己制作,并写上富有创意的、具有真情实感的贺词;校服设计的构想,把写成的文章直接寄给学校有关人员;等等。

三、写作是学生此在的生活

写作即生活,写作教学要贴近学生的生活,在生活中写作,在写作中更好地生活。写作生活化教学不仅仅是指把写作内容与学生的生活内容联系起来,而是从写作内容到教学策略都要回归到生活,只有这样,才能使作文水平伴随着思想的成熟、精神的发展、情操的升华、人格的成长而提高。

写作不仅仅是审题立意、布局谋篇的过程,也不仅仅是在写作技法指导下的模仿过程,写作首先要解决的问题是言语的产生问题。言语是如何产生的? 是在对话状态下产生的。如果没有人与人之间的对话,写作就不可能深刻地表现人;如果没有人与自然的对话,就难以有高超的写景抒情手段;如果没有人与社会的对话,写作就不可能走出自我的狭隘天地;如果没有自我的心灵对话,就不可能写出富有个性的、充满灵气的自我世界……

在生活化理念的支配下,写作不仅成为学生作文学习的需要,更是作为一个人源于生活中的碰撞而产生的需要,学生虽无意于作文,却有意于生活,作文只是学生的生活形式。如果作文是学生的生活形式,必然同时会是他们的成长发展形式。因为作为生活形式的作文是一个自我疏导、自我解剖、自我升华的过程。

第三节 写作指导:为了"唤醒"

写作指导在教会学生审题、立意、选材、结构等方面固然重要,但每一个人的写作能力是潜在的,写作指导更需要"唤醒",况且审题、立意、选材、结构之类最终要靠什么?靠的是学生的生活、思考、情感、阅读……这些东西"醒着"的状态将源源不断地为学生提供写作的能量。

一、"唤醒"学生的思维

在一次几个地区联合起来的高考复习研讨会上,包建新老师应邀上一节写作指导课。上一节什么样的课,他费了好大一番思量。想从话题作文、材料作文、图形作文、命题作文等题目类型出发,选择一种类型,教会学生这一类作文应当怎么写。这个方案很快被否定了。作文的类型有人总结出了十几种,教者可以说一种了事,剩下的呢?不同的作文题目类型有不同的写法,十几种作文题目类型就有十几种写法,这不是写作的真实情形,即使如此,实际写作又如何清晰区分?况且十几种类型的概括就完全了吗?否定了这个方案后,于是教者想到从文体出发,选择一种文体,教会学生这一类文体应当怎么写作。应当说这是一个不错的选择,也容易上出新的花样。但这个方案也很快被否定了。有没有各种文体共同需要解决的问题?学生固然在拿到作文题目时不会先分析它属于什么类型,然后思考、动笔,但也不会先来考虑要写什么文体吧?面对题目,首先想的应当是说什么理,或抒什么情,也就是文章的"意",有了"意"再来考虑文章的形式问题。"意"从哪里来?怎么想出来?自然可以通过审题,但又有哪一个学生会按照教师介绍的所谓审题的方法去做呢?这里面肯定有更合理的思维方法,于是就定下"考场临场作文思维的展开"这个课题。

定下这个题目后,觉得这个课还挺难上,给学生一些思维的方法?学生很可能只留下几点关于思维的知识。按照新课程的理念,觉得这堂课应当是一种激发,而不是给予,写作是在写作实践中进步的,不是按照某些"法"学得的,教师应当把学生与所给题目的潜在思想激发出来。每一个人心中都有那个值得向外人道的"意",这个"意"需要激发,需要教师给予一定方法自我激发。怎么激发?怎么实现自我激发?这似乎是个难题。正当为难的时候,包建新老师一次在书店里淘书时,发现了祁寿华的《西方写作理论、教学与实践》一书,里面介绍了一些西方写作教学的方法和技巧,其中有"自由写作法""树枝分权法"等,他觉得这些方法更接近写作实际,接近写作的真实过程,于是稍做改造,形成了这堂课的教学设计。下面做简要叙述。

(一)先简单概括临场作文的三种可能情况

1.思如泉涌。

2.能想到一些东西,但不知道所想对不对头,希望想出更多的东西供自己选择,似乎又比较困难。

3.面对题目,一片模糊,找不到可写的片鳞只爪。

这三种情况的概括得到学生认同后,教师做如下说明:如果是第一种情况,今天的写作指导对你而言几乎毫无意思,听这个课是对教师和其他同学的帮助;如果是第二、三两种情况,那今天的课或许对你会有帮助。

我们不妨从最糟糕的第三种情况说起。

(二)我们从想不出开始:面对题目自由写作5分钟

1.解释自由写作。

自由写作就是提起笔来,连续不停地写下去,把自由流动的思维或情感如实地记录下来。自由写作写出来的文字可能是书写潦草,语句不通,意思跳跃,这些都无关紧要,自由写作的目的是把思维激发起来。

自由写作虽然似乎是不经意的,但这不经意写出来的东西,其中很可能就有我们需要正式去写的话题。

2.教师出示自己在5分钟里用自由写作的方式围绕着"责任"写出来的文字。

责任是什么? 这是一个很难说的话题,人应当学会负责任,但负责任也是难的,有的责任你负不起,有的时候人家会强迫你负某个责任,其实这个责任不是你应该负的,那怎么办? 一种是生气,指责人家把责任推到你头上,这恐怕不好。把不该背的责任背到自己身上,这也许很累,但这能赢得别人的尊敬。不,人家会说你窝囊。受人尊敬是人人都希望的,但是几乎人人都不愿意承担责任,好像也不对,为什么会出现这种情况呢? 是自我保护还是自私心理? 人都有自我保护的意识,但过强的自我保护意识会把人拒于千里之外。

这段话是在几近迷糊的情况下自由写作而成,语言自然是粗糙的,但不能说这里面没有值得去写的东西。简单梳理一下,我们可以看出里面包含着一些有意义的思想:

(1)人应当学会负责任。

(2)指责人家把责任推到你头上不好。

(3)把不该负的责任背起来,人家会尊敬你,或说你窝囊。

(4)推卸责任是出于一种自我保护的心理。

以上这些思想,如果议论,可以作为论点,如果叙述,可以作为主题。人不可能没有思想,自由写作唤醒了思想,临场作文思路打不开,是因为缺乏唤醒的手段。

3.给出题目,学生自由写作实践。要求不停笔写5分钟。

题目:

倾听是一种亲和的态度,它的对象可以是人,如长者的教诲、他人的牢骚等;也可以是自然,如莺歌燕语、山风松涛等。

请以"倾听"为话题写一篇文章,文体不限,题目自拟,不少于800字。

(三)用树枝分杈法进一步展开思考

1.说明:自由状态下写出来的东西,里面可能包含着很有新意、值得言说的思想和情感,但也可能比较肤浅,需要进一步思考才能找到更有价值的东西。进一步思考不妨采用树枝分杈法。

2.举例:以前面出示的围绕责任来写的一段话为例,将"学会负责任"这个思想一般化,希望写更有价值的东西,那就围绕着它用树枝分叉法展开思考(如图8-2所示)。

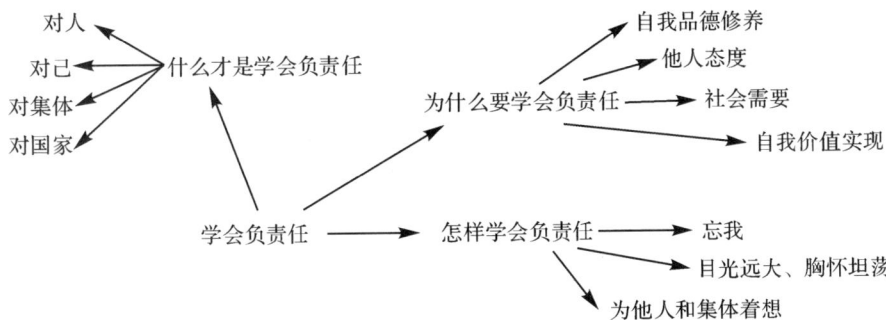

图 8-2　树枝分叉法

我们自然还可以做更多的分叉。采用这样的办法,可以把自由写作的成果深化,发现更有价值的东西。

3.实践:尝试树枝分叉法,在刚才自由写作的一段话中找出合适的一句话做分叉思考。

写作指导,似乎只注重写法的指导,其实,写作更重要的是唤醒,唤醒学生的思想,唤醒学生的情感,唤醒学生的生活。

二、"唤醒"学生的生活

有一个观点认为,学生写不好作文是因为缺乏生活,其实,缺乏生活是一个"伪命题",每一个人都有自己的生活,每一个人都有自己缺乏的生活。如果说学生缺乏生活,那么原因只有两个,一是写作要求脱离了学生的生活,二是写作教学没有激活学生的生活。在激活学生生活上,下面的案例值得参照。这个案例是从李立红老师《写出形象　抒发真情——"情境—灵感"型作文教学的案例及分析》[①]一文中整理出来的,具体内容如下。

我曾设计这样一种活动性作文教学的案例。

1.布置活动内容。

这次活动内容是请同学分别到讲台上来讲话,讲话内容不限制,可以介绍自己的爱好,可以谈自己的理想,也可以谈校内校外、国内国外的大事等,但总的要求是真实、健康、简明,并且一定要发自内心。

2.布置活动的准备工作。

请同学们先思考 5 分钟,不要用笔打草稿,然后按前后位置的顺序分别到台上来说,如果你认为上台的同学说得好,请给以适当的掌声加以鼓励,然后同学们再选出讲得不错的同学若干名。

3.学生活动,上台讲话。

活动一开始,教室里的气氛便热烈起来,同学们争先恐后上台讲话,口若悬河,滔滔不绝,掌声不断,不时有笑声传出。看来同学们已经真正地投入到此时的情境中了。

4.评选,并布置作文任务。

活动结束,开始进行评选。教师提出作文任务:在刚才我们举行的这次活动中,我们多数同学都参与了,而且都全身心地投入到了这项活动中了,我想同学们肯定都会有所感受

---

①　李立红.写出形象 抒发真情——"情境—灵感"型作文教学的案例及分析[J].教育教学论坛,2012(6):66-67.

和想法。大家先给自己的作文拟定一个题目,如"我的心情""我第一次上讲台""当我走上讲台的时候""使我激动的时刻""难忘的一节课""使我感受最深的一节课"等。

5.引导立意。

根据这次活动,同学们都确定了自己的作文题目,那么你准备用什么内容来表述呢?教师提出构思要求,布置学生现场作文。

6.作文反馈。

在作文批改过程中,我发现全班同学笔下都有内容可写,并且内容丰富,感情真挚,所阐述的哲理也不再是空谈,有了一定的思考深度。如:(1)叙述自己上台前后的心理变化过程,从胆怯到试探,再到树立信心,从而总结出不管干什么事情都要有勇气,畏惧错误就是毁灭进步。(2)以台下的眼光看台上,多了一份理解与宽容,真正领悟了"台上一分钟,台下十年功"的不易。(3)还有描述当时活动场面如何激烈、同学们多么激动的。通过这次活动,同学们再也不怵头写作文了。而且,他们还收集了很多写作素材。那种提笔忘字的情形消失了,他们都写出了心中所想,并从中收获了写作的兴趣。

李老师的文章有自己对这个案例的认识,他的认识包含着对写作教学的深刻理解,不妨直接节引两段如下:

这种形式对于学生来说是新奇的,激发了他们的参与感和创作欲。有效的参与无疑为他们的写作张本,活跃的课堂气氛更为写作内容锦上添花,拓宽了他们的写作思路,进入角色的学生们自然文思如泉涌。从活动效果上看,这次活动为学生的写作提供了丰富的素材,使学生摆脱了无话可说的尴尬。学生们的踊跃参与鼓舞了全班的创作信心,创作激情的到位怎么能不撞击出智慧的火花?从指导的目的上看,我激发学生的"创作思维",有广度地蔓延写作内容。"上台"的活动让学生亲身经历、感悟,所以写出的过程和感触也一定是真实的。没有任何框架,不存在任何限制,还学生自由命题、自主立意的空间,只要合情合理,就大胆亮出风采,因此,学生的思维得到了最大激发。

学生的写作能力是一种潜能,等待着老师的唤醒和激发。学生的内心应该有一种根深蒂固的需要,那就是把积淀在他们心中的对生活的观察、认识和感悟表达出来,这是学生的一种天性。有时,学生无话可说,或者表达磕磕绊绊,那多是因为他们的心灵还在沉睡,激情还没有被唤醒。现在新采用的新课程标准强调教学目标的动态生成,因此,教师在教学过程中就应该成为一个临场的聪慧者,充分利用动态生成的特殊情境、资源和时机,来以此提高教学的效率。学生的情感被唤醒,但还需要激发。激发就是激发学生的写作动机,帮助学生寻找"激情"的"喷发"点。

三、"唤醒"学生的阅读

间接的生活来自书本,来自阅读,阅读和写作本就密不可分。文章是别人写出来的,要写好文章,需要看看别人怎么写,怀着写作的目的阅读,阅读更能深入文章的肌理。下面所选的姜玮老师的《高中语文作文指导教学案例》①,虽然还不属于这一类教学案例的典型,但能够说明阅读和写作的密切关系。

---

① 姜玮.高中语文作文指导教学案例[J].中学语文,2010(30):44-45.

[教学目的]

撷取课本精华,学习写人方法。借鉴课文塑造人物形象的描写方法,教会高一学生能够生动形象地描摹人物,会用文字给人画像,避免人物出现公式化、统一化、脸谱化,缺少个性的现象。

[教学思路]

它山之石,可以攻玉。充分利用课本资源,补充一些名家作品,同时选用一些学生习作,以读引写,以读促写,让学生在阅读中鉴赏,在鉴赏中品味,学会迁移,从而掌握人物的描写方法。

[教学难点]

理论和实践往往是有差距的。写作方法容易掌握,但实际运用比较困难。学生作文表现出来的主要问题是,塑造的人物脸谱化、性格单一。因此,需要指导学生平时多观察、多积累、多练习,这样才能真正提高写作水平。

[课前准备]

多媒体课件。

[教学流程]

一、课堂导入

1. 请同学们猜一猜,他是谁?

黑脸短毛,长嘴大耳,圆身肥肚,穿一领青不青、蓝不蓝的梭布直裰(僧道穿的大领长袍),提一柄九齿钉耙……

学生们很轻易地猜出这个人是猪八戒。

学生们为什么一下子就猜出是猪八戒?那是因为作者虽然只寥寥数语,却抓住了人物的主要特征进行描写,所以我们在刻画人物形象时也应该做到这样。

2. 人物描写主要有哪几种方法呢?

二、教学过程与步骤

(一)人物的肖像描写

肖像描写又称外貌描写。它是通过对人物的容貌、衣饰、神态等的描写来揭示性格的一种方法。肖像描写的注意点:一定要抓住人物的外貌特征,忌公式化、脸谱化。

和学生一起阅读鉴赏几个语段,并分析其作用。

例1:五年前花白的头发,如今已经全白,全不像四十上下的人;脸上瘦削不堪,黄中带黑,而且消尽了先前悲哀的神色,仿佛是木刻似的;只有那眼珠间或一轮,还可以表示她是一个活物。

教师提问:这段描写有什么作用?

学生思考、发言:这段肖像描写生动地刻画出祥林嫂遭受苦难后的困苦、麻木,完全变成了一个木偶人。

例2:即使在晴朗的日子,也穿上雨鞋,带着雨伞,而且一定穿着暖和的棉大衣……他的脸也好像蒙着套子,因为他老是把它藏在竖起的衣领里。他戴着黑眼镜,穿羊毛衫,用棉花堵住耳朵眼。

教师提问:这段描写好在哪里?

学生发言:以上的肖像描写生动刻画出别里科夫落后保守的性格特征。

（二）人物的语言描写

语言描写就是通过描绘人物的个性化语言来刻画性格的一种方法。语言描写的注意点：必须能显示人物的身份、年龄和个性。

下面欣赏几个语段。

例1：

A.听说他们还在这里没走。我不拖尾巴，可是忘下了一件衣裳。

B.我有句要紧的话，得和他说说。

C.听他说，鬼子要在同口安据点……

D.哪里就碰得那么巧，我们快点快回来。

E.我本来不想去，可是俺婆婆非叫我再去看看他——有什么看头啊！

学生讨论分析几个人物性格。

学生七嘴八舌后明确：A句主人公比较聪慧，B、D句主人公较率直，C句主人公很谨慎，而E句主人公娇憨无比。

例2：他听说蝌蚪可以变为青蛙，就立刻用荷叶捞来了几只蝌蚪，放在盆子里，瞪大眼睛看它怎么变。看了一会，蝌蚪还是蝌蚪，就性急地喊道："快变啊！""怎么不跳？""怎么还长着小尾巴？"逗得周围的人全笑了起来。

这是学生习作：写出了孩子的天真可爱。

（三）人物的动作描写

人物的动作描写就是用人物自身的动作来表现性格的一种方法。动作描写的注意点：要选用最富有表现力的动词展现人物性格。

欣赏下面的语段。

例1：郑屠右手拿刀，左手便来要揪鲁达；被这鲁提辖就势按住左手，赶将入去，望小腹上只一脚，腾地踢倒在当街上。鲁达再入一步，踏住胸脯，提起那醋钵儿大小拳头，看着这郑屠道……

学生分析：以上动作描写生动形象地刻画出了鲁达疾恶如仇的性格。

例2：雨中，他冲到车前，腾出一只手，掏出钥匙，打开车锁，却发现上车变得困难。他先用左臂抱紧书包，右手去扶车把，右腿高高抬起也只能从大梁上跨过，右脚踩住了脚蹬，左脚一次一次向后面蹬地，车走了起来，于是用右手掌握着平衡和方向，左脚用力一跳，屁股向上一抬，终于坐在了座上。车骑动了，他身子向前俯着，左手把书包紧贴在胸前，书包里的书总算是安全了。

这依旧是学生习作，读来很感亲切：作者用了极其恰当的动词表现了"他"惜书如命的特点。

（四）人物的心理描写

人物的心理描写是对人物内心的思想情感活动进行描写的一种方法。心理描写的注意点：要能充分揭示出人物的内心情感。

教师提示：人物的内心常见的情感有喜、怒、哀、乐、爱慕、思念、苦闷、痛苦、怨恨、惊恐、嫉妒等。心理描写时要能将人物的某种情感细致地表达出来。

阅读鉴赏以下语段。

例1：推开房间，看看照出人影的地板，他又站住犹豫："脱不脱鞋？"一转念，怂怂想到：

"出了五块钱呢!"于是再也不怕脏,大摇大摆走了进去,往弹簧太师椅上一坐:"管它,坐瘪了不关我事,出了五元钱呢。"

学生分析:以上的心理描写非常恰当地将陈奂生患得患失、狭隘自私的心理描写了出来。

例2:当阿Q打架输了,被人揪住黄辫子,在壁上碰了四五个响头,闲人这才心满意足地得胜走了,阿Q站了一刻,心里想,"我总算被儿子打了,现在的世界真不像样……"于是也心满意足地得胜走了。

学生分析:以上的心理描写虽然很简洁,但很好地揭示了人物的性格特征,将阿Q的精神胜利法活画了出来。

三、课堂练习

学生练笔。

材料:一位大学生,在外花销吃紧,写信向在乡下种地的父母要钱。信中只有三个字——"爸:钱。儿。"

要求:以"儿子来信了"为题,写一个150字左右的片段,运用今天所学的方法,描写这位大学生的父母收到信后的情景。

学生当堂完成,完成后毛遂自荐,投影展示自己的作品。大家看看议议,指出优缺点。

教师再给出一篇范文:

儿子来信了,父亲抚摩着信封,看着熟悉的笔迹,眼前浮现出儿子的面孔。"娃他可好?城里的日子过得惯不……"父亲颤抖着打开信,眼睛直直地盯着纸上仅有的三个字——"爸:钱。儿。"眉头紧锁,一声不吭,只是一个劲地抽着他的旱烟。"你咋不说话,看起来没完,我看看儿子都说啥了?"母亲这时从后院忙完走进屋来。父亲递过信,头也不抬地蹲在了门槛上,依旧抽着烟。母亲接过信一看,泪水止不住落下来。"这可咋办,钱,钱,钱,像催命似的,哪有那么多钱啊!"母亲又急又心疼儿子,早已不知如何是好了。父亲无奈地叹了口气,站起来向村东头的万元户老张头家走去。

大家共同阅读鉴赏本文,找出文中的各种描写方法并说明其作用。

四、课堂小结

通过这节课的学习,我们掌握了几种刻画人物性格的描写方法。古人说:"汝果欲学诗,功夫在诗外。"平时大家要细观察、多积累,时时刻刻做一个有心人,平时多动笔,相信"博观而约取,厚积而薄发",定能写出生动的文章。同学们回去后根据这节课所学的方法,以"唉,他(她)呀!"为题,完成一篇不少于700字的文章。

【评析】 姜老师在教学反思中这样总结自己的教学:(1)教师是教学活动的组织者、引导者和评判者,而学生是学习活动的主体,本节课她充分地信任学生,大胆地放手让他们朗读、分析、讨论。整节课学生思考积极,发言踊跃,结合投影讲解,课堂气氛很活跃。(2)精心设计,主线分明。本节课的主旨就是教会高一学生能够生动形象地描摹人物,会用文字给人画像,避免人物出现公式化、统一化,缺少个性的现象。本节课紧扣主线——"充分利用课本资源,补充一些名家作品,同时选用一些学生习作,以读引写,以读促写。让学生在阅读中鉴赏,在鉴赏中品味、学习,做到读写结合,写出特色,写出精彩"来设计、组织,起承转合,浑然一体。本节课不作秀,不要花架子,实实在在,朴实自然,教给学生一些真东西,让学生有所得。(3)充分利用课本资源,补充一些名家经典作品,同时选用一些学生习作,引导学生阅读鉴赏并适当做些模仿,让学生知道作文并不难写,不是像同学们平常念叨的那样:作文作文,做得头疼! 每个同学只要用心,就一定能写出好文章。(4)当然,写作能力不是靠一节课就能提高的,平时还要督促学生勤练笔。本节课也有些许遗憾,极个别的学生学完这节课没有什么感觉,以后还得帮助他们提高学习兴趣。

姜老师是从一堂课的优化教学出发来审视自己的,单从写作教学看,她主要表达了以读引写、以读促写、读写结合的设计思路,通过对名家的人物描写的回顾,让学生认识如何写出人物的个性,指导写作实践,这无疑是会有实效的。在学生阅读面相对狭窄的情况下,通过"唤醒"课文的记忆指导写作,是恰当的选择,但可以做得更好些。姜老师举出课文中人物描写的例子,指出这样的描写所表现的人物性格特征,指导学生要写出人物的个性,这是对人物的静态理解;一个人在某个时间、某种情境下流露出的神情、语言、动作等是他的身份、情感、经历、生活背景、生活哲学的瞬间投射,把这些内容揭示出来,对人物的认识才更完整,对写作才更有帮助。一句话、一个动作就包含着一个故事,写作需要对人做这样动态的把握。

第四节　回归写作生活的真实状态

写作本身是一种生活的存在状态,写作这种生活怎么过,写作教学就应该怎么教。写作需要深入生活,观察生活,发现生活;写作表达内心,表达思想和情感,表达自己对世界的感受和看法;写作者希望有人看他(她)写的东西,希望有人以文章为中介与他(她)交流,这种希望的高级形态就是发表;写作者需要阅读,阅读各种各样的文章,也从别人的文章中发现该写些什么、怎么写;写作是一种需要,为工作,为内心的平衡……那就按此营造吧,按此营造的是真正的写作教学。这样的营造难以一一举例,选择两个案例是希望通过窥一斑来见回归写作生活的真实状态这个全豹。

一、在生活中汲取营养

在生活作文观念的影响下,语文教师创作了许多生活作文的教学案例,王永忠老师的《走进生活作文教学案例》①是其中的优秀案例之一。

[教学背景]

久离故乡的我,怀着对山梁上那一束束野菊的思念,踏上了归乡之路。野草萋萋的小路上隐约地有歌声在飘荡,我寻声走去,原来是一位老羊倌任性地在山坡上唱《兰花花》,那抒情的动作,发送出动听的音乐:"青线线那个蓝格莹莹/蓝格茵茵的彩/生下一个兰花花/实实地爱死个人/五谷里格那个田苗子/数上个高粱高/一十三省的女儿哟/数上个兰花花好! ……"听着这朴实动听的歌声,我不仅为信天游语言的俏皮而又真诚、抒情而又夸张叹服,同时又为它内容的自然纯真而感动。原来生活中的语言是那么鲜活生动,充满生命的灵光。然而我们学生的习作语言又为什么那么僵硬粗俗,面目可憎? 那么,是否可以让学生走进生活,从生活中汲取语言的养料呢? 毛泽东曾说过:"语言这东西,不是随便学来的,非下苦功夫

---

① 王永忠.走进生活作文教学案例[J].作文教学研究,2009(6):37-38.

不可。"那么怎么学习语言呢？首先要从人民群众那里学习。于是便有了这一课例的设计。

[教学准备]

学生利用两周时间搜集民间歌谣、故事、谚语,对其进行必要的梳理,以备交流。教师给予必要的指导,特别是收集的方式方法,鼓励学生动手动脑,合作探究。

[教学目标]

1.通过对本课学习,充分感受民间口头语言的鲜活性。

2.养成重视积累语言的习惯。

3.培养学生热爱语言的情感。

[教学时数]

两课时(连堂上)。

[教学过程]

一、故事导入激发情感

师:生活中每天都在发生新鲜的故事,不信你就听着:有一位好吃懒做的丈夫,因游手好闲而家徒四壁,于是他对妻子横挑鼻子竖挑眼,埋怨她,嘲笑她,甚至要休掉她。面对盛怒的丈夫,妻子用幽默俏皮的语言说道:"莫怨天,莫怨地,要怨只能怨自己,不曾想早年的你:挑花的,拣彩的,最终拣个裂籽的;不曾想俺和你其实,门又当,户又对,弯刀对着个瓢切菜。"

(学生听后忍俊不禁,教师相机引导讨论)

师:这位妇女的语言多么贴切形象,想必她的丈夫被她的这番言词说得哑口无言,羞愧难当,哪里还有休妻的心思。同学们,只要我们把眼睛投向生活,便会发现,即便是贩夫走卒、山野村夫,亦可借巧妙的语言、风趣的谈吐,让自己的形象熠熠生辉。

二、设计情景各抒己见

(教师恰当引导,让学生去感受、品味和赏析)

师:你可以讲故事,也可以说笑话,还可以唱小调,甚至可以说说唱唱……

生1:(有滋有味地讲)朱元璋称帝后,从前的穷朋友去找他叙旧,其中一位说道:"我主万岁！当年微臣随驾扫荡芦州府,打破罐州城,汤元帅在逃,拿住豆将军,红孩儿当关,多亏菜将军。"这位穷朋友的一席话,使朱元璋龙颜大悦,被封为御林军总管。同学们猜一猜,这个故事说的是什么事呢？

生2:(口述)这个故事讲的是朱元璋小时候与一帮穷朋友在芦花荡里看牛偷豆、煮豆抢吃的事。

(情境改写:分组讨论,改写短文)

师:(几分钟后)故事情境改写大家已完成,下面请各组选择优秀的文章读出来,看哪组更富表现力。

(各小组展示成果,师生点评)

师:看来生活语言异彩纷呈,只要我们做生活的有心人,一定会摘取许多语言的花朵。同学们还能不能再说一些来自生活,形象生动、诙谐风趣的语言实例呢？

女生1唱:四大好听——百灵叫,画眉声,撕绫罗,打茶盅。

女生2唱:四大甜——蜂蜜,冰糖,脆凌枣,新要的媳妇感情好。

女生3唱:四大苦——猪肝,黄连,老苦槐,三生四岁的没娘孩。

师：这些顺口溜，来自生活，合辙押韵，亦庄亦谐，耐人寻味，值得我们积累。下面请男生们再补充几个类似的生活语言。

男生1唱：四大无味——打春的萝卜，立秋的瓜，没有盐的豆腐渣，死了老婆去走丈人家。

男生2唱：四大硬——打铁的砧子，锻磨的錾，生铁蛋子，金刚钻。

男生3唱：四大慌——狗咬羊，火上房，东院吊死二大娘，小孩爬在井沿上。

师：看来同学们收集的民间歌谣确实新鲜有趣。的确，只要我们走进生活去真切地感受一下，相信你的收获会很多。下面让我们再来一起感受民间谚语的奇妙。

生1：地是黄金板，人勤地不懒。——告诫人们勤奋是治家之根。

生2：一天省一把，三年买匹马。——启示人们要勤俭生活。

生3：三人同心，黄土变金。——提醒人们团结的重要。

…………

屏幕展示下列谚语：

（1）书到用时方恨少，事非经过不知难。（2）饭后百步走，活到九十九。（3）冬吃萝卜夏吃姜，不用医生开药方。（4）没有乡下泥腿子，饿死城市油嘴子。（5）人多讲出理来，稻多舂出米来。（6）富人一席酒，穷人半年粮。（7）浇花浇根，交人交心。（8）金窝银窝，不如自家草窝……

（教师引导学生自由选择所喜爱的谚语去分析，去品味，去领悟，激发学生对民间谚语的兴趣，能够在生活中积极地去积累，在作文中灵活地去应用）

师：谚语是生活的智慧之花，它把人生的哲理融汇在只言片语中，把对社会对自然的认识和感悟借智慧语言表达出来，有的振聋发聩、令人梦醒，有的言简意赅、促人深思，有的精彩亮丽、趣味无穷，有的平实自然、朴实如话。揣摩玩味，可以让我们从中领悟诸多的哲理，可以增加我们语言的修养，提高表达的技巧。作文时妙加引用，可让自己的文章亮丽无比，别有韵味。

三、课下搜集再展风采

同学们，一粒沙里见世界，半瓣花上说人情。生活中有精彩的语言，让我们走进生活，体验生活吧，这样，我们的语言才不会干瘪。课后，请同学们搜集几则谚语，整理一篇生活中的精彩对白，并加以分析。

王老师这样反思自己的教学：走进生活，体验生活，才可以写出熟悉的人和物；拥抱自然，激荡真情，才可以抒发出真实的感受。当学生把视野投向生活与自然时，一定会被生活的多彩所感动，被自然的奇妙所陶醉，从而激起他们书写人生的积极性。语文学习的外延与生活的外延相等，学习语文，要提高读写能力，仅靠课堂是远远不够的，更多的是要到丰富的自然环境和五彩的社会生活中去探索，去历练。民间歌谣、民间谚语作为生活的一朵奇葩，是对学生进行语言训练的绝好材料。引导学生投入生活，采集歌谣、谚语，在积累中体验感受，在写作中灵活运用，他们的语言才会老练成熟，才会鲜活生动起来。

王老师主要是从语言学习角度认识这次写作教学实践的，通过活动，让学生积累语言，并在写作中灵活运用，才能不断提高语言素养。这是这次教学活动的重要收获，但它不是主要的，学生走进生活，搜集民间歌谣、故事、谚语，对写作而言，搜集行为本身的价值大于语言上的收获。搜集过程中学生要接触讲故事、说歌谣谚语的人，这是怎样的人？为什么能说这些故事？为什么会熟悉这些歌谣谚语？这些会给学生留下印记。搜集可能会是一个艰难的过程，搜集过程是人生的一次体验。歌谣、故事、谚语带给人怎样的启发？有些内容可能与主流的价值判断不相吻合，甚至陈腐落后，这些怎么去鉴别、认识？当然，学生完全可以通过阅读来搜集，那阅读本身给学生带来怎样的体验？一句话，搜集的过程即是学生观察生活、发现生活、感悟生活、认识生活的过程，这个过程蕴藏着写作的题材、主题。"学生利用两周时间搜集民间歌谣、故事、谚语"，这两周时间的体验更值得关注，如果关注于此，课堂又是另一番呈现。

二、营造写作生活的氛围

比较完整地按照一个写作者真实的写作生活来设计写作教学并不多见，但从某个角度、某个侧面来设计则有许多语文教师在尝试，比如把学生的作文按学期汇成作文集，学期结束时，全班同学人手一册，这也是一种发表；组织学生办一份报纸，在校园里发行，一批学生为办好报纸而写作；成立学生文学社团，创办杂志，吸引一批文学社员经常写作……以班级为单位，以真实的写作生活情景组织教学，营造一种写作氛围，激发学生的写作潜能，提升学生的写作水平，使学生乐于写作，勤于写作，这样的写作教学案例更值得关注。宁波中学纪勇老师在这方面做了大胆的尝试，并取得了优异的成绩。下面是他《多维互动写作教学实践研究案例》①一文的节引。

[实验过程]

1.进行动员

着重讲三个观点：第一，作文是一种生命状态；第二，写好作文并不难；第三，学习写作有无穷的乐趣，不信你可以试三（两）年。承诺三个目标：第一，在理科实验(1)班承诺，三年间同学发表作文数不少于30篇；在理科实验(2)班承诺，两年间有10篇以上作文发表。第二，每个人的作文水平在原来基础上有大幅度提高。第三，我的课如果讲得不生动、不中用，大家不爱听，可以把我轰下台，要求学校把我换掉。提出三个要求：第一，不能只读课本而不读课外书，我推荐的书大家先浏览一下，一致认为可读，就要坚持抽时间读下去。第二，每次的作文如果不能按时完成必须事先跟我说明原因。第三，每次作文必须认真书写，提倡发送电子稿，三（两）年的作文必须全部妥善保存。

2.投入实验

主要做了10件事。

第一，制订作文教学计划，每周五必上一节作文课，或技法指导，或话题讨论，或作文重点问题研讨，学生放学后自己去搜集材料，在一个小时内完成一篇作文。

第二，让学生自由选择两种作文上交类型，即电子稿和作文本，当周修改电子稿上传到我的作文网站，作文本每文写一点意见发给学生，由学生自己修改。

第三，办好作文网站，指导学生上传作文，从打字格式到文字修改，或教师修改或发回学生自己修改，再上传，在征求学生同意的前提下，将有些修改过程上传到网站里，让学生具体看到作文该怎么修改。

第四，办《寻找佳作》月刊，从编到印、装订、发放，教师一个人全包。后来语文组其他老

---

①　纪勇.多维互动写作教学实践研究案例[J].新作文,2007(1-2):17-18.

师也自愿参与进来，大家共同来办，形成了一种良好氛围。

第五，为学生推荐优秀报刊，让学生自愿订阅。这时教师也订阅学生同样的刊物，经常与学生交流读后体会，并不时地指点应该重点阅读的文章。

第六，经常结合课文教学推荐阅读书目，重点推荐"文化大散文"系列丛书，与学生约定，教师也读相关专业的书，大家一起写读书札记。

第七，为学生修改作文，并推荐到相关报刊发表，及时通报表扬，热情为学生发放稿酬单，做几句简要鼓励，以后在每期的《寻找佳作》上公布发表的作文情况。

第八，从众多报刊中搜集作文教学素材，及时充实新的教学内容，教学与学生的生活实际和国内外发展情况密切结合。同时教师苦练教学基本功，提高授课魅力，赢得学生。

第九，与学生进行个别交流，了解每个学生的实际写作心理状况，给予必要的启发诱导。

第十，与班主任和其他任课老师以及学校领导及时沟通情况，让大家都为学生的写作成功而高兴，对学生给予鼓励。

[实验结果]

两年中，实验(1)班发表作文36篇，实验(2)班发表作文13篇。当学生拿着刊登有自己处女作的报纸或杂志时，高兴得手舞足蹈，同学们先是热烈鼓掌，后是抢着传看。以至于别的班级同学也很羡慕，有的同学就把文章发到我的信箱，请我指导。我也为他们修改、评点、推荐发表。作为理科实验班，常被人认为是不学语文的，而这两个班自始至终保持了对语文课的浓厚兴趣。特别是改变了对作文课的畏惧情绪和不听课情绪。实验(1)班同学说："语文课是我们最喜欢的课之一。"有时到了星期五，我与学生商量说："本周课文上不完了，今天调整一下上阅读课，好不好？"学生几乎异口同声地说："不好。"他们说，课文，我们回去自己看，有书在那里，还是听你讲作文。新接手的实验(2)班，在上课一周后，学生精神面貌开始变化，以后又逐渐变化。有的学生找到我说："我们大家讨论过了，跟着你好好学语文。"后来，我经常称赞这个班学风好，上课感觉很好。有人还觉得我在说反话。我不得不一再声明，这是实际情况，不信欢迎随时听我的课。毕业时，他们每人给我写了一句话，句句寄托着对我的感激之情。我也深深地沉浸在成功的幸福之中。

这是历经两年的写作教学设计。时常有教师问起，写作课应该怎么上？其实这个问题本身就值得探讨，写作教学能否通过一节课或几节课体现出来？写作教学是一个系统工程，有许多方面是无法用课来体现的，用课来体现的只是这个系统的一角，写作课无论怎么上，都难以触及写作最为本质的东西，因此期望通过写作课来认识写作，自然会落空。纪老师的写作教学设计有写作课的内容，但只是推动学生写作实践而存在，课的基本内容是"或技法指导，或话题讨论，或作文重点问题研讨"，学生在课上汲取营养为写作服务。这样的教学设计我们应该怎么认识？还是先看看纪老师自己的想法。

通过两年的实践，我得出这样几点认识。

1.学生即使是到了高中，到了理科实验班，他们也是有学好语文、学好写作的愿望的，关键是我们做教师的是不是对他们进行积极引导。两个班，从小学到初中，有小记者活动时，就有少量作文发表，后来几乎难得见到正式发表的文章了，到我们进行实验，鼓励、指导他们写作文、发表作文，他们的积极状态是极为真诚的。他们内在的动力被激发出来了，写作"高手"出来了，整体写作水平也提高了。学生的写作动力，关键还是要老师来引导，教师的主导作用很重要。教师的积极主动为学生的主动发展营造了环境。

2.教师教写作不能只是"天桥的把式"——会说不会做。教师也写文章,不论是写什么样的文章,对学生来说都是一种很大的激励力量。他们看到老师有文章发表,会增强自信心,会相信老师说的是经验之谈。老师教学的威信也自然树立起来了。这样有正面影响力的威信建立起来了,教学效果自然会好得多。同时,教师写文章,指导起教学来就会得心应手,就会切合实际,学生感受起来就亲切得多。这是作文教学成功的前提之一。作为任课教师,一般不太与家长交往很多,但是,我的学生家长却很喜欢和我交流。他们说,孩子回家在他们面前常夸老师如何如何会写文章,讲课如何如何生动形象,如何如何正派有办法。看来,学生心里自然有杆秤,教师的人格和教学功底是赢得学生的关键,也是教学成功的关键。

3.写作课题研究或者写作教学,只是为了找到一个全面提高质量的切入点。写作要抓好、做出成效,离不开阅读教学。同时,写作教学的成功,会辐射到其他教学的成功。我们办刊物、推荐报刊、办网站等,都是把读与写结合起来做的,才得到了互赢的效果。强调生活是写作的唯一源泉,是就写真实和价值观的角度讲的。只有先读文章,学习文章的路子,才能学会去感受生活,才能激发观察生活、欣赏生活的热情。没有读,就没有借鉴,没有借鉴,就会身在宝山不识宝,生活也成不了写作的源泉。更重要的是有选择性的阅读是从内在激发学生积极向上动力的有效途径,在积极的作品引导下,潜移默化,能促使学生积淀积极的人生价值追求,能让学生从生命的深层次激发出写作甚至是做一切事情的恒久动力。

4.写作教学激发动力是第一要着,而这首先要改变教师,改变教师的认识,改变教师的知识结构和能力结构。过去我们听得很多的是学语文没有成就感,说得多了,就连语文老师也习以为常。我首先是本能地反感这样的说法,接着是找理由反驳这种说法,紧跟着就是用实践证明这种说法是错误的。我开讲座,写文章,给学生讲道理,引导学生亲自体验,获得成功,享受成就的快乐。虽然两个班的学生还没有达到人人发表作文的程度,但大家都是在追求中享受着快乐的。学生换了一个心态来学习,就是成就;课堂气氛空前的转变,就是成就;单一的应试,单一的分数,异化着人的心灵,我们用读书写作还学生以做人的本真情感、本真生活,就是成就。实验(2)班学生学习状态的前后变化,就是从没有成就感到享受到成就感的转变。

5.写作教学是一个长期的任务,需要持之以恒地长期投入,需要坚韧不拔的毅力,尤其在当前理科占绝对优势,而语文不甚被重视的社会环境里,要有认定目标、坚定信念、绝不反悔的精神。我们的实验虽然得到了校长和其他老师的支持,期间遇到的困难也是不少的。有人问,你让学生读了那本书,他的写作能力就提高了?你办了那本杂志,教学质量就提高了?这时我们要坦然对待,坚信读书与吃饭对人的滋养一样,是一下子看不出来的,但也是绝对不可少的;办一本杂志很难说就一下子提高了多少考试分数,但是,它对人生的孕育作用是绝对用分数所衡量不了的。

纪老师的这番话包含着对写作教学的真知灼见,整理一下有如下几点:(1)学生有写好作文的愿望,这个愿望需要激发;(2)把学生的文章推荐发表是写作教学的重要内容,它是激发学生写作动力的手段;(3)教师要参与写作并求得发表,这可以树立威信,获取写作体会,以便切实指导;(4)写作离不开阅读,读物需要选择,阅读与感受生活,阅读是第一位的;(5)写作教学见效慢,需要坚持;(6)写作教学的过程就是对人生的孕育过程;(7)形成一个真正的写作生活氛围会遇到许多困难。

每一个人都有与生俱来的写作冲动,只是由于各种原因,这种潜能被压抑住了,而学生课业的沉重负担,使他们失去了很多的兴趣,其中就包括写作。深入理解纪老师的教学设计,要义在于激发学生的潜能,营造真实的写作氛围,促进写作潜能不断生长。

坚持写作需要伴侣,需要志同道合的人相互扶持。纪老师让自己成为学生最好的伴侣。他与学生一起感受写作的甘苦:学生写作,自己也写作;为学生而办《寻找佳作》月刊;与学生同订刊物,同读文章;与学生同读书,一起写读书札记,并与学生经常交流;搜集教学素材,上好写作课,为学生写作服务。教师把自己置于学生的位置,榜样的力量给了学生无限的动力。

写作需要交流空间,缺乏交流的写作难以持续。纪老师创设了种种交流平台,让学生以自己的作文为中介开展各种交流活动。办作文网站,在网站上实现了师与生、生与生的交流,教师在平常的时间经常与学生交流写作,还通过班主任和学校领导给学生写作的成功予以鼓励。《寻找佳作》使交流更加庄重,满足学生的成就欲望;推荐发表,使学生获得了更大的交流空间,使学生获得更大的成就感。

一个经常写作的人一定也会经常阅读,不阅读,多写也无多大益处,心灵不丰厚,思想不提升,写出来的东西自然单薄。丰厚心灵、提升思想的重要手段便是阅读,纪老师推荐优秀读物让学生阅读,学生通过阅读,感受作家的精神世界,提高自己的认识水平,打下写好作文的底子。写作,表面上只是文字功夫,实际上是一个人精神内涵、思想认识的鉴别,言之有物的文字,可以准确地反映一个人感受世界的深度和思考的深度。

在纪老师的这个写作教学案例中,一般意义上的"教"所占的分量很小,写作教学的设计就是写作生活的氛围营造,这也许更接近写作教学的本质。

练习与拓展

1. 列举你在本章里可以提炼出的和其他你能想到的激发学生写作潜能的方法,分析这些方法实施的条件。

2. 找一篇写作教学案例,分析其优点与不足。

阅读下面文章可以加深对本章的理解:

[1]彭小明.我国中小学典型作文教学模式述评[J].温州大学学报(社会科学版),2012(1):85-90.

[2]马少华.再次思考"写作能教吗?"[J].新闻与写作,2010(9):58-59.

[3]周亚云.生态写作与绿色作文[J].文学教育(下),2012(2):96-97.

[4]刘作军.高中生活作文体系的构建[J].华夏教师,2012(3):66-67.

第九章　语文综合性学习教学设计

提　示

《全日制义务教育语文课程标准（实验稿）》率先把语文综合性学习写入，那么什么是语文综合性学习，如何实施语文综合性学习就摆在了广大语文教师面前。本章围绕这两个问题探讨以下内容：(1)语文综合性学习的定义；(2)语文综合性学习设计的要求；(3)语文综合性学习如何有效地实现综合；(4)语文综合性学习教师指导的介入；(5)语文综合性学习的小组合作。

阅读准备

一、在阅读本章之前，望文生义，想一想语文综合性学习应该是什么样子的，按照你所想的样子，设计一个语文综合性学习，罗列一下基本步骤，然后根据你所设计的语文综合性学习试着解释一下语文综合性学习这个概念。

二、如果你是一个初中或小学的语文教师，如果你所使用的教材编有语文综合性学习的内容，回忆一下你一个学期让学生做几次语文综合性学习，有什么收获。

第一节　语文综合性学习的内涵及教学设计原则

一、语文综合性学习的内涵

课程标准并没有给语文综合性学习下定义，于是什么是语文综合性学习就留下了许多可解读的空间。靳彤在《语文综合性学习理论与实践》一书中罗列了三个明确的定义，并提出了自己的定义①，节引如下：

1.语文综合性学习是基于学生的直接经验，密切联系学生自身生活和社会生活，体现对语文知识的综合运用的学习形态。（王文彦、蔡明）

2.语文综合性学习是一种立足于语文课程之上，通过学生自主地开展语文实践活动以促进其语文素养的整体推进和协调发展的学习方式。（郑国民）

---

① 靳彤.语文综合性学习理论与实践[M].北京:中国社会科学出版社,2007:19-24.

3.语文综合性学习是以语文学科为依托,以语文学科与其他学科、学生生活与社会生活之间的联系为主线,以问题为中心,以活动为主要形式,借助综合性的学习内容和综合性的学习方式促进学生发展语文素养的一种课程组织形态。(刘淼)

4.语文综合性学习是语文课程中一种相对独立的教学形态。它以语文课程的内部整合为基点,强调语文课程与其他课程的整合,强调语文学习与生活的整合,强调语文学习与实践的整合,强调多种学习方式的整合,以促进学生语文素养的整体推进和协调发展。(靳彤)

还有不少语文教育研究者给语文综合性学习下定义,虽然表述有所不同,但基本内容并没有跳出以上四个定义。对于以上定义,我们有必要做进一步思考。

(一)语文综合性学习属于什么

语文综合性学习首先是作为一个观念,这个观念可以用之于课程开发、教材建设、教学组织、教学设计、学生学习等方面。用之于课程开发,它属于课程的组织形态;用之于教材建设,它属于教材编写的方式;用之于教学组织,它属于教学组织的一种形态;用之于教学设计,它属于教学设计的一种方法;用之于学生学习,它是一种学习方式或学习形态。以上四个定义是在课程、教、学三个维度中做出不同的选择,形成不同的视角,确定语文综合性学习这个概念的种属,教材这个维度被排除在外,我们也没有发现从教材这个维度出发确定语文综合性学习种属的其他定义。把教材这个维度排除在外是有理由的,教材只是教与学的工具,教与学是怎样一个过程,取决于对这个工具如何使用,更主要的是教材建设并不是中小学教育的常态任务。从课程、教、学三个维度寻找语文综合性学习的种属,对教学更具有实际意义。

靳彤把语文综合性学习定义为一种教学形态,相对于把语文综合性学习定义为一种学习方式或学习形态更贴近教学实际,这样的定义注意到了它是一个教师与学生互动的过程,教师通过合乎要求的教学组织和教学设计,培养学生综合性学习的能力。"学习方式"或"学习形态"之说,教师似乎可以置身事外,但是,语文综合性学习既是一种教学形态,也应当成为课程组织的一种形态,把课程这个维度排除在外是片面的。后现代课程观认为,课程是在跑道上跑,在跑道上跑的课程,需要在师生的共同活动中完成,离开了师生活动,"跑"就不存在,这就要求教师不仅是课程的执行者,也是课程的开发者。如果把语文综合性学习仅仅定义为教学形态,束缚了教师在课程面前的主动性,其思考的起点可能就会受教材的束缚。各种版本的课标教材均把语文综合性学习作为独立的内容进行编写,完成这些内容,那自然只是教学的问题了。其实,教材编写的语文综合性学习内容应当只是一个参照,选择和开发的主体还是教师,从教师作为课程开发的角度看,语文综合性学习也是一种课程组织形态,而且这对实施而言更具有本质的意义。

语文综合性学习既是课程组织形态,又是一种教学形态,这就需要我们在语文教育这个视域思考其种属问题。语文综合性学习是培养学生语文素养的一种活动,是一种教育活动。教师既需要开发语文综合性课程,也需要选择既定的课程内容组织教学,实现学生语文素养的整体提高。

(二)语文综合性学习的本性是什么

对于实践者而言,语文综合性学习的种属并不是关键问题,关键问题是它的本性是什么。在这个问题上,上面四个定义主要是从"综合什么"和学习方式去定位。

语文综合性学习综合了什么？上面的定义告诉我们,有语文与学生自身生活和社会生活的综合,语文知识的综合,语文内部的综合,语文学科与其他学科的综合,语文学习方式的综合等。从这个思维出发,我们还可以发现语文学习的其他综合。"综合"只是表象,这并不能看出语文综合性学习与一般的语文学习有什么本质的区别,"综合"不是语文综合性学习的本性。对这个表象,我们需要进一步思考:为什么要综合？什么是综合？

为什么要综合？上面四个定义中,王文彦、蔡明的定义注意到了"基于学生的直接经验",语文的直接经验会涉及各个学科、生活的各个侧面,基于直接经验的学习,综合是必然的,但从操作层面看,它的线索不够明显。显然,我们不是为了综合而综合,我们需要从"人"出发。学生具有发展语文的潜能,因为潜能而产生需要,因为需要而产生问题,问题的探索需要综合,综合是自然而然的行为。综合因为需要而展开,需要产生于潜能,那么,"潜能"和"需要"比综合更为本质。

什么是综合？对这个问题,黄伟有精辟的论述:

所谓综合,就是"把分析过的对象或现象的各个部分、各属性联合成一个统一的整体"。综合是与分析相对的,也是与分析相依存的,没有分析就谈不上综合。所谓分析,就是对事物或现象的要素及相互联系的了解和理解。也可以这样说,要进行综合首先必须对所要综合的对象进行分析,探明其不同种类、不同性质的事物之间的关联性。正是事物内在要素的关联性的多少强弱决定了综合的可能性及其综合程度的深浅,也正是不同类、不同质的事物有其关联性,综合才成为可能,通过综合才能使事物的内部要素相互影响,产生作用,实现功能增值。否则,貌似综合,实则拼合、杂烩。①

首先要有两种或两种以上的事物放在一起才有可能谈得上"综合",但放在一起也可能只是"拼合",要使不同种类、不同性质的事物"综合"起来,关键是它们之间的关联性,缺少关联性,就不能实现综合。语文与其他事物的关联性大致有两种:一种是性质关联,比如,语文与音乐,它们共同的性质是抒情性,文学作品是用语言进行抒情,音乐作品是用音乐进行抒情;另一种是内容关联,比如语文与歌曲,不少古典诗词被谱上曲而广泛传唱,为了描述某种对象而把它引进也是内容的关联。总之,综合是把两种或两种以上的东西放在一起,并分析它们的关联性,进而从关联性出发使它们形成一个有机的整体。

把对为什么要综合和什么是综合两个问题的分析联系起来,语文综合性学习的"综合"是这样一种形态:从学生的潜能出发,激发学生的需要和欲望,从而形成问题,在解决问题时,根据探究的需要,在其他学科或生活中寻找与语文学习具有关联性的内容。

关于学习方式的问题,应当没有什么疑义。上面四个定义中三个定义提及学习方式,大致包括:(1)以问题为中心;(2)开展语文实践活动;(3)采用多种学习方式。明确起来是指自主学习、合作学习、探究学习。关于目标,也应当没有疑义,是为了发展学生的语文素养。语文综合性学习不能脱离语文教学的总目标而存在。

综合来看,语文综合性学习可以作如下定义:语文综合性学习是立足于学生的语文潜能,顺应或激发学生的欲望和需要形成问题,并关联其他学科和生活的有关内容解决问题,以自主学习、合作学习、探究学习为主要学习方式,在语文实践中实现学生语文素养整体提高的语文教育活动。

---

① 黄伟.关于语文综合性学习边界问题的思考[J].语文教学通讯,2006(26):5.

二、语文综合性学习的教学设计原则

语文综合性学习的实施有四个关键问题:(1)语文学习打破了学科界限,走进了其他学科,走进了生活,走向了"综合",在这个过程中,师生可能"沉迷"于其他学科,"沉迷"于生活的非语文内容。比如,语文学习走进了戏剧天地,我们便沉迷于戏剧的种类、角色的类型、表演的艺术、演唱的功夫,等等,对语文的功用则不加认真考虑。(2)语文综合性学习是怎样一个过程? 这个过程的起点在哪里? 综合性学习的过程与一般的语文教学过程有什么不同? 在过程上教师习惯于走一般的语文教学程序,关注的是怎样设计导语、怎样掀起课堂高潮、怎样收束等,而学生探究的程序容易被忽略,好像这仅仅是学生自己的事情。(3)其他学科的内容有了,生活的内容有了,语文学习的内容有了,是不是就是"综合"了? 综合是什么? 综合的出发点是什么? 许多老师没有深入思考,误认为内容的相加就是综合。(4)从教材编写的语文综合性学习内容看,许多主题组织需要大幅度的空间移动,较大跨度的持续时间,教师望而却步,认为实施语文综合性学习困难重重,缺乏对语文综合性学习的本性的认识。从这四个关键性的问题出发,我们强调语文综合性学习实施的四条原则:(1)立足语文,保持本体;(2)立足需要,推进过程;(3)立足关系,寻求综合;(4)立足现实,把握弹性。

(一)立足语文,保持本体

语文综合性学习是语文的综合性学习,是语文综合了其他学科的内容,综合了生活内容,而不是相反,否则就会形成语文本体迷失的状况。有两种情形容易造成语文本体的迷失。

一是对新课程教学目标的错误理解。新课程从"知识和能力""过程和方法""情感态度和价值观"三个方面提出目标。这三个方面在学科教学中不是平行的关系,是核心与"卫星"的关系,处于不同的目标层面。知识和能力是核心,在完成这个核心目标的同时,实现了过程和方法、情感态度和价值观的完成。语文教学的出发点只有一个,那便是语文知识和语文能力。过程和方法、情感态度和价值观渗透在语文知识的获取和语文能力的培养过程中,有了这个渗透,语文教学就充满灵气和活力,缺乏这个渗透,语文教学就会显得机械而沉闷。如果把它们平行来看,语文教学就有了三个出发点:从语文知识和语文能力出发,自然不太可能存在语文本体迷失的问题;从过程和方法出发,我们就可能把获取资料的方法、参与社区活动等作为语文教学的核心,这样就跟不同学科的共同任务,甚至是学校德育工作的任务贴近了,从而失去了语文本体;从情感态度和价值观出发,我们可能会误认为语文教学需要独立的情感态度和价值观的教育,从而使语文教学往社会之类的学科贴近而失去语文本体。这样说也许有人认为这把语文教学狭义化了,其实不然。语文教学天然地与其他学科、与生活存在密切的关系,但这个关系应当在语文处于主体地位时发生;语文学习也更讲究过程和方法、情感态度和价值观,但这个讲究应当在"语文"的方向指引之下,否则,我们找不到世界上有什么东西是与语文学习无关的,语文学习的边界便会模糊起来。

二是非语文主题的语文综合性学习活动。语文综合性学习的主题大致有两种类型:一种是语文的,比如对联、手机短信、广告语言等;另一种是非语文的,比如戏曲天地、战争与和平、桥的研究等,后者因为主题的潜在暗示而容易使我们走向语文主体迷失的结果。比

如,为了了解戏曲而开展活动,为了培养学生追求和平的意识而组织活动,为了研究各种各样的桥而组织活动,这些看起来都不是语文所应该做的事情。如何避免这种类型的语文综合性学习的语文本体迷失的问题,这涉及如何综合的问题,下面将在第三条原则下再做深入分析。

(二)立足需要,推进过程

这里所说的需要包括学生的需要和探究的需要。

语文综合性学习是立足于人的教育价值取向、关注学生语文潜能的语文教育活动,这就要求它的活动过程不是外加在学生作为学习主体之上的过程,我们不是要让学生做什么而组织活动,而是要考虑学生想做什么、希望做什么而组织活动。语文综合性学习的第一要义是了解学生的需要,顺着需要求得语文素养的发展;因为需要而产生兴趣,因为兴趣而投入探究,在探究的过程中提高了语文素养。从这个意义上说,语文综合性学习不应该设有教材,也就是说,各种版本的新课标语文教材把语文综合性学习独立编写进去是没有必要的。有人借有的教师并不重视教材中的语文综合性学习的教学而提出在考试中加进这方面的内容,以促进语文综合性学习的实施,如果这样做,简直是语文教学无限膨化的"灾难",要么只是一种形式,并不能真正检验语文综合性学习的成果。但是,没有相应的教材,语文教师可能会因为缺乏参照而变得不好把握,换句话说,教材存在的意义是提供教师实施语文综合性学习的参照,不应当是"遵照执行",否则便离开了语文综合性学习提出的本意。作为参照,语文教师有两种选择:一是根据学生的需要选择部分内容组织综合性学习活动;二是参照教材的设计从实际出发开发语文综合性学习。当然,也可以对学生看来似乎不太感兴趣的内容通过合理的组织,激发学生需要,使学生产生探究的愿望。如果正确地把握了语文综合性学习的价值取向,我们便能灵活地处理各种语文综合性学习活动,而使过程变得流畅、自然,深入学生的内心。如果不是出于学生的需要而外加学习内容,过程就会变得艰涩无味。

需要而生兴趣,兴趣而生探究,立足探究的需要,语文综合性学习的过程应当包括探究主题的确立、探究策略的制定、探究策略的实施、探究策略的调整、探究成果的展示。中间三个环节是重心所在。实际上,我们关注更多的只是探究成果的展示,过程的推进简化为最后的表现,这样的结果弱化了过程的乐趣,弱化了在过程中的探索精神。究其原因,也许是因为综合性学习的成果展示更容易组织成一节课甚至几节课,其他因为难以成课而被忽略。对于课,我们习惯做块状划分,几节课是阅读课,几节课是写作课,语文综合性学习也应当占据几节课,这个观念使过程被弱化。实际上我们可以以这样的方式推进过程:(1)在一节课中抽取 5 分钟时间讨论探究的主题,选取学生普遍关心的问题确定整体行动的内容,其他也可以保留,与整体行动同步推进,同时布置学生课余思考探究的策略。(2)在第二节课中抽取 5 分钟时间讨论探究策略并提出展示的要求。(3)学生实施策略。(4)在合适的又一节课中抽取 5 分钟讨论既定策略在实施中的问题以及调整的办法。(5)学生相关的成果放在教室里展览。这个过程以探究的需要联络着,中间没有一节完整的课。以探究的需要推进过程,我们还可以做出各种安排的形式,但给出主题,经过一定时间,检测学生探究的成果,甚或未给学生产生探究需要的机会,凭着教师的本领,比如能唱各种戏曲的本领,把语文与其他内容综合起来,都离语文综合性学习很远了。

（三）立足关系，寻求综合

这里包括两种关系：学生需要与综合对象的关系，语文与综合对象的关系。其中语文与综合对象的关系是主要的，这在上边第一点已经做了阐述，在此不赘述。重点讨论学生需要与综合对象的关系。

学生需要与综合对象的关系主要考虑的是密切程度、大小与适恰性问题。探究的主题越大，综合的对象涉及面就越广，综合的实际意义就会越空洞，距离学生的需要就会越遥远。比如，"桥"这个主题探究活动，有的教师把它分为四个小组开展活动：桥的类型、桥的历史、诗文中的桥、桥的展望。分成四组只是一种习惯而已，关于桥的主题活动我们把它分为几十组甚至几百组来探究都不成问题，一个桥的主题，几乎是可以综合所有事物的一个综合性学习活动，我们选取了四个方面，主题的大小与综合的大小不相配，看似综合了，实际上没有本质意义，桥有几种类型，对于语文有什么意义呢？对于发展学生的语文潜力有什么意义呢？学生会觉得学习语文需要了解并且是要花费好多心机了解桥的类型吗？如果把探究的主题定为"诗文中的桥"，并分为古代诗文组、现代诗文组、外国诗文组三个小组展开探究活动，实际意义就要大得多，综合与主题的大小也相匹配。但为了追求更为切实的意义，关于桥的主题我们还可以深入下去，比如确定以"从诗文中看桥在作家心灵中的投影"为主题，分组还是分为上面这样三个小组，但实际意义大不一样。诗文中写到桥，我们去一一搜索出来，除了养成了检索资料的习惯和方法之外，实际意义也寥寥，同时，与学生的需要还是很远，花费时间去找关于桥的诗文，找了干什么，难道是因为对桥十分感兴趣？难道很多学生对桥感兴趣？以"从诗文中看桥在作家心灵中的投影"为主题，意义就不一样了，每一个学生的记忆里都有桥的影子，但日常意义的桥与文学意义的桥是不一样的，学生探究文学意义的桥，发现了新的天地，在发现中实现了自我生命的增进，这样就把综合的阅读与学生的需要密切联系了起来。

因为学生的需要冲动，才有探究的行动。探究可能需要涉及其他领域而形成综合，有时可能因为组数的问题，探究的内容与综合的主题不具备应该有的关系，这就是学生需要与综合对象中断关系的情形了。比如，上面"从诗文中看桥在作家心灵中的投影"这个主题，如果觉得应该有四个小组，于是确定第四个小组了解现实生活中的桥并进行写作。写作是基于"从诗文中看桥在作家心灵中的投影"这个基础的，让这个小组脱离这一点去写现实生活中的桥，就切断了这种关系。

立足关系寻求综合，而不是为了综合而综合，语文综合性学习才具有活力。

（四）立足现实，把握弹性

现实是受时空、条件等限制的，一个综合性学习的设计在城市学校中做起来可能会是轻而易举，但在农村学校里恐怕就做不了；相反，在农村学校可以轻易实施的综合性学习，城市学校可能无法办到。一个综合性学习的设计充满创意，但可能因为时空问题而具有很大的操作困难。一个综合性学习的主题，教师认为学生非常有必要做的，学生却不以为然；或教师认为没有多大价值的，学生却乐此不疲。……这就要求语文综合性学习的实施要有弹性。弹性意味着对教材的选取，意味着切合条件的开发，意味着对一个时空跨度大的综合性学习进行截取。

第二节　"追寻人类起源"案例及评析

一、案例引述

从综合性学习的语文主题和非语文主题的分类看,"追寻人类起源"属于非语文主题。非语文主题的综合性学习中语文性的保持特别需要依靠正确的综合策略。江苏省无锡市锡山区教育局教研室王晓辉老师"追寻人类起源"的综合性学习设计①启示我们语文综合性学习的综合应当如何实现。

[活动目标]

1.通过活动,让学生了解人类起源的有关知识,唤醒学生的自我意识,培养学生对科学的兴趣。

2.通过讲故事、小论文发布会、给未来人画像等活动来培养学生搜集、筛选、整理资料的能力,并在实践活动中,提高学生口语交际能力和想象写作能力。

3.在活动过程中,引导学生合作探究,指导学生学习分类积累资料的方法,培养从资料中得出恰当观点的研究意识。

[活动准备]

1.活动兴趣的激发。

新的语文课程是开放而又具有活力的,它注重跨学科的学习,让学生在不同内容和方法的交叉、渗透和整合中,开阔视野,提高学习效率,获得现代社会所需的语文实践能力。组织学生观看《浩瀚的宇宙》《星球大战》,唤起学生对人类起源的思考、对未来世界的遐想,激发学生参与活动的积极性及探索科学的热情。

2.布置准备工作。

(1)让学生自主选择合作伙伴,组成合作小组,并根据自己的喜好及活动内容给小组命名。

(2)围绕活动内容广泛搜集资料,上网查询资料,整理资料。

(3)每组准备一个档案袋。

[活动计划]

1.活动时间:大约两周。

2.课时安排:3课时。

3.活动进度(见表9-1)。

表9-1　活动进度安排

活动内容	时间安排
组织学生观看《星球大战》《浩瀚的宇宙》	第一周(星期六)[课余时间]

---

① 王晓辉."追寻人类起源"语文综合实践活动设计及反思[J].语文建设,2004(6):17-19.

续表

活动内容	时间安排
人类起源神话故事"故事会"大赛	第二周(星期五) [课堂时间]
"人类起源新说"小论文发布会	第三周(星期二) [课堂时间]
给未来人画像	第三周(星期五)[课堂时间]
成果展评	第三周(星期六)—第四周(星期一)[课余时间]

[活动过程]

(一)人类起源神话故事"故事会"大赛

1.具体过程:(1)要求每个同学自己上图书室或上网搜集一种关于人类起源的神话故事,先在小组内互相交流。(提前布置)(2)每组选出一名讲故事的代表,参加班级故事大王比赛。(课余准备)(3)比赛将评出一、二、三等奖。(课堂完成)(4)小组将部分参赛的神话故事进行搜集整理,汇编成册。(课余准备)

2.理念与目标:学生在搜集古代各民族关于神创造人的神话故事和当今关于人类起源的种种说法的过程中,要尽自己的能力,把人类在"人类起源"这个问题上的认知过程梳理一遍,学生将迷醉于神话故事,又将迷醉于科学不断进步的美好景象,领悟居里夫人所说的"科学本身所具有的伟大的美"。

(二)"人类起源新说"小论文发布会

1.具体过程:(1)搜集查找关于人类起源新说的资料。(提前布置)(2)从中选定一种说法,并围绕这一说法继续查找相关资料。(课余准备)(3)让小组成员熟悉资料内容,为共同撰写小论文做准备。(课余完成)(4)"人类起源新说"小论文发布会以小组为单位,每一小组提出自己的观点并根据资料证明自己的观点,同时,推荐一名代表上台发言,在其他的小组发言以后,也可根据资料来反驳他们的观点。(课堂完成)(5)据小组合作情况、发言情况及准备资料的多寡评出一、二、三等奖。(课堂完成)(6)比赛后与其他小组交流资料,实现资源共享,并汇编成册。(课余完成)

2.理念与目标:关注学习过程、学习方法是本次课程改革的精髓。在活动过程中,应多关注学生对学习活动的参与及合作意识,切不可盲目追求活动的"成果"。撰写一篇关于人类起源新说的小论文,对初一同学来说是相当困难的,甚至是不太可能的,但只要他们主动积极地投身其中,即使观点很可笑、材料很单薄也不要紧。

(三)给未来人画像

1.具体过程:(1)每组设计一幅未来人像,可以用电脑制作,也可以手工制作。(课余准备)要求:①每幅画要做简要说明,说明主要包括外形设计理念、服饰搭配理念、人体结构的变化,如皮肤、肌肉、骨骼会有哪些改变。②画像尺寸要求 $100\text{cm} \times 80\text{cm}$,将画像悬挂在教室墙壁上。(2)每组派代表到画像前阐述本组的创作理念。(课堂完成)(3)根据画像制作的精美程度、设计是否有创意、说明内容是否充分,评出一、二、三等奖。(课堂完成)(4)以"未来人类"为题,写一篇想象作文。(课余完成)

2.理念与目标:培养学生丰富的想象力,语文老师责无旁贷。本教学环节,意在给学生一个想象的空间。

(四)成果展评

1.具体过程:(1)每组派出一名代表做评委组成员,组成评委组。(提前布置)(2)每小组将本次活动编辑的册子、资料、获奖奖状整理好,布置一个有特色的展区。(课余准备)(3)每小组派两名代表站在自己的展区前,回答评委组提出的问题,并为本组展区设计做简要的解说。(课余进行)(4)由评委组给各个展区做评定,评出一、二、三等奖。(课余进行)(5)根据学生在活动过程中表现的情感和态度,同时也根据小组在各个活动中的获奖情况,评出最佳合作奖、最佳口语交际能力奖、最佳表现奖、最佳创意奖等一系列奖项。(课堂完成)

2.理念与目标:一方面,培养学生总结、整理资料和答辩的能力,培养学生的成功感,增强他们继续学习的兴趣与信心。另一方面,评价是课程实施的一个非常重要的环节,如果一次活动没有一个比较公正、科学的评价,那么学生将失去对活动的兴趣,活动目标也会落空,最终会对学生的学习产生负面的影响。本设计力争做到以下两点:(1)注重对学生活动态度、过程与方法的评价,而不只看活动的成果;(2)坚持让学生做评价的主人,以改变学生只能充当被评价的对象,而无法参与评价的现状。

[教学反思]

这次"追寻人类起源"综合实践活动基本上达到了预期的目的。学生积极参与了活动的整个过程。活动后,有的学生说,这样的语文课真有劲;有的学生说,我学到了许多有关人类起源的知识,这是单纯的语文课做不到的;还有同学说,我长大了一定要做一个研究"人"的科学家。学生的热情出乎我的预料,也给我以深深的震撼。

通过活动,我进一步体会到:语文课堂一定要开放——课程资源要开放,语文实践要开放,教学方式与学习方式要开放,课堂教学模式要开放,教学目标要开放,阅读要开放,作文要开放,等等。以课程资源为例,传统的语文课本是重要的课程资源,但显然已经不再是唯一的课程资源了。电影电视、网络媒体、其他学科知识、校园及教室的环境布置等都是课程资源,教师与学生本身也是课程资源,教师的知识、情感、人格,学生的智慧、差异、潜能等都是重要的课程资源。我们一定要把学生从封闭狭小的教室里解放出来,引导他们走向生活、走向社会,学以致用。

二、评析:用好教材中的设计,提升"综合"品质

这是一个值得以赞赏的眼光去看的综合性学习设计,设计理念、综合品质、活动安排、评价方式等方面大有可圈可点之处,我们主要从综合品质方面加以讨论,同时兼及其他。这个设计的综合品质是在对教材设计的取舍、改造、添加的基础上凸显出来。为了方便对照,先完整引录教材中"追寻人类起源"综合性学习的设计。在这个主题下,教材共设计了五个活动。

1.关于神创造人类的神话,教科书中有《女娲造人》,文后所附参考资料中有《圣经故事》中的上帝造人。这类神话在我国乃至世界各民族中间广泛流传,请加以搜集、整理。每人至少搜集一种,并在班上讲一讲,尽可能讲得绘声绘色,引人入胜。

2.试从其他的教科书,或通过其他途径,搜集从猿进化到人的资料,完成人类起源、进化信息(见表9-2)。

表 9-2　人类起源、进化情况

进化阶段	特　征
古猿（前 800 万—前 700 万年）	人类和类人猿的共同祖先，开始向不同方向进化
南方古猿（前 420 万—前 100 万年）	
能人（前 200 万—前 175 万年）	
直立人（前 200 万—前 20 万年）	
智人（早期前 20 万—前 5 万年，晚期前 5 万—前 1 万年）	

3. 神创造人，是对人类起源的错误解释，但是这类神话为什么能够世代流传呢？全班或者分组讨论一下这个问题。

4. 从表 9-2 中可以看出，从古猿到南方古猿期间约 400 万年，还找不到化石证明谁是人类和猿的共同祖先。再加上其他一些疑点，于是有一些新的说法向传统的人类起源学说提出了挑战。你知道有哪些新说法吗？搜集资料，与同学交流一下。

5. 在下面两题中，任选一题。

(1) 在上述讨论的基础上，写一篇作文，题目自拟。例如，"人类起源概说""'神创论'可以休矣""人类起源的神话魅力""'外星人说'之我见"。

(2) 我国国宝"北京人"头盖骨在抗日战争时期不幸失踪，举国为之震惊。请搜集有关资料，写成一篇作文，题目就叫"国宝失踪之谜"。

王老师是怎样对教材设计进行取舍、改造和添加的呢？我们先对王老师设计的内容作一个整理（见表 9-3）。

表 9-3　活动内容整理

活动项目	探究内容
人类起源神话故事"故事会"大赛	搜集一种关于人类起源的神话故事
"人类起源新说"小论文发布会	搜集查找关于人类起源新说的资料，从中选定一种说法，并围绕这一说法继续查找相关资料
给未来人画像（每幅画做简要说明）	设计一幅未来人像
成果展评	

从取舍看，王老师舍弃了教材中第 2、3、5 三项内容，保留第 1、4 的内容，做这样的处理是有充分理由的。第 2、3、5 三项内容显得专业、抽象，对初一学生而言，有很大的心理距离，不容易激发探究的欲望和需要，退一步说，即使有探究的欲望和需要，也应该予以舍弃，其烦琐性和学科的单纯性，影响综合品质的实现，也即这些活动更易迷失语文内容。保留第 1、4 两项内容，是因为神话传说、人类起源新说能够激发学生的兴趣和好奇心，探究就有了动力来源，初一学生尤其如此。王老师应当是考虑到综合性学习要从学生需要出发这一点而做出的处理。教材的五项活动，似乎是要让学生在探究中对人类的起源问题形成一个比较完整的认识。其实这没有必要，语文综合性学习是以"语文"的姿态综合其他学科以及生活方面的内容，从而培养学生的探究能力、合作能力、自主学习能力、信息获取和处理能力，以适应现代社会的需要，更重要的是语文综合性学习要具有培养这些能力的品质，而不是

去追求探究对象认识的完整性，甚至探究对象的相关知识也不在其列。因此，王老师从学生需要出发作出的处理，既考虑到学生的探究动力，也符合语文综合性学习活动的本质追求。事实上，对教材的大部分内容舍弃后开展的活动，这些能力的培养没有丝毫减弱，反而通过有效设计得到了强化。

从添加看，王老师的设计添加了两项内容，在搜集查找关于人类起源新说的资料的基础上，添加了"从中选定一种说法，并围绕这一说法继续查找相关资料"，这是第一个。添加这个内容固然是为了完成"人类起源新说"小论文的写作，但不仅于此，而且通过具体的行动，让学生明白资料搜集的方法，或者说做学问的基本方法，这就把综合引向深入，使学生对探究的方法和信息搜索的方法有了较深层次的认识。第二个添加的内容是"给未来人画像"，这是充满新奇、活泼动人的创新设计，是充分利用学生内在需要这个原动力的创新设计，增添了整个活动的鲜活感。

从改造看，让学生写"人类起源新说"小论文，可以看作是对教材写作活动的改造。这个小论文写作，无非是学生对查找到的内容进行整合梳理，形成文章，但这符合初一学生的实际，符合大多数学生的实际。改造主要不是在这里，而是把教材的学科先导的设计改为语文先导的设计，确定了"人类起源神话故事'故事会'大赛""'人类起源新说'小论文发布会""给未来人画像（每幅画作简要说明）"这样三项内容，在说故事、写小论文、给未来人画像并作说明的语文活动先导下，去查找资料，开展活动，语文与人类起源的认识的关联性十分明晰，综合的品质主要也由此确立起来。虽然在目标设定上，属于其他学科的目标、语文学科的目标和综合性学习的目标三点并列，但在具体的活动设计中却是有层次、有主次地加以体现。这就可以看出王老师对教材所设计的内容进行取舍和添加的思路了。取，是为了使关联性凸显出来，使关联性的实现更为便捷；舍，是为了删去烦琐的过程，免去在其他学科中行走过久而改变了性质，在保持探究、实践活动的基础上，使活动更集中在语文和人类起源的关联上；加，既是在考虑可能性的基础上力求增加探究的深度，又是寻找活动与语文更多的关联。有了综合的品质，加上学生需要和兴趣的推动，使一个持续时间比较长的活动，形成一个有机的整体。

在"教学反思"中，王老师有这样一段话："语文课堂一定要开放——课程资源要开放，语文实践要开放，教学方式与学习方式要开放，课堂教学模式要开放，教学目标要开放，阅读要开放，作文要开放，等等。"从教学设计看，他知道开放的度在哪里，知道语文综合性学习的"放"与"收"之间的关系。

有了上面的基础，搜集、探究、观看电影、小组合作、比赛评奖、画像悬挂、编辑小册子、开辟展区等丰富多彩的活动就有了落脚点，有了教学意义。

综合的整体性体现在语文与人类起源的关联上，也体现在活动设计的层递性上。"人类起源神话故事'故事会'大赛"是活动的起步，对象是人类对自身起源的最初确认；"'人类起源新说'小论文发布会"是活动的推进，对象是人类对自身起源的种种推测；"给未来人画像"是活动的进一步推进，对象是人类以后会进化成什么样子的想象。推进过程是按"人类起源认识的过去—人类起源认识的现在—人类进化的将来"进行，对将来的想象因其活泼性、创造性而成为一个高潮。最后是活动总结：成果展评。成果展评不是静止的展览，也不是廉价的讨论、交流，而是布置展区，由同学站在展区前回答"评委组"的询问，并向"评委组"（其实也向其他同学）解说，它贴近生活，是对真实展出活动的模拟，具有很强的活动性，从而把活动推向一个新的高潮。而活动在课堂内外的有意识安排,既保证了每一个小活动内部的整体性,也保证了各个小活动之间的连贯性。"讲人类起源的神话故事""'人类起源新说'小论文发布及'答辩'""阐述画像的创作理念"三节课,内容集中、单纯,语文意味浓厚,上到"节点"上,强化了综合品质和活动的整体效果。

设计是在理念支配之下的设计,理念是设计的基础。"新的语文课程是开放而具有活力的,它注重跨学科的学习,让学生在不同内容和方法的交叉、渗透和整合中,开阔视野,提高学习效率,获得现代社会所需要的语文实践能力""学生将迷醉于神话故事,又将迷醉于科学不断进步的美好景象""只要他们主动积极地投身其中,即使观点很可笑、材料很单薄也不要紧""培养学生的成就感,增强他们继续学习的兴趣与信心""评价是课程实施的一个非常重要的环节,如果一次活动没有一个比较公正、科学的评价,那么学生将失去对活动的兴趣,活动目标也会落空,最终会对学生的学习产生负面的影响"。从这些话中,我们可以看到王老师对语文实践能力、学生的兴趣和需要、学生现实水平的强调,有利于我们对语文综合性学习的理解。

第三节 "寻访家乡的传统文化"案例及评析

一、案例引述

湖北汉川实验中学王健龙老师设计的语文综合性学习《寻访家乡的传统文化》[①],对于教师如何介入综合性学习过程具有启发意义。

[活动创意]

1.开发校内外语文教学资源,提高学生搜集、处理信息的能力。

2.让学生学会沟通理解,提高学生的语言表达能力、创造性思维能力、组织交际能力。

3.让传统思想教育融入语文综合性学习,提高学生的语文素养。

时间范围

一个月。

[主要活动]

实地采访、搜集资料、成果汇编等。

[主要过程]

(一)活动缘起与主题的确定

上完《桃花源记》,我要求学生用自己的语言描述一下家乡,很多学生却不以为然,认为自己的家乡并不美。为了纠正他们认识上的偏差,我启发道:"生活中并不缺少美,而是缺少美的发现。尽管我们在家乡生活了十几年,但大家并不完全了解她,这是多么令人遗憾的事啊!大家想想:我们汉川有哪些特色?""系马口""仙女山""观音泉""汉刁湖""古赤壁""何三麻子""二河三蒸"……同学们七嘴八舌地说着。

"看来大家对汉川还是有一定了解的,但没有一个同学能系统地说出汉川的传统特色,

---

① 王健龙.寻访家乡的传统文化[J].语文建设,2005(8):28-29.

我想,今天我们就研究汉川,开展一次综合性学习,怎样?"

提议得到了学生的赞同,我把他们所说的内容进行了一个大致的分类。通过分类,我们明确了以"寻访家乡的传统文化"这个主题来进行研究,并根据同学们的特长确定了几个小课题:(1)汉川的饮食文化;(2)汉川的民间故事;(3)汉川的语文文化;(4)汉川的风景名胜。

(二)活动小组的确定

由于课题是同学们自己选的,大部分同学都能找到适合自己的课题小组,但仍然有部分同学要么积极性不高,要么无所适从,于是我及时进行了个别指导,使他们顺利地进入各个小组进行研究。

(三)活动实施过程

1.第一阶段:制订计划

在确定了活动主题和活动小组的情况下,我要求学生先制订一个完整的活动计划,指导活动的开展。活动计划包括调查的设计说明、现实意义、主要内容、主要方法、详细计划(时间安排、地点选择、人员分工、调查内容、访问对象)、需要的条件和需解决的问题、预计的困难,以及自己的感言和教师的意见。

2.开展调查研究

(1)家乡的饮食文化

研究家乡饮食文化的同学,找出了家乡的不少特产以及具有特色的家乡饮食,并记录下来。如三花系列:黄花、茉莉花、黄花菜;三蒸系列:蒸鱼、蒸菜、蒸肉。一位同学说:"以前总感觉家乡没有什么传统文化,经过这次活动,我发现家乡许多地方都有特产。这次调查丰富了我的知识,让我有很深的体会……"

(2)家乡的民间故事

在确定课题时,寻找家乡民间故事的主题就备受同学们的青睐。同学们在寻访的过程中劲头十足,有问老人的,有问家长的,有上网查询的,有查找书籍的。调查后,一位同学总结说:"真是不看不知道,一看吓一跳,原来家乡有特色的故事这么多,我想,如果我们留心观察,会发现我们身边有更多的不被我们知道的故事……"

(3)家乡的语言文化

汉川的方言很复杂,主要是以赣方言为主。由于地理位置的原因,汉川的东西两边,方言上有很大出入。学生们依据自己的生活习惯,结合自己家庭的背景,给一些方言词语写注释。

(4)家乡的风景名胜

中国的历史源远流长,各地的名胜古迹也很多,但由于现代建筑的冲击,很多名胜古迹都已不复存在,寻访家乡名胜的同学,大都是在一些关于汉川的历史书上找到了关于仙女山、观音泉、明关八景等历史记载。

(四)整理资料,体悟探究,展示成果

活动的开展,逐渐提高了学生的积极性。随着活动的深入、资料积累的日益丰富,同学们心中的疑虑也越来越多,这主要表现在:他们虽然能说出汉川的一些传统文化,但对其内涵缺乏了解,加上资料缺乏,所以活动还停留在表层上。针对这种情况,我们将问题分类,要求小组成员集思广益,进行合作探究,体悟家乡传统文化的内涵,在此基础上将各小组的资料整理汇编,打印成一本80页的成果集,人手一份。资料汇编由学生自己策划完成,包括前言、后记、封面、插图、排版、打印、装订,有的还列出了参考书目和查询资料的网址,制作很精美。为了让学生有更多的时间完成这项工作,我还协调其他老师减少课外作业,为资料汇编提供时间保障。

(五)总结与评价

从活动开始到结束,我要求学生在完成活动后写出自己的活动感受。在每一张表格中,都有填表"感言"这一项,意在通过这种方式,让学生自觉地进行自我评价。活动的最后,我还要求学生根据活动的情况进行自我反思性评价,表9-4是学生填写的"自我反思性评价情况"样例。(注:选择了一些比较有代表性的自评语言)

表9-4　自我反思性评价情况

反思项目	自评语言
参与活动的积极程度	开始的时候觉得无聊,后来我越来越喜欢了
对小组同伴的信任程度	小组里其他同学都做得不错
对失败怎么看	老师说过,关键是过程
活动中的信心如何	开始没有,后来觉得有了
调查能力有否变化	我现在能发现很多好玩的东西了
对资料能否分析和总结	总结还可以,分析就留给别人
通过活动自己有没有提高	觉得自己能做的事情比以前多了

回顾这次综合性学习的历程,也存在一些需要改进的地方:一是学生探究得不够深入,结果很肤浅(尽管综合性学习不应该注重结果);二是虽然突出了自我反思性评价,但学生互评、教师评价等有所忽略,不能全面准确地反映学生在活动中的表现;三是学生需要填写的表格过多,不够简洁,显得有些烦琐。

二、评析:教师指导的作用

先看"活动创意"。"活动创意"的内容实际上也是指向活动的目标,目标决定了活动的方向,直接影响指导的具体行为。这些目标比较明确,体现语文特点,使有效指导有了基本的保证。

"活动缘起与主题的确定"确定了主题和主题所关涉的内容,教师的指导主要体现在引导学生走向预设的活动内容,体现教师指导下的自主。其基本过程包含四个渐进的阶段。第一,让学生描述家乡,发现学生对自己的家乡缺乏深切的体验,缺少美的发现。这是整个活动的起点,这个起点使活动与学生的需要联系起来。第二,用"我们汉川有哪些特色"这个问题启发引导学生说出家乡名胜、饮食等,这就提醒了学生家乡其实有许多内容值得描述,让学生能够做到用心体验家乡。第三,提议开展一次综合性学习活动。联系前面内容,这个提议等于说我们进行一次活动,深入体验我们的家乡,感受家乡的魅力。第四,确定主题及其相关内容。主题是通过对学生所说的内容进行分类得出的,相关的内容也在讨论的基础上形成,初步形成体验家乡、感受家乡魅力的方案。四个阶段包含两条线索,一条是教师要使学生走向他所设定的活动内容,一条是学生需要的不断深化和明确。这可以说是所有引导行为的共同特征,从这个特征中我们可以引申出引导的一条基本原则:引导是教师预设内容和学生需要之间不断产生联结并不断强化。

从"活动小组的确定"相关内容看,活动小组的确定基本上是学生自主的,是"同道之人"的自由组合。有的学生积极性不高,有的学生无所适从,这是常常会出现的情况,教师只对这些学生予以个别指导,从描述看,指导是有效的,这些学生"顺利"地进入了小组。但关键问题是教师应该采取怎样的指导行为才能够做到这一点。要做到这一点,最重要的是对学生"积极性不高"和"无所适从"的原因进行分析。积极性不高可能是对所有的学习都不感兴趣,如果是这种情况,应当从综合性学习的活动性、贴近生活的特点出发加以引导,并从具体的点上激发兴趣,学生即使无意于学习,也不会拒绝活动,拒绝生活,在具体的某个点上,肯定会找到其兴趣所在;也可能是对即将进行的活动缺乏积极性,这类学生可能以功利的态度看待综合性学习活动,认为与学习缺乏紧密联系,他们的学业成绩往往处于比较高的水平,如果是这种情况,则应当给予价值的引导,使其认识活动的意义。无所适从是因为不能确定自己的兴趣点,这又有两种可能情形,一是心灵过于平淡,二是即将进行的活动不是他的兴趣所在。前者需要激发生活热情,后者也应当从兴趣点出发给予价值的引导。

计划的制订也是在教师指导下的自主,教师通过明确计划的内容引导学生制订科学、合理、可行的计划,它对其他综合性学习活动的指导价值是计划内容的设置。制订计划时可以根据以上内容设计表格,让学生依表填写,这样做的好处是一目了然,便于操作,不足是不利于学生的语言表达和组织;也可以让学生根据教师所提供的内容自行制订,这样做的好处是能够提高学生制订计划的能力,不足是学生过于把行为集中在计划制订上,而影响整个活动的流畅性。采取哪一种形式应视主题和学生的具体反应确定。

实施计划、开展探究活动完全是在学生自主状态下进行的,如果计划制订得详细、科学、可行,学生自主探究是完全能够实现的,但探究活动是整个综合性学习活动最为重要、最能体现核心价值也是最为艰难的环节,教师的有效跟踪是十分必要的。因为时空分散,跟踪成为一件很困难的事,在困难状态下,教师如何通过跟踪实现指导、干预探究过程呢?第一,参与某一个小组的活动,把参与过程中所获得的信息,包括活动情况、成员的热情、遇到的问题及其解决办法等与其他小组沟通。第二,询问各小组活动情况,提供必要的指导和帮助,给出调整计划的意见,肯定学生的活动初步成果。第三,探究活动中途安排小组长会议,通过会议对各小组活动实施调控。第四,关注游离于小组活动的学生,给予鼓励和引导。

"整理资料,体悟探究,展示成果"包含两个活动:一是发掘家乡传统文化的内涵,把探究活动引向深入;二是给出具体的成果展示方式,由学生把成果整理成册。两项活动都是在教师指导下的自主活动。发掘内涵既是探究的深化,也是为了提升成果的"含金量"。在这里,教师的指导行为应有充分的体现,因为发掘内涵对学生而言是一件有相当困难的事情,教师宜引导学生从哪些方面(比如思想、风俗特征、地方性格与精神等)去发掘内涵。把成果整理成册,从上面的描述看,是由学生自主策划完成的,在这个过程中,学生应该把哪些内容放进成果集,为这个成果集要撰写哪些文字,教师有必要做具体指导,以保证成果集的质量。这些内容上面有具体的体现,可以作为这一类成果展示方式的行动参照。

"总结与评价"包含两部分内容:教师对学生施加的活动总结及评价,教师对整个活动的认识。前者是综合性学习的组成部分,后者属于教师的反思。以表格的形式引导学生对活动进行总结、评价,有助于他们集中注意力进行思考,相对于讨论式,更容易取得实际效果。采用表格方式,关键在项目的设置。七条项目针对性强,有效地帮助学生对自己的行为和心理做出清理和思考,为下一次活动的开展,提供了心理背景。总结、评价的目的就是使活动的质量能够实现螺旋式提升。教师的三点自我反思,是针对活动的不足而言的,对此有值得修正的必要。第一,综合性学习重过程,也要重结果,能够认识到结果的重要性,应当是深入综合性学习活动实践所获取的认识。第二,评价方式有多种,在这个具体的活动中,没有强化学生互评、教师评价,不能算作是一个问题。不同的活动采用不同的评价是合适的,在一个活动中把不同的评价方式都使用上,反而会显得烦琐、累赘。第三,学生填表过多,可能显得烦琐,但如果能够把表格的填写安排为活动过程中的必要环节,在保持活动流畅性的基础上填写表格,也可以做到让学生觉得填表是一种简洁、便捷的方式。

总之,在体现教师指导的程度和内容上,这个案例具有范例的作用。

第四节　语文综合性学习中的小组合作

一、小组合作的内部条件

综合性学习常以小组合作的方式展开活动,但不是分了小组,小组就会自动地开展合作学习的,小组自动合作需要通过长期建设才能实现,或者说是小组建设的理想目标。小组合作需要合适的条件,尤其是初步尝试阶段要对这些条件作出详细的分析。条件分内部条件和外部条件,外部条件包括教师对小组的组织、小组活动的制度以及合作活动所应该具备的物质等,内部条件包括合作意向、个人在小组中的安全感、个人对小组的依赖感、小组的凝聚力、合作的技巧等,综合性学习的合作矛盾集中体现在内部条件,教师对小组的组织以及小组活动的制度反映的是教师态度和制度制订方法问题,在明白小组合作的内部条件后,小组怎么组织、小组活动的制度也便自然明了,至于物质条件,具有客观性,主要采用利用已经具备的物质条件策略,一般而言师生难以改变固有的物质条件。因此,我们着重讨论小组合作的内部条件。

(一)形成小组合作的意向

个体学习如果没有形成合作意向,认为某个内容的学习完全可以独立来解决,甚至是更好地解决,那真正意义上合作的行为就不可能产生。那么,要形成小组合作的意向,就要考虑为什么要小组合作的问题。小组合作有主客观两方面考虑,客观上是因为物质条件和个人能力等方面的限制,需要小组合作才能完成任务;主观上根据自己的兴趣、爱好、需要寻找志同道合者,或意识到自己某方面的不足,寻求相互补充者,在小组合作中满足讨论交流的需要,形成合作团队,为了共同的目标而相互促进,满足归属感。缺乏合作意向而去建立合作小组,是"作合",不是合作。实际教学中这种"作合"的现象具有普遍性,因此分析在什么情况下能形成合作学习的意向是必要的。具体说来,有以下三方面应当予以注意。

(1)个体感觉到在单位时间里通过小组努力能更好地完成学习任务,也即合作能够提高学习效率。比如,搜集本地名胜古迹的对联活动,空间的限制使个体需要花费更长的时间搜集到更多的对联,小组分工活动能够大大缩短时间;如果小组在同一空间活动,组员不同分工,有的侧重负责活动策划,有的侧重负责文字记录,有的侧重有关对联背后故事的询问、采访,有的侧重负责活动成果的整合,这样彼此支持,相互依赖,具有个体活动所达不到的效果。

(2)个体感觉到与小组其他成员联系在一起,才能更好地完成任务。比如,不具备小组其他成员拥有的学习资源、个性倾向等,合作能够取长补短。组成小组后,宜组织小组讨论,介绍自己所拥有的资源、特长、兴趣、爱好等,强化小组的合作意向。

(3)个体感觉到集体的温暖。集体归属感是人的本能需要,但只有感觉到集体的温暖,才不会把这种需要闭锁起来,甘愿个体行动。小组具有平等、尊重、相互鼓励、相互支持的氛围,对个体就具有吸引力。

因为时间、空间上的限制需要更多的"人手"形成合作,因为兴趣相投或互为补充形成合作,为了在一起方便讨论形成合作,为了能感受到在团队中的温暖感和归属感形成合作,因为个人能力的限制需要援手形成合作,为了共同的目标而相互促进形成合作……总之,小组合作只有能够满足个体某方面的利益,合作的意向才能形成。

(二)使个体在小组中具有安全感

个体感觉到集体的温暖是使之具有安全感的基本前提,具有安全感的小组关系是亲密的,而不是相互对抗,彼此"拆台""抬杠",氛围是民主的,而不仅仅是强势学生(主要是小组长)拥有话语权。综合性学习中的小组活动与课堂教学中的小组活动不同,前者是教师在场的,即使教师以平等的态度对待学生,在学生心目中教师都是"权威",因此教师对活动具有自然的监控作用;后者在许多情景中教师不在场,个体在小组中的安全感就需要认真对待。

(1)小组规模以 4~6 人为宜

两人以上才谈得上合作,但规模过小,合作的氛围难以形成,说不上是一个团队;规模过大,交流又不方便,容易使个体游离于小组活动之外。小组规模与安全感有密切关系,不少学生羞于在有较多听众的场合讲话,而在小群人面前讲话则会放松;小规模的合作小组,组员发言的机会多,且容易彼此信赖。

(2)让弱势学生优先发言

小组中会有个别学生处于弱势,他们或不太爱表达自己的观点,或学业水平比不上同组的其他同学,或缺乏相关资源,或对小组的贡献较小,教师在指导小组活动中,要提醒小组长给他们优先发言的机会。这看起来是一种不平等,但他们的起点就与其他同学不在平等的水平,给他们优先权,是对他们人格的尊重,也是一个小组优良品质的表现。

(3)培养学生学会倾听

年轻的学生在合作交流过程中往往有表达多于倾听的倾向,这种倾向不利于合作。学会倾听,重要的是提高学生对倾听的认识。善于倾听显示了一个人的素质和品格,它体现了对别人及其观点的尊重。从功能看,倾听是一种学习途径,是获取信息和知识的手段,善于倾听的人更能获取别人的信任。从方法看,倾听是诚心诚意地听,首先必须要理解别人,学会接受别人对你的影响,尤其在有强烈表达自己观点的欲望、试图影响别人的时候;要虚心倾听别人的意见,听清发言人说的每一句话,要耐心听完别人的发言,即使自己不感兴趣也不随便打断,更不做无关的事。

小组内的每一个组员都善于倾听,人人就都能够畅所欲言。

(三)形成小组成员的依赖关系

相互依赖,有利于小组成员相互鼓励、相互协作,形成良好的人际关系;也有利于促进个人努力,使个人在小组中承担责任。在实施过程中,依赖关系靠教师的阐述和强调是不够的,需要有具体的方式促成依赖关系的形成。

依赖关系的形成要着重设计小组成员的共同目标,要让小组成员感觉到自己所承担的任务只是共同目标的一部分,一个人完成了任务,并不能达到目标,需要小组内所有成员都完成了任务,才能实现目标。在这种情形下,小组成员必定互相促进,以有利于自己的同时也有利于小组其他成员的方式开展活动,同时小组成员间的交往也将更加频繁,弱势成员能够得到充分的尊重、鼓励和帮助,合作的价值得到体现。

使小组成员为完成共同目标而努力是形成依赖关系的基础,在这个基础上,以下三点可以增进依赖关系。

(1)小组分工。分工使小组的每一个成员有具体的学习任务或扮演不同的角色(如组织者、记录员等)。如果没有明确的分工,小组可能会变成个别学生逃避学习的"避风港"。

(2)小组名称。给小组取一个恰当的名称,可以强化小组成员对小组的认同感,使小组成员觉得拥有了共同的身份。

(3)小组评价。评价针对小组设定的指标和内容,使小组成员的成绩成为整个小组成绩的一部分。小组成员的活动情况应放在小组中考量,如教师发现一个学生脱离了小组独自活动,教师不是对这个学生提出回到小组中活动的要求,而是去了解所在的小组活动是如何组织和开展的。

(四)合作小组具有凝聚力

具有凝聚力的小组,组员的价值取向是一致的,能自觉地为达到共同目标而努力,共同遵守小组的行动规范,并对那些违反规范的成员加以劝阻。小组的凝聚力受两个因素影响:一是小组的特征;二是成员的个人动机。小组的特征在一定程度上取决于小组长。小组长工作"专制",组员会有更多的不满和争吵,放任则小组活动成效低下;小组长讲民主,并积极为小组共同目标努力,小组凝聚力就强。成员的个人动机如果在小组中获得满足,小组对个体的吸引力就会提高,小组的凝聚力就会增强。

增强小组凝聚力可以采取以下措施:

(1)自由选择组合小组。综合性学习的小组形成不像课堂教学受空间的限制,课堂教学让学生离开座位自由组合小组,可能会因为班级规模大而带来混乱,得不偿失,因此课堂教学大多选择前后桌组成小组。综合性学习则不同,一则小组合作的持续时间比较长,二则小组活动相对自由,因此适合自由选择形成合作小组。这样形成小组的目的是使个人动机与小组共同目标最大限度地趋向一致。

(2)根据需要形成小组。目的与前一种方式是一致的,组织程序与之相反。它是从个体的需要出发,把具有相同需要的个体组合在一起,形成小组活动方案,开展活动,完成小组的共同目标。

（3）给小组取名,并在整个活动中以这个名称称呼这个小组;合作小组摄影留念;撰写小组工作口号。

（4）对小组长提出要求。有必要在小组确定之后、开展具体活动之前,召集小组长会议,对小组长如何开展工作做出指导。

（五）小组成员懂得一定的交际技巧

在组成小组时,组员如何招呼、问候,如何自我介绍和介绍他人,在组员比较熟悉的情况下,这些内容可以简略,但自己的兴趣、特长、拥有资源的情况等应当通过介绍让小组其他成员了解。在小组活动时,关于感谢、赞扬、道歉、求助、鼓励等交际行为如何表达和如何作出恰当的反应,小组成员应当懂得起码的道理。在交流思想时,关于如何提建议、如何寻求反馈、如何说服他人、如何提升和整合观点等,小组成员应当具备一些基本的方法。

交际技巧不是教师集中教予的,而应当在小组具体活动中,教师通过观察发现问题,进行适时的点拨和必要的小范围讨论,逐步让学生懂得一些交际的基本道理,形成良好的交际习惯。

二、综合性学习小组合作的类型

（一）相同内容的小组合作

相同内容的合作学习有两种情形:一种是全班学生以小组为单位,开展相同内容的综合性学习活动;另一种是小组内部的各组员开展相同内容的综合性学习活动,而小组间内容各不相同。前一种在课堂教学中使用较多,而综合性学习因其"综合"特点,活动主题容易分解,而且分解后能使学生获得更多的收益,所以更多采用第二种方式。

（1）全班学生开展相同内容的综合性合作学习

采用这种方式主要考虑活动内容是所有学生都应当了解和掌握的,是语文学习的基础性问题,或者活动主题比较单一,是属于小型的综合性学习活动,没有再分解的必要。如:

①通过查阅相关图书,或上网搜索,仔细品读,确定你最喜欢的诗词。每位同学不少于三首。

②查阅、了解你所喜欢的诗词的写作背景、作者概况,以及诗词的评说。

③整理所了解的资料,结合自己的阅读体验,说出喜欢的理由。

④把以上内容整理成文字,准备在小组里和班上交流。

积累诗词,了解所喜欢的诗词的背景与作者,并对所喜欢的诗词作初步鉴赏,是中学语文学习的基础内容,因此所有学生参与相同活动是合理的。相同并不意味着单一,学生的兴趣、爱好不同,所选择的诗词也会有很大的差异,在交流过程中,不同的选择和鉴赏相互启发、相互补充,将大大扩展学生的认知空间。

全班同学的活动内容相同,需要防止在小组活动过程中,个别学生并没有真正参与活动,甚至只有少数同学参与活动的情况。怎样在这一类活动中让每一位学生都投入?总体上对每一位学生提出具体要求是一个方面,合理分组、组内分工和组际竞赛也是应然选择。这一类型的分组,要考虑各组大致平衡,包括学业水平、个性特点、男女比例等方面,组与组之间大致相当。组内分工既然不太适宜在内容上分解,让组员承担相应责任,那就让各小组成员扮演不同的角色,如组织者、联络者、记录者、展示者等,使组员活动有自己的侧重点。因为活动内容相同,组际开展竞赛就有了合理的平台,可以根据活动内容设定相应指标,组织评委,给各个小组的表现打分,努力使每一个小组都能得到相应的鼓励,比如设立最佳合作组、最佳创意组、最佳演说组、最具综合实力组等。竞赛的目的主要是促进小组和学生个体有效地开展活动,但也应当注重结果,注重学生的实际收获。

(2)小组学生开展相同内容的综合性合作学习

例如:

①分组确定研究专题:追溯汉字形态的演变过程;探索汉字的特点;感受中国独特的民族文化——书法;展现汉语言文化的魅力。

②课题的开展:各小组根据兴趣选择一个或两个专题制订活动计划,并可聘请老师或家长作指导;各小组根据专题展开实践研究。

• 追溯汉字形态的演变过程:通过图书馆或者网络查找资料,同时下载一些甲骨文、金文的图片。

• 探索汉字的特点:同学之间互相交流对学习汉字的认识,总结汉字的特点,比较汉字同其他类型文字的不同,查阅相关的工具书进行总结,并谈谈自己的感想。

• 感受中国独特的民族文化——书法:到图书馆、书店查阅有关书法作品,上网查找并下载有关资料,访问书法爱好者。

• 展现汉语言文化的魅力:从图书馆(书店)或者网络收集成语(或具有本土气息的俗语)、歇后语、谜语,以及意境深远、脍炙人口的诗词的配乐朗诵等。

③交流实践活动成果:各小组汇报活动结果,相互评价,补充提高,实现资源共享。在这一过程中,注重引导各小组交流实践的过程(即如何获取资料、采取何种方法、内心如何感想),以便总结经验方法。注意激发学生的爱国情感,增强学生的求知欲,帮他们树立学好母语的信心。鼓励学生拓宽视野、注重生活中的积累,引导活动向高层次发展。

这一类型的活动不宜采取小组竞赛的形式,各组内容不同,很难在相同平台上开展竞赛,小组分工与上面的类型一样应予以注意。这种类型需要特别注意的地方是在小组展示和总结阶段,因为小组之间的活动内容各不相同,可能会出现其中一个小组汇报,其他小组的学生因为缺乏相应的体验而反应淡漠,如果内容对其他学生缺乏足够的吸引力,那就要考虑鼓励其他小组的学生对汇报小组进行询问和质疑,能够经得起质疑的小组,表明活动开展得比较深入,即使内容具有足够的吸引力,这个工作也应当做,这样可以使小组之间相互学习,促进小组对自己的活动进行反思,以求得共同提高,并为下一次活动更有成效做准备。

(二)不同内容的小组合作

教师或师生共同把综合性学习主题分解成若干子任务分配给各活动小组,活动小组再把这个任务分解成若干内容,每一个成员负责其中一方面内容,通过小组每一个成员完成相应的任务从而实现小组活动任务的完成,各小组活动任务完成,合在一起,完成一个比较大型的综合性学习主题,这种类型称为不同内容的小组合作综合性学习。它的优点在于每一个学生都有自己独特的任务,小组内部的分工自然形成,有利于每一个学生意识到自己的责任,最大限度地投入到活动之中。如:

(1)春节由来与传说组:通过图书查阅或上网,搜集有关春节的由来及传说的文字资料,把搜集到的资料进行加工整理,编成小报,供大家欣赏。

(2)春节习俗组:了解家乡过年的一些习俗,查询其他地区不同的过年习俗,学习两种吉祥物的制作方法,动手做一做,展示自己的作品,等待大家评价。

(3)春节食品组:搜集不同地方春节的主要食品,查资料或调查访问,了解过年为什么要吃团圆饭? 吃些什么? 了解几种大宗食品(如饺子、汤圆)的种类、寓意和制作方法,学会包饺子、做汤圆。

(4)大拜年组:了解拜年的礼节,询问父母或长辈,了解给长辈、同辈拜年的时间及方法,搜集拜年的吉祥用语,现场大拜年。

当然,这个活动也可以不再分解小组任务,让每一位组员共同参与,而成为小组内相同内容的合作学习类型。不过,学生课业任务比较重,这样会让学生花费更多的时间而影响基础性内容的学习,因此小组任务进一步分解,让每一位学生领到小块任务更合适一些,尤其是内容比较多的小组。这种类型的活动可能会出现学生完成了自己的那部分任务,对别人的学习情况不愿有更多的了解,也就是个人与小组之间关系淡漠,缺乏依赖关系,合作难以产生。为避免这种情况,需要在活动内容上指导小组形成综合性的、需要每一位组员参与的任务,也需要采取一些措施,借外力促进合作。

(1)设计核心任务。就上面案例而言,每一组都可以形成需要每一位组员都参与的任务。比如,春节由来与传说组,把搜集到的资料进行加工整理,编成小报,这个任务可以人人参与;春节习俗组和春节食品组,可以设计一个串联式的春节习俗和春节食品介绍;大拜年组,可以把现场大拜年作为每一位组员都参与的任务,因为它要演要说,还需要一定的氛围布置。人人都参与的任务是小组活动的核心任务,有了核心任务,组员意识到完成自己的任务只是一小部分,自己还要与其他组员合作,完成小组的核心任务,这样组员与组员形成了相互依赖关系,让小组合作成为需要。

(2)提出具体要求。要求要强调组员与小组的关系,但不能只停留在口头上,需要让学生通过一定的外在动作达到强调的目的,如表 9-5 的统计表就能达到效果,学生通过填表,感受自己与小组的关系。

表 9-5　小组统计表

小组任务		统计内容				
类别	具体任务	调查所得资料	资料来源	调查时间	调查地点	调查人

(三)交叉内容的小组合作

在合作学习中,有的内容要求全班或全组学生都要参与,有的内容要求小组或个人选择参与,这样的小组合作我们称为交叉内容的小组合作。是否采用交叉内容的小组合作,主要看内容间的关系。有的内容在语文学习中是基础性的,其他活动是扩展学习的内容;有的内容是在整个活动中有前提性的地位,其他活动内容需要依赖它开展;有的内容在整个活动中处于核心地位,其他活动内容处于从属地位。在这样的关系下,宜采用交叉式的小组合作,基础性的、前提性的、核心的内容要求人人参与,其他内容选择参与。

人教版语文教材七年级下《黄河,母亲河》的综合性学习活动共设计了七项活动内容,适合采用交叉式的小组合作。

(1)查找资料:在黄河流域发现的早期人类文化遗址,历代王朝建都位置等,说说黄河与中华民族历史文化的深远关系。

(2)查找资料:黄河源头? 流到哪里? 多长? 流经?

(3)收集关于黄河的古今诗词、歌曲、民谣,举办一次以"歌唱黄河"为主题的文艺演出。

(4)收集资料,召开一次"黄河之忧"为主题的调查报告会。

(5)针对黄河断流和水污染,设计一则公益广告。

(6)以"我心中的黄河"为题,写一篇作文,抒发你对黄河的感情。

(7)写一则周记,总结活动收获。

其中(6)和(7)是总结性的活动,此外的五项内容,可以把第(3)项中"收集关于黄河的古今诗词、歌曲、民谣"作为全班学生共同参与的内容,因为它与语文的关系比较直接,可以增加学生的语言积累。其他内容可以有选择地参与。

承德逸夫学校杨跃峰所设计的"莲文化的魅力"综合性学习活动[①],较好地采用了交叉式小组合作学习,下面节引有关文字。

1.在师生共同研讨下,将全班学生分成四组,每组设小组长一名,组织本组同学的综合性学习活动,并在全班选出一名主持人。

2.搜集整理有关莲的图片及影视作品,或在有条件的情况下去莲花池赏莲,获得对莲的感性认识。

3.指导学生利用网络、书籍、报刊等多种渠道,搜集整理有关莲的科学知识。

为了便于操作,使学生能更深入地从事一方面知识的研究,根据有关莲的科学种类,提出了四个有关莲的科学知识的课题,各组抓阄确定探究的内容。四个课题为:(1)莲的历史、品种、栽培、用途等;(2)莲叶的防水和自洁之谜;(3)"藕断丝连"的科学解释和千年古莲发芽之谜;(4)莲生长和繁殖特别快的原因。

小组长对本组同学进行具体分工。

探究后每组根据探究的内容写出一篇说明性的文字。

4.指导学生搜集整理有关莲的诗文,看看哪组搜集得多,质量好。

制订比赛规则:各组将搜集到的诗文整理到16开的稿纸上,内容不得重复,每搜集一篇得1分,可累积加分。

---

① 杨跃峰.《莲文化的魅力》综合性学习预案[J].校本教研,2008(12):25-26.

每组出 2 人进行莲诗文的朗读比赛(每组 10 分,评委打分)。

5.布置学生思考、研讨:

(1)从你读过的有关莲的古今诗文中,可以看出莲经常被赋予哪些含义?在你看来,莲有哪些品质值得人们赞美?

(2)对于莲的"出淤泥而不染",自古以来受到人们的赞美,但现在也有人认为,如果说对此强调过分,就不能适应今天的时代,你的意见呢?

在这个设计中,搜集整理有关莲的诗文和思考、研讨的问题要求人人参与,因为有关莲的诗文是属基础性的内容,而所要思考、研讨的问题在整个活动中处于核心地位,其他活动内容最终为此服务;有关莲的图片及影视作品、莲花池赏莲、莲的科学知识等活动内容学生有选择地参与。交叉式设计使活动更有层次,更好地保证活动的质量。

交叉式设计关键在于教师对活动目的的理解,语文学习是综合性学习的底线,从语文学习的目的出发,便容易确定哪些内容需要学生整体参与,哪些内容学生可以有选择地参与;目的与核心内容相联系,抓住了核心,就能够更好地实现目的。如果对目的的理解缺乏层次、散乱,甚至随活动内容确定目的,如活动涉及莲的科学知识,就确定"了解莲的科学知识"这个目的,那就难以形成交叉式的设计。

区分综合性学习小组合作的三种类型是相对的,在实际操作过程中,应根据具体情况灵活运用。

练习与拓展

在不增加或尽量少地增加学生负担的前提下,不拘泥于教材现成的语文综合性设计,你认为语文综合性学习有哪些设计方案?选择一种设计具体的操作过程,把它付诸实践。

对语文综合性学习的认识还存在某种程度上的混乱,如果你希望对它作比较深入的了解,建议你阅读下面的文章:

[1]曲霞,张芹.关于语文综合性学习的调查与思考[J].新课程研究(基础教育),2008(3):11-14.

[2]黄伟.关于语文综合性学习边界问题的思考[J].语文教学通讯,2006(26):4-7.

[3]巢宗祺.语文综合性学习的价值与目标定位[J].人民教育,2005(5):24-28.

[4]史绍典."综合性学习"拒绝去语文化[J].中学语文教学,2005(6):24-26.

[5]乐中保.语文综合性学习中"综合"的本质内涵解析[J].现代中小学教育,2008(1):27-29.

[6]王世堪.论语文课综合性学习——语文生活、语文活动[J].广西教育学院学报,2006(2):1-5.

[7]郭根福.把握"综合性学习"内涵,提高学生语文综合性学习的能力[J].中小学教师培训,2004(2):30-33.

参考文献

[1]包建新.回到原点:文言文教学为什么? [J].教学月刊(中学版),2005(11):42-44.

[2]包建新.《论语》阅读的 N 种打开方式——兼论整本书阅读教学[J].教学月刊,2019(6):28-32.

[3]卜玉华.试论课堂教学设计的"可能起点"与"现实起点"[J].课程·教材·教法,2007(4):22-24,35.

[4]蔡可.语文学习任务群的整体框架及相互关系[J].语文建设,2018(25):9-12.

[5]蔡明.语文教学设计的概念变化[J].河南教育学院学报(哲学社会科学版),2007(3):70-73.

[6]巢宗祺.语文综合性学习的价值与目标定位[J].人民教育,2005(5):24-28.

[7]陈华国,昌淑芳.语文教学方法的反思与重构[J].科教文汇,2006(1):33-34.

[8]陈尚达.对重构语文教学内容的思考[J].天津师范大学学报(基础教育版),2009(4):40-44.

[9]陈顺洁,华卜泉.对话教学:概念与要素[J].现代中小学教育,2003(2):13-15.

[10]陈兴才.语文"学习任务群"解疑[J].教育研究与评论(中学教育教学),2019(3):7-12.

[11]成宁.语文教学中朗读教学的探讨与实践[J].教学与管理,2006(21):114-115.

[12]成婷.文言文教学之我见[J].语文教学与研究,2009(5):24.

[13]程民.现代写作论[M].上海:学林出版社,2005.

[14]褚树荣.教室的革命[M].杭州:浙江教育出版社,2002.

[15]方海峰.以文带言 文言并重——对高中文言文教学方法的思考[J].语文教学通讯·D刊(学术刊),2016(8):28-29.

[16]冯莉.高中文言文教学存在的问题及其对策[J].语文学刊,2011(18):122-123.

[17]Good T L,Brophy J E.透视课堂[M].10 版.陶志琼,译.北京:中国轻工业出版社,2002.

[18]高丹丹.未来课堂的教学结构探究[J].现代远距离教育,2012(2):54-60.

[19]葛秋芬,等.合作学习研究的综述[J].社会心理科学,2011(4):9-11,58.

[20]郭根福.把握"综合性学习"内涵,提高学生语文综合性学习的能力[J].中小学教师培训,2004(2):30-33.

[21]郭佳,张宇.我国有效课堂提问研究十年——基于对 2000—2009 年间 134 篇文献的分析[J].基础教育,2011(1):70-75.

[22]韩军.韩军与新语文教育[M].北京:北京师范大学出版社,2006.

[23]何巧艳,李静.国内外导向型自主学习研究述论[J].福建论坛(社科教育版),2009(4):87-89.

[24]胡东.浅析语文课堂的教学结构[J].中国教育技术装备,2010(25):18,20.

[25]黄素蓉,张妍.教学设计的内涵、特征及其发展趋势[J].重庆与世界,2010(13):84-86.

[26]黄伟.关于语文综合性学习边界问题的思考[J].语文教学通讯,2006(26):4-7.

[27]黄伟.中美课堂提问研究述评及比较[J].天津师范大学学报(基础教育版),2011(3):50-55.

[28]黄伟亮.课堂教学结构的美学思考[J].教育探索,2011(7):56-57.

[29]金爱晶.合作体验学习法[J].中小学教师培训,2008(7):49-51.

[30]乐中保.语文综合性学习中"综合"的本质内涵解析[J].现代中小学教育,2008(1):27-29.

[31]理查德·I.阿兰兹.学会教学[M].6版.丛立新,等译.上海:华东师范大学出版社,2007.

[32]李山林,李超.语文教学内容理据例谈[J].语文建设,2009(3):10-13.

[33]李菀.中学语文新课程教学设计与实施探索[J].四川教育学院学报,2004(11):58-61.

[34]李学杰.高中新课程问题探究教学应用策略的研究[J].教育探索,2011(3):53-54.

[35]廖东泰.重新审视讲授法对高中语文课堂教学的价值[J].中国校外教育,2019(2):142-143.

[36]林富明."用教材教"的基础是"教教材"——谈语文教学内容的规定性[J].语文建设,2007(11):25-26.

[37]林可夫.现代写作学:开拓与耕耘[M].南京:南京师范大学出版社,2002.

[38]刘世清,李智晔.教学设计的类型与基本特征[J].现代教育技术,2001(3):20-22,74.

[39]刘作军.高中生活作文体系的构建[J].华夏教师,2012(3):66-67.

[40]马少华.再次思考"写作能教吗?"[J].新闻与写作,2010(9):58-59.

[41]孟庆欣.习教·从心·达道——从语文教学内容的规定性与灵活性谈起[J].语文建设,2007(11):27-28.

[42]聂连飞.语文课堂教学运用讨论法应注意的问题[J].辽宁教育,2013(5):68-69.

[43]区培民.语文教师课堂行为系统论析——课程教学一体化的视点[M].上海:华东师范大学出版社,2001.

[44]潘天正.审视语文教学内容[J].牡丹江师范学院学报(哲学社会科学版),2011(5):133-137.

[45]彭小明.我国中小学典型作文教学模式述评[J].温州大学学报(社会科学版),2012(1):85-90.

[46]祁寿华.西方写作理论、教学与实践[M].上海:上海外语教育出版社,2000.

[47]钱梦龙.文言文教学改革刍议[J].中学语文教学,1997(4):25 27.

[48]曲霞,张芹.关于语文综合性学习的调查与思考[J].新课程研究(基础教育),2008(3):11-14.

[49]桑志军.谈谈语文技能训练中的原型定向[J].中学语文教学,2006(10):10-13.

[50]石鸥.教学别论[M].长沙:湖南教育出版社,1998.

[51]史绍典."综合性学习"拒绝去语文化[J].中学语文教学,2005(6):24-26.

[52]孙争艳."言"与"文"的握手——例谈文言文教学的几种方式[J].中国校外教育,2012
　　(8):38,90.

[53]汪刘生.教学美学[M].长春:吉林人民出版社,2004.

[54]王荣生.语文科课程论基础[M].上海:上海教育出版社,2003.

[55]王荣生等.语文教学内容重构[M].上海:上海教育出版社,2007.

[56]王尚文.语文教育学导论[M].武汉:湖北教育出版社,1994.

[57]王世堪.论语文课综合性学习——语文生活、语文活动[J].广西教育学院学报,2006
　　(2):1-5.

[58]魏晋智.还学生一片耕耘的沃土——对"评点式阅读教学"课堂建构的探索[J].甘肃联
　　合大学学报(自然科学版),2011(52):125-127.

[59]吴立岗.教学的原理、模式和活动[M].南宁:广西教育出版社,1998.

[60]吴小玲.教师如何做好课堂教学设计[M].长春:吉林大学出版社,2010.

[61]谢志冰.专题教学有效性探究[J].天津教育,2012(4):53-54.

[62]薛晓嫘.语文教学设计述要[J].重庆师院学报(哲学社会科学版),1999(3):110-112.

[63]杨为民,杨改学.基于问题探究教学的理论与实践[J].外语电化教学,2006(3):13-18.

[64]杨晓.语文课程人文性基本内涵之我见[J].语文教学通讯,2009(17):58-59.

[65]杨翼.评点式阅读:迈向阅读教学过程最优化[J].上海教育科研,2010(10):74-75.

[66]姚勇文.推进整本书阅读到底难在哪里?——谈如何推进整本书阅读任务群的落实
　　[J].语文月刊,2019(5):30-32.

[67]尹睿.教学设计取向的发展:走向"确定性"——一种基于目标主义与建构主义整合的
　　思考[J].中国电化教育,2008(6):9-12.

[68]游泽生.朗读教学的本质探析与设计原则[J].毕节学院学报,2011(11):98-101.

[69]张彬福.语文教学设计的理论与实践探索[J].中学语文教学,2005(9):59-62.

[70]张军征,刘志华.对我国当前教学设计模式分类观点的思考[J].中国电化教育,2004
　　(3):11-14.

[71]张孔义.三十年语文教学方法研究述评[J].浙江教育学院学报,2006(6):7-15,52.

[72]张相乐.体验学习的心理机制探析[J].教育导刊,2011(6):57-59.

[73]张心科.重回"言"本位:文言文教学的问题与对策[J].语文教学通讯,2019(6):9-15.

[74]张颖.语文教学内容选择的原则[J].文学教育(下),2011(11):58-59.

[75]张宗方.诵读:文言文教学的津梁[J].中学语文教学参考,2019(Z1):53-55.

[76]赵红.学习方式研究初探[J].吉林省教育学院学报,2007(2):1-3.

[77]郑晓霞,尚霞,朱世德.初中教学设计的类型、模式及使用要求[J].读与写旬刊,2011
　　(6):47,49.

[78]郑逸农."非指示性"语文教育初探[M].杭州:浙江教育出版社,2006.

[79]郑逸农.对"非指示性"教学模式的再探索[J].语文教学通讯,2003(18):52-53.

[80]周红心.语文教学结构系统的优化[J].山东教育科研,2000(3):9-10,12.

[81]周亚云.生态写作与绿色作文[J].文学教育(下),2012(2):96-97.